# 異文化
## コミュニケーション
## 入門　ことばと文化の共感力

宮津多美子

勁草書房

## まえがき

　グローバリゼーションやDXが進む現代、異なる文化的背景をもつ人とコミュニケーションをとる機会は公私ともに増えている。文化を固有の行動様式、生活様式と解釈すると「異文化」は国内外の至るところに存在する。

　文化間のコミュニケーションはさまざまな要素が絡み合い、複雑な模様を織りなしながら瞬時に変化する、ことばと文化のカレイドスコープ（万華鏡）といえる。私たちは刻一刻と変わるその模様から相手の目的や意図、感情を推し量り、コミュニケーションの糸を紡いでいかなければならない。このとき相手の出身地（国や地域）に関連する文化的特異性を理解しておくことは重要だが、それらの知識に拘泥することはかえってミスコミュニケーションやトラブルを招くことにつながる。コミュニケーションの諸相で求められるのはステレオタイプ的な考えや対応ではなく、目の前にいる相手への共感であり、普遍的な人間性の理解である。

　本書は国内外の「異文化コミュニケーション」（intercultural communication）の実相やその背景にある文化の特異性、人間の普遍性を理解するための知識・スキルを提供することを目的としている。本書では、主に19世紀後半から現代までの異文化コミュニケーションに関する研究や理論、学説、事象・現象、課題等を扱っている。20世紀後半にアメリカの高等教育機関のカリキュラムの一部となった異文化コミュニケーションは比較的新しい学問分野である。社会学、（文化）人類学、言語学、心理学など既存の学問領域を横断する学際的分野として知られ、この分野に携わる教員や研究者の専攻は幅広く、研究対象・テーマは多岐にわたる。各分野における関連する学びすべてを修得することは不可能である。本書においても、これらの分野の諸問題を網羅的に扱うのではなく、文化という縦糸とコミュニケーションという横糸が織りなす領域の

知見を取り上げ、異文化対応力や多文化共生力を涵養することを目指す。各章では、テーマごとに文化やコミュニケーションに関する具体的な事件・事例・事象を取り上げ、異文化コミュニケーションの本質に迫る。

　本書がコミュニケーションに表出する文化的差異（特異性）だけでなく、人間性の本質（普遍性）を読み解くことができるグローバルコミュニケーターとなるための一助となることを願っている。

2024 年 7 月

著者

# 目　次

まえがき

第 1 章　文化の諸相―日常における異文化― ……………………………1
　　1. 文化の定義　1
　　2. コミュニケーションモデル　4
　　3. コミュニケーションと文化　6
　　4. 研究対象としての文化　8
　　【コラム】カルチャーマップ　11

第 2 章　文化と権力―文化のヒエラルキー― ……………………………13
　　1. グローバリゼーション　13
　　2. 社会のマクドナルド化　16
　　3. グローカリゼーション　20
　　4. 想像上の共同体　22
　　【コラム】オリエンタリズム　23

第 3 章　異文化理解と言語習得
　　　　―ことばで変わる現実― ……………………………………25
　　1. 言語と認識　25
　　2. ペンタッド　28
　　3. 言語習得の臨界期仮説　30
　　4. 第二言語習得（BICS と CALP）　32
　　【コラム】クリティカルシンキング　34

## 第4章　言語と文化 (1) ―多言語・多文化社会における言語― ………39
 1.　言語と文化の関係　39
 2.　多言語・多文化社会　42
 3.　バイリンガル教育　44
 4.　英語公用語化運動　47
 【コラム】エボニクス論争―言語・方言・標準語―　51

## 第5章　言語と文化 (2) ―言語が生む社会構造― ………55
 1.　ソシュールの言語学　55
 2.　言語帝国主義　58
 3.　ピジンとクレオール　60
 4.　リンガフランカとしての英語　63
 【コラム】エスペラント語　66

## 第6章　非言語コミュニケーション
 　　　―身体が伝えるメッセージ― ………69
 1.　非言語によるコミュニケーション　69
 2.　表情とジェスチャー　72
 3.　パラ言語・ボディランゲージ・近接学　74
 4.　視線・接触・外見・人工物　76
 【コラム】沈黙という言語　79

## 第7章　文化間の交渉
 　　　―エスニシティ・ジェンダー・階級が生む障壁― ………81
 1.　ハイ／ローコンテクスト　81
 2.　流行の心理学　83
 3.　身体改造（割礼）　85
 4.　身体改造（FGM）　88
 【コラム】ポリティカルコレクトネス（PC）　91

## 第8章　文化としての時間・空間—仮想現実と監視社会— … 95
1. 時間計測の歴史　95
2. 文化における時間感覚　97
3. 単一的時間・多元的時間　99
4. 監視社会　102
【コラム】ゲーテッドコミュニティ（GC）　105

## 第9章　異文化接触（1）—文化の衝突・融合— … 109
1. よそ者（ジンメル）　109
2. マージナルマンと人種関係サイクル（パーク）　111
3. カルチャーショック（オバーグ）　113
4. 内なる外国人（クリステヴァ）　115
【コラム】文化を超える絆—インターマリッジ—　119

## 第10章　異文化接触（2）—価値観の強化・変遷— … 123
1. 文化の階層　123
2. カルチュラルスタディーズ　126
3. ステレオタイプ　129
4. 認知バイアス　132
【コラム】権力との対話としての世論　137

## 第11章　アイデンティティの変容と他者化
　　　　　—イントラパーソナルコミュニケーション— … 141
1. アイデンティティの根源　141
2. アイデンティティの危機（『夜と霧』）　144
3. アイデンティティの崩壊（スタンフォード監獄実験）　147
4. アイデンティティの変容（ストックホルム症候群）　150
【コラム】アイデンティティポリティクス　153

## 第12章　メディアの進化——デジタル社会の光と影—— ……………155
1. マスメディア　155
2. ジャーナリズム　158
3. メディアの暴走　161
4. フェイクニュース　164
【コラム】メディア情報リテラシー（MIL）　168

## 第13章　コミュニケーションの深化——国境を超えるコンテンツ—— ……171
1. 通訳・翻訳　171
2. 映画とドキュメンタリー　174
3. プロテストアート　177
4. スポーツと文化　181
【コラム】オリンピズム　184

## 第14章　異文化コミュニケーションの未来
　　　　——文化的仲介者の役割—— ……………………………………189
1. ソフトパワー　189
2. 社会正義　193
3. コンフリクトマネジメント　195
4. 許し　199
【コラム】囚人のジレンマ（ゲーム理論）　202

## 終　章　異文化コミュニケーションを学ぶということ ………………205
あとがき　ことばと文化の共感力
　　　　——ウェルビーイングを高めるコミュニケーション力——　209

注　211
参考文献　237
図出所　263
人名索引　267
事項索引　271

# 第1章
# 文化の諸相
―日常における異文化―

> 文化を「価値観、行動様式、生活様式」と言い換えると、同じ文化においても異文化は存在する。文化の違いは国外より国内の方が大きいという学説もある。ある研究によると、文化の違いを生む17項目のうち、「教育年数」「職業」「社会・経済的地位」が有意に影響した一方、「国」「ジェンダー」「年齢」の関連性は低かったという。これは国や年齢より職業や地位が似ている人々の間に類似の価値観や生活様式が見られたことを意味する[1]。本章では文化の諸相と国内外の異文化について考察する。

## 1. 文化の定義

　「文化」ほど多義的な言葉はない。一般的に文化とは「生活様式や社会習慣、ものの考え方など」を指すが、実際には文化という語の意味は広い。アメリカの人類学者・社会学者のケヴィン・アヴラッチ（Kevin Avruch）によると、「文化」の定義の困難さは、過去1世紀以上の間に議論となった三つの定義が原因だという[2]。

　第一の文化の定義は、知識階級やエリート層の「教養」という概念である。ヴィクトリア朝イギリスの詩人で文化批評家のマシュー・アーノルド（Matthew Arnold）の『教養と無秩序』（*Culture and Anarchy*, 1869）に見られるように、文化はかつて「ハイカルチャー」（エリート層に関連する文化）と呼ばれる、「高度な知的もしくは文化的試みやその産物」を意味した。イギリス社会を批判したアーノルドは文化を「完璧さの探求」（a study of perfection）と定義し、社会成員を三つに分けてそのうち「ペリシテ人」（Philistines）と表現した中産階級

図1.1　フランツ・ボアズ

に対する「文化」の必要性を主張した[3]。主に知識人やエリート層が親しむような学問、芸術、音楽などを意味する「文化」の定義は現在でも存在する。

　エリート主義的な定義に対して提示されたのが、より普遍的な概念としての第二の「文化」の定義である。イギリスの人類学者であるエドワード・バーネット・タイラー（Edward Burnett Tylor）は、『原始文化』（*Primitive Culture*, 1871）の中で、文化を「知識、信念、芸術、道徳、法律、慣習、その他人間が社会の一員として身につけた能力や習慣を含む複合的な全体」と定義した[4]。文化や社会構造には未開から文明までの一連のプロセスがあるとする人類学上の「社会進化論」（social evolutionism）の考えに基づき、彼は文化をすべての成員が共有する性質のものであると位置づけた。第一の概念では少数のエリートのみが「文化」をもつのに対し、この概念では、社会の成員全員が「文化」をもつことを意味する[5]。

　第三の文化の概念は20世紀初頭にアメリカの人類学者のフランツ・ボアズ（Franz Boas）とその一派が提唱したもので、この考えによると文化はそれぞれのグループ固有の行動／生活様式を指す（図1.1）。ボアズは文化間の優劣を否定したうえで、それぞれの特異性、独立性に注目して「文化」を定義した。『人種、言語、文化』（*Race, Language, and Culture*, 1940）において、ボアズは、

文化は動物の多くの種や属のように異なり、その共通の基盤は永遠に失われているとし、文化を何らかの連続した一続きのものと捉えることは不可能に思えると述べている[6]。ボアズはタイラーの進化論的な考えを否定するとともに、あらゆる文化はそれ自体がそれぞれの社会の固有の歴史的産物であるため、ある文化が「粗野」でほかの文化が「進んでいる」などと階層化することは誤りであると述べた。

文化と個人の関係についても仮説が提示されている。20世紀半ば、アメリカの人類学者のアルフレッド・ルイス・クローバー（Alfred Louis Kroeber）とクライド・クラックホーン（Clyde Kluckhohn）は、その著作『文化：概念と定義のクリティカルレビュー』（*Culture: A Critical Review of Concepts and Definitions*, 1952）において、それまでに提示された、社会学者や人類学者による150以上の定義を列挙し、その意味を分析したうえで、文化を「主にシンボルによって獲得され、伝達され、思考、感情、推論、反応のパターン化された方法で構成された、人間集団独特の成果」と定義し、文化の本質的な核心は「伝統的な（歴史的に派生し、選択された）考え方と、特にそれに付随する価値観で構成されている」と述べた[7]。彼らは文化のエージェントとしての個人と社会の関係について、文化は具体的には「個人によって生み出され、変化するもの」であり、「集団の産物」でもあるが、必ずしも特定の社会と結び付いているわけではなく、個人の中に内面化され、またほかの個人や文化的産物を媒介として環境の一部となると述べている[8]。すなわち、個人やその個人が所属する集団の産物としての文化は、自律的なシステム／カテゴリーとして常に変化し続けるとともに、個々の人物において内在化され、個人や集団の活動に影響を与え、個人や集団に特徴的な環境となると説明する。この概念には個々のメンバーと集団そのものとの双方向的なネゴシエーションによって生み出され、変化し続ける文化のダイナミズムが表現されている。

このように、主に人類学、社会学の分野で検討されてきた文化の概念は現代でも共有され、定義の曖昧さの原因となっている。さらに、以後の研究では、文化と個人・集団との関係性が指摘され、文化がもつダイナミズムもその概念に加わった。「文化」という言葉に接したとき、それはどのような意味かを考察することは私たちがコミュニケーション力を養ううえで重要な作業である。

## 2. コミュニケーションモデル

　英語の「コミュニケーション」(communication) は「共有する」(to share) という意味のラテン語の動詞 (*communicare*) を語源とする。オーストリア系アメリカ人のコミュニケーション学者ポール・ワツラウィック (Paul Watzlawick) は「人はコミュニケーションから逃れられない」(One cannot not communicate.) と述べた。なぜなら「すべての行動は一種のコミュニケーション」であり、人に「非行動」はないため「コミュニケーションしないことは不可能」だからだという[9]。コミュニケーションの辞書的な意味としては「話す、書く、またはほかの何らかの媒体を用いて情報を伝えたり交換したりすること」(OED) である。アメリカのコミュニケーション理論家のジェイムズ・ウィリアムズ・ケアリー (James Williams Carey) はコミュニケーションを「現実を生み出し、維持し、修復し、変容させる象徴的なプロセス」(a symbolic process whereby reality is produced, maintained, repaired and transformed) と定義した[10]。

　コミュニケーションのモデルについてはさまざまな学説が示されてきた。古くは古代ギリシアの哲学者アリストテレス (Aristotle) によるコミュニケーション理論がある（図1.2）。聴衆を説得する雄弁術の基本要素として、アリストテレスは「話者」（メッセージの発信者：speaker）、「演説」（メッセージの内容：speech）、「状況／機会」（メッセージを取り巻く状況：occasion）、「聴衆」（メッセージの受信者：audience）、「効果」（メッセージの目的：effect）の五つを挙げた。彼は目的に応じた、聴衆に合わせた有効な時間や内容のスピーチを組み立てるようアドバイスし、演説を効果的にする3要素「ロゴス（論理）」(logos)、「エトス（倫理）」(ethos)、「パトス（情熱）」(pathos) について理論化した。ロゴスは「伝える内容に論理性があるか」(text)、エトスは「話者に信頼性や権威はあるか」(speaker)、パトスは「聴衆の価値観や信念に影響を与えたか」(audience)、という指標である[11]。1948年、アメリカの政治学者ハロルド・D・ラスウェル (Harold D. Lasswell) は、アリストテレスのコミュニケーションモデルを参考に、このうち「状況／機会」を「チャンネル」に変更し、「ラスウェルモデル」(5Wモデル) を発表した。コミュニケーションのコンポーネントと

## 2. コミュニケーションモデル

図1.2　アリストテレス

しての5Wとは、「誰が、何を、どのチャンネルで、誰に（伝え）、どのような効果を（受信者に）与えるか」(Who, Says What, In Which Channel, To Whom, With What Effect) というもので、それぞれ「発信者／送り手」「内容」「媒体」「受信者／受け手」「効果」の五つを指す[12]。ラスウェルは、すべての目的は「効果的なコミュニケーションを行うこと」としたうえで、最初の四つのコンポーネントの優劣が最終的な効果を決めること、そして、その責任はすべて発信者にあることを主張した[13]。クロード・シャノン (Claude E. Shannon) とウォーレン・ウィーヴァー (Warren Weaver) は、アリストテレスのコミュニケーションモデルに「エンコード」（メッセージを符号化すること）、「デコード」（符号化されたメッセージを元の言葉に戻すこと）というメッセージの送受信プロセスを加えるとともに、「ノイズ」（不要な信号、雑音）や「エントロピー」（無秩序の度合いを示す量）、「冗長性」（代理／重複機能性）などの概念を付け加えた[14]。その後、これらの初期「線形モデル」（リニアモデル）は実際のコミュニケーションプロセスを踏まえていないという批判もなされ、同期／インタラクティヴモデルや反復モデルも提案された[15]。しかしながら、これらの線形モデルは私たちが効果的なコミュニケーションを行うためのヒントを与えてくれる。

　コミュニケーションはさらに、送受信の状況に応じて五つに分けて分析することができる。第一が「イントラパーソナルコミュニケーション」(intrapersonal communication) であり、これはいわゆる独り言や内省（自分の考えや行動

などを深く省みること）などの内的発話といった、発信者が自分自身と行うコミュニケーションである。第二が「インターパーソナル（対人）コミュニケーション」(interpersonal communication) で、相互に影響し合う人々の間でのコミュニケーションで、多くの場合、二者間で行われる。第三が「グループコミュニケーション」(group communication) で、共通のゴールに到達するために行われる、3人以上でのコミュニケーションを指す。第四が「パブリックコミュニケーション」(public communication) で、一人が聴衆に向けて行うコミュニケーションを指し、スピーチやプレゼンテーションなどがこれに当たる。第五が「マスコミュニケーション」(mass communication) で、出版・放送・電子メディアなどで行われる多数へのコミュニケーションである。テレビやラジオ、インターネット上のウェブページ、ソーシャルメディアなどによる情報の送受信がこれに相当する。

## 3. コミュニケーションと文化

コミュニケーションと文化とはどのような関係にあるのだろうか。一般的にコミュニケーションとは「言葉、音、手話、行動を使って情報を表現したり、交換したりすること、あるいは自分の考え、思考、感情などを他人に表現する行為やその過程」（ブリタニカ）を指すが、コミュニケーションの要素や効用についてはさまざまな定義がなされてきた。例えば、ドイツの哲学者ユルゲン・ハーバーマス（Jürgen Habermas）は、言語とは「相互理解のための媒体」であり、コミュニケーションとは行為者が相手の合意を得て行動を調整し、特定の目的を追求する手段であると述べ、社会的行為としてのコミュニケーションに「合理性」(rationality) という概念を付与した[16]。また、ニクラス・ルーマン（Niklas Luhmann）は、コミュニケーションには「情報」(information)、その情報の「発話（伝達）」(utterance)、そしてその情報の「理解」(understanding) もしくは「誤解」(misunderstanding) という三つのフェーズがあるとし、この三つの統合によって生じるコミュニケーションは、それぞれを相互前提とする完全に閉じたシステムであり、あらゆるものを（再）生成する「オートポイエーシス（自己生成システム）」(autopoiesis) であると述べた[17]。つまり、情報が

なければ発話（伝達）できず、発話（伝達）しなければ相手の理解も誤解もないため、コミュニケーションはこの三つがこの順番に統合されたときにはじめて成立する行為だという。

さらに、イギリス出身の人類学者グレゴリー・ベイトソン（Gregory Bateson）とアメリカの精神科医ジャーゲン・ロイシュ（Jurgen Ruesch）は、その著書『コミュニケーション—精神医学の社会的マトリックス』（Communication: The Social Matrix of Psychiatry, 2006）の中で、コミュニケーションとは、「人がお互いに影響し合う、そのすべてのプロセス」であると定義し、そのプロセスに影響を与える「価値の前提」という概念を導入した。彼らはそれを「有機体が知覚した二つあるいはそれ以上の可能性に対する反応の選択の言明」と説明している[18]。例えば、野球かソフトボールか、都会か田舎かなどといった選択はその人物の価値、すなわち心の内的働きを明らかにするもので、その情報は他人に影響を与える。ベイトソンとロイシュは個人の選択システムの表現であるコミュニケーションに対する文化の機能について、「観察者は、自分のもっている情報を使って相手の行動の意味を補充する。この補充によってのみ観察者は相手の発したメッセージを理解することができる」と述べ、同じ文化をもつものは「共通分母」の概念を共有すると論じている[19]。すなわち、他者とのコミュニケーションにおいて、観察者（個人）は相手の文化的ネットワークで共有されている「共通分母」としての価値の前提を理解したうえで、相手の知覚と行為に対して意味の補充を行っているという。そのメッセージには人間だけでなく、植物、動物、モノから発せられる信号も含まれ、その信号は時間的・空間的な制約なく、受け手がもっている情報を修正し、その行動を変容させる[20]。例えば、幼少期に故郷で得た物質的メッセージが、晩年、ある者の国外での言動に影響することは皆無ではない。

このような意味で、異文化コミュニケーションとは、「国籍だけでなく、年齢、ジェンダー（社会的・文化的に形成される性別）や職業、宗教、出身地や社会的地位など、自分自身とは異なった価値観や背景をもつ人物との言語・非言語でのメッセージのやり取り」であり、そのやり取りの中で、あらゆる実存からのメッセージを受信しながら、相手の知覚や行為に対して意味を補充するための「価値の前提」の修得を射程とする学問領域である、といえる。

## 4. 研究対象としての文化

　文化の比較研究を行うにはいくつかの問題点があった。まず、文化の多重性・多様性が挙げられる。実際、文化は静的でも均一でもなく、常に流動的で対立的で異種混交である。文化における人種、ジェンダー、階級、国籍や宗教という異なる変数は相互比較を困難にしている。さらに、文化は学際的な研究分野であり、さまざまな学問領域からアプローチすることが可能である。例えば、文化は、人類学、社会学、歴史学、哲学、文学（文芸批評）、心理学、民俗学、教育学、言語学など、さまざまな分野において研究対象となりうる。このような、捉えどころのない文化をどのようにすれば学術的に比較研究できるのか、その分析ツールが必要であった。

　その手法の一つを考案したのが文化人類学者のクラックホーンとストロドベックであった。クラックホーンとストロドベックはそれぞれの文化に特徴的な反応や思考パターンを特定するため、五つの指標（価値観）を設定し、価値志向理論（*Value Orientations*, 1961）を発表した[21]。彼らはアメリカ南西部の異なる文化的背景をもつ5集落を研究し、文化には通底する価値志向の指標があると結論づけた。その「価値志向理論」で彼らは、時間感覚、自然観、人間関係、行動様式、人間性の五つの指標を挙げ、それぞれ三つの志向があると主張した。以下がその指標と志向である。「①焦点を当てる時間は？（過去、現在、未来）」「②人間と自然との関係は？（服従、調和、支配）」「③人間関係は？（対等、集団主義、個人主義）」「④好ましいパーソナリティとは？（存在、成長、行動）」「⑤人間の本性とは？（悪、善悪混合、善）」の五つである（後に六つ目の指標として「空間」を追加した）。

　まず、時間に対する意識は文化を比較する指標となりうる。ヨーロッパ系アメリカ人は概して未来志向である。退職後のために貯金し、予定表をつけて未来を考えるが、スペインやギリシアの人々は現在の一瞬一瞬をよりよく生きることに価値を置く傾向がある。多くのヨーロッパ人やアジア人は過去志向的である。彼らは歴史の知識や認識が現在の生活に影響していると考えている。

　次に、自然観はその社会の自然との関係性に依存する。「自然は人間が支配

するもの」という考え方を採用するアメリカでは自然を支配下に置く活動を是とする（ダムや巨大施設の建造、森林伐採など）。自然を尊重する社会では避妊は行わず、自然の制御も行わない。自然と人間は調和すべきと考えるアメリカ先住民の社会や日本では自然は保護され、尊重される。

　さらに、人間関係に関する考え方も文化によって異なる。ある社会では個人主義を尊重し、別の社会では集団主義を尊重する。ヨーロッパ系アメリカ人は個人主義を信奉し、家族やチーム、その他のグループよりも、個人の意思や決断に重点を置く。それに対して、中南米、アジア、アラブ諸国では拡大家族やグループへの忠誠心を大切にする（アメリカのアーミッシュはこのグループ）。また、人間は並列（対等）とみる社会では死後も同等とみなし、死者のための儀式を行う（メキシコやアジア諸国）。

　また、求められる行動様式（パーソナリティ）も文化によって異なる。アメリカでは「行動」（doing）を重視し、身体的な活動を伴う職業（アスリートや医師、弁護士など）が、精神的な活動が主体の職業（哲学者、教授、牧師など）より尊敬される傾向がある。日本では禅道にみられるように、「行動」（doing）と「成長」（growing）の両方を強調する。「存在」（being）を重視する社会もある。ギリシアやスペインなどでは個人は経験を踏まえて自己実現を目指す。

　最後に、人間性についての考え方の違いも文化を比較するうえで指標となりうる。クラックホーン理論では善悪二元論だけでなく、善悪混合の価値観も含まれる。例えば、人間の本性は善という立場をとる社会では法律は犯罪者の矯正を目的とし、監獄は囚人を社会に復帰させるための訓練所となる。仏教や儒教はこのような性善説を採る。人間の本性は善でも悪でもないという社会（アメリカなど）では収監と処罰を基本とする。これに対して、人間性を悪とみる社会では処罰に重点を置き、拷問や処刑を行う。歴史的には、「原罪」（original sin）を信じるキリスト教国家では過度の処罰が行われた。

　このクラックホーン理論を発展させた文化分類理論を提唱したのが理論的分析と経験主義的な知によって異文化研究の分野で画期的な成果を上げた、オランダの社会学者ヘールト・ホフステード（Geert Hofstede）である。著書『経営文化の国際比較：多国籍企業の中の国民性』（*Culture's Consequences: International Differences in Work-Related Values*, 1980）やその後の研究で発展させた理

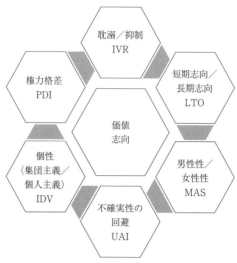

図1.3 ホフステード6次元モデル

論において、ホフステードは文化を「あるグループやカテゴリーに属する人々を、別のグループやカテゴリーに属する人々と区別する、思考の集合的プログラミング」と定義し、普遍性でなく排他性によって文化を分類した[22]。IBMで多様な人種的・文化的背景をもつ世界40カ国以上の社員に関するデータ収集・分析に携わったホフステードは、文化に起因する人間関係上のトラブルを調べる中で明らかとなった共通の問題点から、それぞれの文化を分類するための指標を特定した。この「ホフステード6次元モデル」では、「権力格差」(Power Distance：PDI)、「集団主義／個人主義」(Individuality：IDV)、「男性性／女性性」(Masculinity vs. Femininity：MAS)、「不確実性の回避」(Uncertainty Avoidance：UAI)、「短期志向／長期志向」(Short Term vs. Long Term：LTO)、「人生の楽しみ方（耽溺／抑制）」(Indulgence vs. Restraint：IVR)の六つの価値志向において、それぞれの項目を0～100の数値で表して文化を分類した（図1.3）。ホフステード指数は異文化コミュニケーショントレーニングプログラムや人材育成、マーケティングなどの分野で利用されている。

# 【コラム】カルチャーマップ

　文化的多様性は創造性と革新性を生む一方、人間関係において大きな混乱を招くことがある。ビジネスにおける人間関係のトラブルは企業活動にとって致命的なものとなりうる。では、トラブルの原因となる同僚や顧客との考え方の違いはどこからくるのか。異文化コミュニケーションの専門家であるエリン・メイヤー（Erin Meyer）は、『異文化理解力―相手と自分の真意がわかるビジネスパーソン必須の教養』（The Culture Map: Breaking Through the Invisible Boundaries of Global Business, 2014）という著書の中で、個人の文化間の違いを分析するためのフレームワークと、文化的理解を促進するための実践的な戦略を紹介している。20年以上、海外と関わる仕事に従事し、フランスとシンガポールに拠点を置くインターナショナル・ビジネススクール INSEAD（インシアード）の教授として長く異文化理解を教えてきたメイヤーは、なぜこのような価値観の違いが生まれるのか分析し、ビジネス文化の見取り図「カルチャーマップ」（culture map）を作成するための指標を考案した。

　その指標とは「コミュニケーション」（ローコンテクスト vs. ハイコンテクスト：第7章参照）、「評価」（直接的なネガティブフィードバック vs. 間接的なネガティブフィードバック）、「説得」（原理優先 vs. 応用優先）、「リード」（平等主義 vs. 階層主義）、「決断」（合意志向 vs. トップダウン式）、「信頼」（タスクベース vs. 関係ベース）、「見解の相違」（対立型 vs. 対立回避型）、「スケジューリング」（直線的な時間 vs. 柔軟な時間）の八つである。それぞれの文化をこの八つの指標に応じて配置するとカルチャーマップが完成する。例えば、ロシアとイスラエルはともに柔軟なスケジューリングを好み、オープンな反論を受け入れ、相手への信頼はタスクでなく人間関係をベースとして培うが、ロシアが階層主義的なアプローチを好むのに対し、イスラエルは平等主義的な関係性を好む傾向にあるとメイヤーは分析する[23]。感情表現を縦軸に、対立志向を横軸にとり、各国の文化を配置したものが図1.4である。四つに区切られたグループの国は感情表現や見解の相違に対する対応において同じような反応を示す傾向があることを示す。これによると、

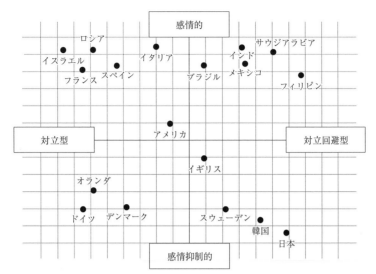

図 1.4　メイヤーによるカルチャーマップ（感情表現と対立志向）

「感情的で対立型」のグループにはロシア、イタリア、イスラエル、フランス、スペインといった国が、その対極の「感情抑制的で対立回避型」のグループには日本、韓国、スウェーデンといった国が含まれている。アメリカやイギリスが座標の中央部周辺に位置するのは、これらが多様な背景をもつ人々から構成されている国であるため、各指標において中立的な傾向をもつことを示している[24]。

　もちろん、同じ文化に属するすべての人々が同じ価値観をもつとは限らない。国家の違いより個人差が大きいという主張もある。しかしながら、このマップは組織行動学者であるメイヤーが数千人もの経営幹部にインタビューし、さまざまな研究を参照し、十余年かけて仮説の修正と裏付けを行って作成したものである。ビジネス現場のマネジメントの肌感覚に基づいて文化の違いを可視化したカルチャーマップは、異文化マネジメントの際の有効な指標の一つとなる。

# 第 2 章
# 文化と権力
――文化のヒエラルキー――

> コロンブスのアメリカ大陸「発見」により、新旧世界の交流が生まれ、世界史上初めての本格的なグローバリゼーションが起こった[1]。以後、世界は均質化したといわれる。作家チャールズ・マンは1493年以後の均質化した世界を「均質新世」(Homogenocene) と呼んだ[2]。この仮説に反し、近年、文化はますます異質化、階層化しているようにみえる。本章では、文化間の格差や序列化された文化がコミュニケーションに与える影響について概観する。

## 1. グローバリゼーション

 「グローバリゼーション」(globalization) は人々の価値観や人生観、コミュニケーションにどのような影響を与えてきたのだろうか。グローバリゼーションは均質化や標準化をもたらすのだろうか。「グローバリゼーション」という言葉は、『ハーヴァード・ビジネス・レビュー』元編集者で経済学者のセオドア・レヴィット (Theodore Levitt) によるものとされる。1983年の論文「市場のグローバリゼーション」において、レヴィットは「標準化された低価格の消費財」の出現を可能にした企業活動とテクノロジーの変化をグローバリゼーションと呼んだ[3]。グローバリゼーションにはこれまでさまざまな定義が与えられてきた。イギリス人社会学者アンソニー・ギデンズ (Anthony Giddens) は、「地球上のあるいは世界中の国家の文化的、政治的、経済的統合のプロセス」(2006) と定義した (図2.1)[4]。グローバリゼーションは、空間を超えた結びつきを生み出すため、地理的な場所に関係なく発生する社会活動 (経済、政治、

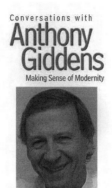

図2.1　社会学者アンソニー・ギデンズの思想を明らかにしたC. ピアソンとの対話集（1998年）

文化）の長期的なプロセスとしての「非領土化」（deterritorialization）とも同一視される。さらに、グローバリゼーションは、近年のコミュニケーションや輸送の分野での技術革新によっても加速し、時間や空間での経済的、政治的、社会的な関係性を変化させた。このように、グローバリゼーションは相互接続の強化、時空間の超越・圧縮（時間と空間の組織化）、超領土性、遠隔行動、相互依存の加速、非領土化などの現象を引き起こしている[5]。

　グローバリゼーションは人々の公私両面でのコミュニケーションを再定義した[6]。第一に、閉鎖的だった市場は世界中の複合メディア企業に開放され、ローカルビジネスは国内外の競争に晒された。第二に、高速インターネットと帯域幅の普及は、国際的なニュース、コンテンツの利用可能性を高め、デジタル化を促進させた。最後に、グローバル化したメディアとインターネット／デジタル革命の組み合わせは、世界中のジャーナリズムとマスコミュニケーションの在り方を変えた（第12章参照）。デジタル革命は教育や娯楽、消費といったライフスタイルをも書き換えた。

　グローバリゼーションは国際的なビジネスコミュニケーションにどのような影響を与えているのだろうか。グローバリゼーションは国際的なコミュニケー

ションやビジネス管理を容易にし、世界貿易を効率化させ、ビジネスチャンスを拡大する一方、政府による規制や言語・文化の障壁、不安定な雇用、物価変動、サイバー犯罪といった問題を生んでいる[7]。グローバリゼーションによるビジネスへのメリットとしては、しばしば指摘されているように、より大きな市場へのアクセスが可能となり、より多くのサプライヤーを得ることができ、より多くの才能ある人材を採用でき、そして、より先進的なアイデアが共有できることなどが挙げられる。一方でグローバリゼーションには無視できないデメリットもある。まず雇用に関しては、国内の製造部門が製造コストの安い外国に移管されることで影響を受ける。その場合、国内の企業では会計士やプログラマー、編集者、科学者などが職を失う。さらに、生産拠点を移転した国ではコストの安い製品を作るため、安全基準が無視され、労働搾取が起こることもある。さらに、グローバリゼーションによって物価が変動することから競争激化で価格競争が進み、企業は顧客獲得のため、製品価格を引き下げる。このため先進国であっても物価は下がっていく。収入の低下は税収の縮小を招き、政府の社会福祉政策にも影響を与える。そして、相互接続されたビジネスにとって最大の脅威の一つがサイバー犯罪である。サイバー犯罪ではコンピュータやデバイスを制御不能にしたり、マルウェアや違法な、あるいは有害な情報や図版、その他の好ましくない素材を拡散したりするためにコンピュータやネットワークを遠隔操作する。サイバー犯罪者の中にはそのどちらも行う者もいる。すなわち、コンピュータウィルスに感染させ、それからほかの機器や全ネットワークにウィルスを拡散し、組織全体に損害を与える。グローバリゼーションによってサイバー犯罪はより広範囲により簡単に行われるようになった。

　さらに深刻なデメリットとしては、グローバリゼーションが対人コミュニケーションの機会を減少させたことである。グローバリゼーションが進むと私たちは簡単に情報や知識、娯楽や商品を得られるため、対面でのコミュニケーションを求めなくなる傾向にある。このようにグローバリゼーションは公私にわたり他者との「健康的な」コミュニケーションの機会や時間を奪う。

　グローバリゼーションで世界は縮小したという意見もある。イギリスの国際政治学者アンソニー・マグルー（Anthony G. McGrew）によると、グローバリゼーションとは、現代の世界システムを構築している国家間や社会間の多様な

つながりや相互接続のことであり、ある地域で起こった出来事、決定、活動が、世界の離れた地域の個人やコミュニティに重大な影響を及ぼすようになる過程を指すという[8]。また、国境を越えた商品、サービス、資本、情報、人の流れを促進させることによって、グローバリゼーションは国家の自律性に挑戦し、それによって国家主権の伝統的概念が変化するという。

## 2. 社会のマクドナルド化

　グローバリゼーションがもたらした現象の一つに「社会のマクドナルド化」(The McDonaldization of Society) がある。マクドナルド化とはアメリカの社会学者ジョージ・リッツァ (George Ritzer) が1993年の同名の論文で提示した、現代資本主義社会における合理化（古い慣習や思想を合理的なものに置き換えるプロセス）の概念である[9]。現代のビジネスの成功の方程式ともいえるこの学説はアメリカ・イリノイ州に本部があるマクドナルド社に由来する（図2.2）。世界120カ国以上に3万店以上を展開するファストフードレストランチェーンはグローバル化の象徴となり、そのアメリカ的な合理化プロセスは世界のスタンダードになった、とリッツァはいう。

　（社会の）マクドナルド化とは、「効率性」(efficiency)、「予測可能性」(predictability)、「計算可能性」(calculability)、「非人間的技術による人間の代用」(substitution of non-human for human technology)、「不確実性の制御」(control over uncertainty) が進んだ社会（システム）を指す。これは、19世紀末から20世紀初頭にかけて、ドイツの思想家マックス・ウェーバー (Max Weber) が提唱した合理化理論の書き換えでもあった。すなわち、ウェーバーは、中世キリスト教社会を近現代の資本主義社会へと変遷させたのは「官僚機構」(bureaucracy) であると述べたが、官僚機構は現代のアメリカではもはや機能せず、20世紀末、それに代わる新しい合理化理論が必要であった。リッツァは現代ではあらゆる分野で「効率性、予測可能性、計算可能性、非人間的技術による人間の置き換え、不確実性の制御」による合理化が進んでいると主張し、この現象を「社会のマクドナルド化」と呼んだ。同時に、合理化による不合理も生まれたと指摘する。

## 2. 社会のマクドナルド化

図 2.2　マクドナルド（著者撮影）

　まず、最初の合理化の特徴である「効率性」とは、どのような所与の目的に対しても最良、最適な手段を見つける傾向をいう[10]。共働きが増えた現代のアメリカでは手の込んだ夕食を用意する時間がないため、多くの家族が調理済み食品と冷凍食品（frozen TV dinners）を利用する傾向にある。ファストフードレストランはこのような需要を取り込み、家族が効率的に食事をする手段を提供する。食品の生産・流通も効率化される。最も顕著な例は、大量飼育され、（しばしば科学薬品を含んだ）食餌を強制的に与えられ、組み立てラインで屠殺され、急速冷凍され、各地に出荷されるニワトリ（鶏肉）である。リッツァによると、効率化の重要な側面はそれが手段ではなく目的そのものになり、いつしか大局的な視点を失ってしまうことだという。例えば、ナチスによる強制収容所では効率的な運営が重視されるあまり、指揮官たちは収容所の目的が大量殺人であるという事実を忘れ、非人道的な罪に加担した。

　合理化の第二の特徴である「予測可能性」とは、一つの場所（状況）から次の場所（状況）に移るとき、与えられた状況下で次に何が起きるかを知りたがること、もしくはその際にある種の消費財を得たいと望むことであるという[11]。人々は驚きを予測も期待もしない。時間や場所に対する予測可能性は、規律や秩序、システム化、形式化、常套手段、一貫性、組織的な運営に依存する。料理本を見ながらの家庭での手料理は栄養的にも時間的にも予測可能性が立たないため、食事は味や調理時間が予測可能な総菜や冷凍食品を利用することにな

る。ファストフードレストランは限られたメニューのみを提供し、どこの店舗でも同じような雰囲気で同じようなスタッフが食品を提供することで予測可能性を最大限に発揮できるという。テーマパークもかつては予想可能性が低い施設だったが、ディズニーランドの登場によって、同じように訓練された若いスタッフがロボットのような予想可能性を発揮するようになった。ほかの分野も例外ではない。科学的なマネジメントや組み立てラインのような開胸手術など、食品産業以外にもビジネスや医療の分野において予測可能性を追求する試みや営みが見られる。

　合理化の第三の特徴である「計算可能性」とは質より数を重視する傾向を指す[12]。質を評価するのは非常に困難であるため、私たちはその評価を量的に計測しようとする。大学教育においても、それぞれの教員の教育の質を評価するのは困難であるため、学生による評価を行い、そのスコアを合計し、平均化した点数によって授業評価を行う。数的評価に依存するのは教育分野だけではない。企業では各部門別にその日の完成部品の数を比較して部署ごとに評価を下す。テレビ業界でも視聴率によって番組の質を判断する。スポーツにおいても、選手のパフォーマンスは数によって判断される。野球では投手や打者は残した成績により年俸が決まる。バスケットボールでは24秒以内にシュートを行わなければならないなど、数への固執が逆説的に働く場合もある。政治の分野においても数字は重要な意味をもつ。大統領候補者やそのチームは何を主張すれば投票者の評価が上がるか、常に世論の動向に注目する。軍拡競争や司法取引においても数量的な要素が決定を左右する。ファストフードレストランであるマクドナルドでも「グッドマック」（The "Good Mac"）ではなく「ビッグマック」（The "Big Mac"）が売り出され、どのくらい多くの顧客に対応したか、どのくらい速いスピードで食品を提供したか、どのくらい多くの利益を出したかが重要となる。こうして、質はおざなりになる。

　合理化の第四の特徴である「非人間的技術による人間の代用」は、人間の肉体的限界を超えるための手段となる[13]。どのように指導・訓練されても、人間は予測できない、不合理な行動をとることがある。そのため、予測不可能な言動をする能力をもたない機械やその他の技術により人間への依存を減らし、究極的には人間の労働そのものを合理的なテクノロジーによって置き換えようと

する。マクドナルドにおいても、コップが満杯になると止まる飲料の自動販売機や食品が完成したら光やブザーで知らせる調理器、各製品の値段がプログラムされたレジなど、機械の導入により、ヒューマンエラーを防ぐ工夫がなされている。工場における組み立てラインでも人間は最小限の作業のみを行うロボットのような業務をこなしている。しかしながら、人間の労働者はこのような単純作業を嫌う傾向があるため、企業はほぼすべての工程において人間が関与しない完全オートメーション化を図ったり、ロボットに代用させたりしている。宗教においてもドライブイン教会などにテクノロジーが利用されている[14]。

　合理化を実現するための第五の特徴である「制御」は、出産、死、食品製造・流通、住居、宗教的救済など、人生における不確定要素の統制である[15]。合理的システムは社会生活に対する不確定の主な原因である他者のコントロールを志向する。それには、上司による部下の統制や従業員によるクライアントや顧客の制御などが含まれる。マクドナルドでも、オートメーション化され、ロボットのような食品の製造・提供において従業員を制御する。それはオートメーション化された組み立てラインと同じような職場環境を実現している。同時に、従業員による顧客の制御も行われている。例えば、カウンターやドライブスルーの注文口で客は何をすべきか、何をすべきではないかが伝えられる。

　最後に、リッツァはこれらの合理化が生む不合理にも警鐘を鳴らす[16]。合理化は官僚的形式主義を増長し、非人間化を促進する。人々を助けようとするこれらの合理化が、逆説的に人間に否定的な効果をもたらすこともある。大量生産するため、より多くの農薬や殺虫剤、人工飼料が使用される。これらに含まれる化学薬品は人間の健康に有害なものもある。コレステロールや塩分の過剰摂取は健康被害を招くだけでなく、家族関係をも崩壊させることがある。

　このように、マクドナルド化は、食品に限らず、文化の諸相に見られる現象である。文化のグローバル化は特定の情報、文化的慣習、嗜好、スタイルなどを世界中に伝播することで世界を非領土化する。そして、グローバル化した文化産業は支配的な文化の世界規模での複製につながり、文化の均質化を引き起こす。これはしばしば「アメリカ化」「ディズニーランド化」とも呼ばれる[17]。以上のように、この理論は 20 世紀末に提示された概念であるにもかかわらず、現代においても示唆に富む学説である。

## 3. グローカリゼーション

　欧米主導のグローバリゼーションに同期する動きとして「グローカリゼーション」（glocalization）が挙げられる。これは社会学者のローランド・ロバートソン（Roland Robertson）が提唱した概念で、ローカル（地域性）とグローバルの両方に配慮してビジネスを行うことを指す。ロバートソンはグローバル（global）とローカル（local）が相互に影響し合い、均質化と異質化が同時に起こるプロセスを「グローカリゼーション」と呼び、グローバリゼーションとローカリゼーションが現代の相克する現象であると主張した[18]。

　ロバートソンはグローバリゼーションに関して無視されてきた二つの議論からこの概念を提唱したという。第一に、グローバリゼーションは地域性を無効にすると想定されてきたが、そこにはナショナリズムやトランスローカルな要素が生じ、機能することはないのかという点である。エスニシティやナショナリティの肯定はグローバルな条件においてなされるのではないかとロバートソンは主張する。第二に、時間と空間の議論を普遍主義と特殊主義という厄介な問題に結び付ける努力がほとんどなされてこなかったという点である。特にグローバリゼーションにおける「行動―反応」の関係性はグローバルとローカルの相互関係を十分に説明できていないとロバートソンは指摘する。これは「グローバル性」（globality）の代わりに「グローバリゼーション」という言葉が使われることで曖昧さが生じたためであると指摘する。前者はグローバル化した社会の状態、後者は進行するプロセスを指す。グローバリゼーションは社会的・心理的状況の過程的・時間的結果を示唆している一方、それによってもたらされる「近代性」（modernity）とグローバル性は異なる二つの状態にみえることから、グローバル性という概念を通じて提起された空間の問題が生じる。通常、近代性という概念は時間的・歴史的な文脈での制度や基本的な経験の均質化を示唆するが、近代性はグローバル性と異なる原因によってもたらされたため、一概に両者が同一とはいえないということが明らかになっている。

　例えば、ヨーロッパでは近代性が比較的、自発的に生じたのに対し、新世界（南北アメリカやオーストラリアなど、15世紀末以降にヨーロッパ諸国によって「発

## 3. グローカリゼーション

見」された大陸）では先住民の犠牲の結果として近代性が現れ、東アジアでは外部からの脅威に応じる形で近代性が生じ、アフリカでは植民地主義や帝国主義によって強制的に近代性がもたらされた。このような近代化の脱構築に内在する概念的・経験主義的な差異がグローバル性における時間や空間、地理学の重要な認識につながると述べている[19]。

グローバリゼーションは他者との接触によってその地域のアイデンティティを育み、グローバル化による「均質性」(homogeneity)や集中化は逆説的にその地域における「ホーム」「共同体」「ローカル性」を生産・再生させる「異質性」(heterogeneity)や分散化を引き起こしている[20]。マーケティングにおいて、グローカリゼーションは製品やサービスを現地の文化に適応させてグローバル市場向けに作成することを意味する。例えば、反グローバリゼーション活動家の抗議があったフランスのマクドナルド社は2001年、ドナルド・マクドナルドのマスコットをフランスの人気漫画のキャラクター「アステリックス」(Astérix)に置き換える措置を取った。2010年に同キャラクターを再び広告に使用したマクドナルド社に賛否の声が寄せられたものの、その後、同社のフランスでの売上は堅調に推移している[21]。

経済におけるグローカリゼーションでは、ローカル性はグローバル化によって形成され、グローバル化によりローカル性は強化される。例えば、マクドナルド社は世界各国にアメリカの食習慣を持ち込み、各地の食習慣に影響を与えているが、同時に地元の味を取り込んだり、食習慣に合わせた食品提供やフードスタイルを提案したりするなどして経営面での成功を収めている。

加えて、貿易や投資に対する国境の開放は立地の経済的重要性を増大させることになる[22]。世界的な力と局所的な力の相互作用によって、特定の地域への企業の地理的集中が起こる場合もある。例えば、ロンドンやニューヨークの金融街や米国カリフォルニア州のシリコンバレーのコンピュータ・IT産業などがその例である。

このように、文化的、経済的観点の両方において、グローカリゼーションは地域を差別化しながらも、それらの地域では日常的に均質性と異質性、普遍性と特異性がせめぎ合う中で両者を結び付ける努力がなされている。

## 4. 想像上の共同体

　2016年の米国大統領選挙におけるドナルド・トランプ（Donald Trump）の当選以来、アメリカではいわゆる「トランピズム」（自国第一主義）が広がった。この傾向は国境を超えて広がり、多くの国で右傾化とナショナリズムの高揚を引き起こした。さらに、2019年の年末から始まった新型コロナウィルスによるパンデミック（コロナ禍）はその傾向を後押しした。ナショナリズム（愛国主義）が広がるなか、再び注目された書籍がアメリカの政治学者ベネディクト・アンダーソン（Benedict Anderson）による『想像上の共同体』（*Imagined Communities: Reflections on the Origin and Spread of Nationalism*, 1983）であった。

　「なぜ人々は国家のために命を賭けることができるのか？」アイルランド人の父とイギリス人の母をもち、中国、インドネシア、米国（カリフォルニア州）、アイルランド、イギリスで人生を過ごし、ケンブリッジ大学で古典学、コーネル大学で政治学を学んだアンダーソンは、1965年にインドネシアで発生した軍事クーデターの報に接し、先のような疑問をもった。その背景について考察するなか、歴史的背景と変革を起こす文化的環境としての国家、そしてその国家に対する愛着、すなわちナショナリズムについて研究するようになった。1983年に出版した『想像上の共同体』において、アンダーソンは国家を「均質で空虚な時間の中を暦通りに移動する社会学的有機体」と定義し、本質的に範囲が限られた「想像上の共同体」（imagined communities）であると表現した。アンダーソンは、国家はたとえ小規模のものであっても、一人の人間がその地理や歴史といったすべての側面やその国に属するすべての人々を知ることは不可能であるため、それぞれにとって国家は抽象的な思考の、無意識の実践にすぎないと主張した[23]。国家は、啓蒙主義時代の到来に伴う世俗化への反応・結果として誕生し、人々の世界に対する認識を変えた。このとき、中世のキリスト教社会を支えていた三つの要素、すなわち「真理を理解するための聖なる言語（ラテン語）とその文字」「神格的君主の威厳」「宇宙論的時間の流れ」が大量印刷技術の発明と資本主義によって浸食されたことが、ナショナリズムの生成や拡散につながったと述べ、この「活字資本主義」（print capitalism）が印刷物

を通して国家を想像可能な存在にしたと主張した。人々は聖書の代わりに新聞や雑誌などの定期刊行物を読むようになり、小説を手に取った。それらの印刷物はまるで国家が存在するかのような文化的背景を提供した。近代化とともに始まった国勢調査（census）や世界地図、美術館もまた国家が実際に存在するかのような言説を創り出した。これらの出版物によって国家は権威を与えられ、国民をその名のもとに結び付ける。

出版後、29の言語に翻訳され、33カ国以上で発行されたアンダーソンの著書はナショナリズム研究では必須の参考文献となっている。アンダーソンの理論はその歴史的考察より、「想像上の共同体」という国家の認知的な概念において重要な意味をもつという歴史家もいる[24]。いずれにしても、アンダーソンの考察は現代の国際情勢を読み解くうえで重要な視点を与えてくれる。

## 【コラム】オリエンタリズム

「オリエンタリズム」（orientalism）とは、18～19世紀のヨーロッパで流行した東洋の言語、文学、宗教、哲学、歴史、芸術、古代史を含む学問を指す。オリエンタリズムが最初に登場したのは19世紀で、西洋の為政者や知識人は植民地支配を推進するためにはアジアに関するより深い知識が必要だと主張し、東洋の研究を奨励した。20世紀半ば、パレスチナ系アメリカ人のエドワード・サイード（Edward Said）の同名の著作により、オリエンタリズムはアラブ・アジア文化を単純かつステレオタイプ的、軽蔑的に捉える西洋中心の概念を意味する言葉にもなった。サイードによるとオリエンタリズムとは、「地政学的知識を、美学的、学術的、経済学的、社会学的、歴史的、文献学的テクストに配分すること」であり、西洋人は、世界を西洋（オクシデント）と東洋（オリエント）とに分類し、前者を優れたもの、後者を劣ったものとみなす考え方を継承してきたという。エルサレム生まれのパレスチナ人であったサイードは裕福な家庭に生まれ、英語での初等教育を経てアメリカの高校に留学し、コロンビア大学に進んだ。アメリカで教育を受けたアラブ人として、彼は東洋に対する西洋の優越を感じ取り、『オリエンタリズム』（*Orientalism*）を執筆した（図2.3）。

図 2.3 『オリエンタリズム』

　この著書において、サイードは西洋の歴史的文献のテクスト分析によって西洋文明に内在するオリエンタリズムを証明している[25]。ヨーロッパはあまりにも長い間、アジアを政治的に支配してきたため、西洋の文献には西洋の学者自身が認識できないバイアスが浸透しているとサイードは指摘する。この根強い「ヨーロッパ中心主義的偏見」は、欧米による東洋（アジア／アラブ・イスラム諸国）に対する植民地主義的・帝国主義的野心を暗黙のうちに正当化する役割を果たしてきたと主張する。そして、西洋の学者はヨーロッパを規範として「エキゾチック」「不可解」なオリエントを作り上げ、その逸脱を書き、オリエントに対する偏見を再生産してきたという。サイードは欧米のオリエンタリズムに同調するアラブのエリートも激しく非難している。

　一方、この著書そのものが西洋中心主義的（Eurocentrism）であるとも批判されている。例えば、これはアラブ系アメリカ人による西洋文明批判であるものの、研究そのものが西洋の知的伝統に基づいていること、2000年間のほかの文化や文明（特にアジア、アフリカ、ラテンアメリカ）への言及はほとんどないこと、著書におけるオリエントは中東に、中東はアラブ世界の一部に限定して論じられていることなどの批判があり、恣意的な解釈や排除があるという指摘がなされている[26]。

# 第3章
# 異文化理解と言語習得
―ことばで変わる現実―

> 分子遺伝学の「ミトコンドリアイブ」(母系祖先で遡ることができる、現在の人類に最も近い女性) 仮説によると現代人の起源はアフリカにある[1]。この仮説は言語にも当てはまると主張したのはクエンティン・アトキンソン (Quentine Atkinson) であった。504言語における音素の多様性がアフリカから離れるにつれて減少することを発見したアトキンソンは、現代語の起源はアフリカにあると述べた[2]。本章では言語と認識との関係や言語習得過程など、ことばの思考・価値観への影響について概観する。

## 1. 言語と認識

　言葉は私たちの考え方や価値観にどのような影響を与えているのだろうか。この問いは言語学という学問領域が扱う問題の一つである。言語学とは「人間の言語の特性・構造・機能・獲得・系統・変化などを研究する学問」(広辞苑) であり、研究対象は主に言語の四つの要素である音声、単語、文、発話に向けられる。これらの学問領域はそれぞれ「音声学・音韻論」(phonetics/phonology：言語の音体系の研究)、「形態論・意味論」(morphology/semantics：語形成・語の意味の研究)、「統語論」(syntactics：文の構造または文法の研究)、「語用論」(pragmatics：発話がなされる状況を分析する研究) と呼ばれている。
　先の命題は、言語と文化の相互関係を問うものでもある。すなわち、私たちの認識や思考は言語によって規定されるのか、それとも言語に影響を受けないのかという問いに置き換えられる。前者は「言語相対性仮説」(相対主義、言語相対論)、後者は「言語普遍性仮説」(普遍主義、言語生得説) と呼ばれる立場で

図 3.1　エドワード・サピア

ある。言語相対性仮説とは、すべての言語は固有の体系をもち、それぞれの言語の音韻論的、文法的、意味論的な区別は完全に恣意的なものであるという考え方であり、普遍性仮説とは、言語の表層は異なるが、どの言語も底流には共通の規則性や普遍性があるという考え方である。

　論争のきっかけとなったのは 1920 年代～1940 年代にかけて、言語学者エドワード・サピア（Edward Sapir、図 3.1）とベンジャミン・リー・ウォーフ（Benjamine Lee Whorf）が提唱したいわゆる「言語相対論」（サピア＝ウォーフ仮説あるいはウォーフ仮説）といわれる学説であった[3]。サピア＝ウォーフ仮説によると、言語はその言語使用者の考え方、価値観、そして世界観を形作るという。そして、現実はあらゆる言語によって恣意的なカテゴリーに分割され、異なる言語には異なる存在論が組み込まれているため、概念は翻訳できない可能性があるという[4]。例えば、ナバホ族の言語ディネ語（Dené）には所有格（彼の／彼女の／私たちの／あなたの）がないことから、彼らはほかの言語使用者と異なる所有の概念をもつ可能性がある。また、英語とスペイン語とフランス語の動詞の用法を比較すると、英語とスペイン語ではしばしば現在進行形が使われるが、フランス語では現在形が使われる。このことはフランス語話者とこの 2 言語の話者では動作や行為に関して異なる概念をもつ可能性があることを示している。さらに、英語では相手を表現する際にフォーマルな場でもインフォーマルな状況でも単に you と表現するが、ドイツ語やスペイン語ではそれぞれ du/

Sie と tu/usted の 2 語（親称と敬称）を使い分ける。日本語では丁寧な言い回しの際に動詞や名詞に「お」をつけるなど、言い回しが異なる。すなわち、これらの国ではフォーマル・インフォーマルな場面での発話についてほかの言語使用者と異なる考え方をもつ、とサピアとウォーフは主張する。さらに、しばしば引用される例として色の語彙がある。ディネ語では水色と緑の区別はないが、黒は 2 種類あり、赤は 1 色のみで、これらの 4 色がディネ文化における主要な色を構成する。また、フランス語、スペイン語、ドイツ語、ロシア語はジェンダー化された言語であり、無生物名詞であっても女性名詞か男性名詞（もしくは中性名詞）に分類される。このことは、これらの言語の話者は発話の際、身の回りのモノがどちらの性別か、常に意識していることを示している。このように、意味レベルにおいて現実はあらゆる言語によって恣意的なカテゴリーに分類され、異なる言語には異なる存在論が組み込まれているため、言語固有の概念を翻訳することは困難であると 2 人は主張した。

　1950 年代以降、相対主義と普遍主義の議論は振り子のようにそれぞれの方向に揺れてきた。1950 年代後半、ノーム・チョムスキー（Noam Chomsky）によって提唱された生成文法理論は普遍性研究に弾みをつけた。チョムスキーは、人間には生得的な言語機能（普遍文法）が備わっており、初期状態における外的言語データへの暴露により、個別言語の生成文法を獲得し、安定した言語能力を得ると主張した[5]。その他の言語普遍性の主張として、すべての概念は説明可能であること、すべての言語には名詞や動詞があること、音声言語であれば母音や子音があることなどを挙げる。サピア＝ウォーフ仮説への反論としては、語彙の違いは世界観の違いでなく、単に言語上のコード化が異なるだけという意見や、言語が思考を構成するのであれば言語が思考に先行しなければならない／言語がなければ思考できない、といった意見などがある[6]。言語獲得プロセスでは言語と思考は密接に関係しているため、サピア＝ウォーフ仮説のようにそれらを別々に扱うことは困難であるという批判もなされている。

　さまざまな批判にもかかわらず、サピア＝ウォーフ仮説は言語学だけでなく、人類学、哲学、心理学、社会学など多岐にわたる分野の研究者にインスピレーションを与えてきた。近年では、どちらの立場も取り入れた修正サピア＝ウォーフ仮説が支持されるようになっている[7]。例えば、テリー・レジア（Terry

Regier）らは、相対論か普遍論かという単純な二項対立にすることは興味深い現実を隠すことになると主張する。レジアらはしばしば例に出される色の認識について、少なくとも色彩の領域では、言語が行う意味的区分を支配する普遍性は存在するが、カテゴリーの境界がどこに引かれるかという点に関してはある程度恣意的な要素が見られると述べ、双方の学説への部分的支持を表明した[8]。このように、サピア＝ウォーフ仮説は、発表以来、さまざまな研究者による批判に晒されてきたが、これまで相関関係が明確でなかった言語・思考・世界観（価値観）を結び付けて説明したという点で示唆に富む。

## 2. ペンタッド

アメリカの思想家、詩人、小説家、文学批評家、修辞学者ケネス・バーク（Kenneth Burke）は人間を「記号を使う動物」と呼ぶ。私たちの世界は言語によって仲介され、言語はその過去の使用によって仲介されるため、世界における人間の行動すべてが私たちに説得力をもって語りかけてくる。私たちの身体もまた私たちが共に生きてきた言葉の記号であると彼はいう。そしてそれは私たちの生きる秩序を構成し、私たちの人生の行動を先導し、私たち自身を形作るという。バークは世界においてこのような言語がもたらす作用に注目した作家・研究者であった。

バークは人間の言語（発話と筆記）に関する多くの理論を発表した。なかでも、異文化コミュニケーションにおいて彼が提唱した有用な理論の一つが「ペンタッド」（Pentad）と呼ばれる言語分析理論である（図3.2）。私たちは事象や事件が起きたとき、その内容を整理するため、しばしば「記者の質問」と呼ばれる「5W1H」に注意する。5W1Hとは、「When（いつ）」「Where（どこで）」「Who（だれが）」「What（なにを）」「Why（なぜ）」「How（どのように）」の英単語の頭文字をとった言葉で、この要素にしたがって情報を整理することで、正確に伝わりやすくなるといわれている。バークは、「体系的に練られた形而上学的構造にも、法的判断にも、詩や小説にも、政治的文書や科学的論文にも、ニュースにも、無作為に提供されるゴシップの断片にも［動機は］等しく存在する」と述べ、「行為」（act）、「場面」（scene）、「行為者」（agent）、「手段・方

## 2. ペンタッド

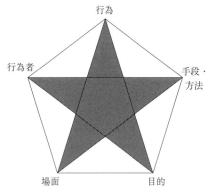

図 3.2　ペンタッド

法」(agency)、「目的」(purpose) という五つの指標 (pentad とは「五つから成る一組」の意) を考察することで、コミュニケーションの背後にある「動機」を理解することができると述べた[9]。彼は、5W1H の要素である「いつ」と「どこで」は「場面」(scene) に組み込み、「どのように」は「手段・方法」(agency) に変化させた。バークは、反論・説得するには「動機」を知る必要があるという。この 5 項目はコミュニケーションの背後にある発話者・筆記者の動機を分析するための指標である。

　演劇の幕を指す act や場を指す scene という言葉からわかるように、バークは演劇からヒントを得て、これを「ドラマティックペンタッド」(Dramatic Pentad：「劇的性格、脚色、劇化」を意味する Dramatism ともいう) と呼んだ。「この世は舞台、男も女もみな役者にすぎない」("All the world's a stage, And all the men and women merely players.": *As You Like It*, Act II, Scene VII) と述べたのはイギリスの劇作家のウィリアム・シェイクスピア (William Shakespeare) であった。同様に、バークはコミュニケーションを演劇に見立て、その解釈法を修辞学に応用した。バークによると、何らかの「行為」が存在するためには「行為者」が必要であり、その「行為」が行われる「場面」がなければならず、「行為者」は何らかの「手段・方法」を用いる必要があり、その「行為」には「目的」があるはずだという。五つの指標はそれぞれ「何がなされたか？」(行為)、「いつ／どこでなされたか？」(場面)、「誰がなしたのか？」(行為者)、

「どのような手段で／方法でなしたか？」（手段・方法）、「どのような目的でなされたか？」（目的）という問いによって導き出される。ペンタッドは、状況判断のためのチェックリストとして使うことも可能だが、ある行為者の動機を探るとき、別の視点を考える際に有効となる[10]。私たちは、人が何かをするとき、その人物の個人的な性質、もしくは目的ゆえに行ったと考える。ペンタッドを使ってこれを「原因→結果」として表すと、それぞれ「行為者→行為」「目的→行為」となる。

　例えば、グラフィティ・アーティスト（落書き芸術／風刺絵画のアーティスト）は社会的制裁を受けるべきだという意見があるとする。この意見を検討する際、行為者の動機を探ることで、その行為を異なる視点からみることができる。行為者に悪意があると考えると「行為者→行為」となるが、落書き内容がコミュニティの問題に対する意見表明であるときは「場面→行為」となり、政治的抗議であれば「目的→行為」となる。また、落書きが至る所に書かれているコミュニティに住み、自分も描いてみようと考えたときには「場面→行為者→行為」となることもある。ペンタッドは視点を変えて物事をみることにつながり、その行為の背景にある動機を推測する際に有効となる。このほか、スピーチやテクスト（詩、小説など）の分析にもペンタッドを用いることができる。

　ペンタッドについては、しばしば「態度」（attitude）を加えた「ヘクサッド」（Hexad：「六つから成る一組」という意味）ではないかという指摘がある。しかし、「態度」は何かする際の準備段階として「行為」に含まれる要素であり、心の状況と捉えれば「行為者」であり、「行為」が起きた際の「手段・方法」の一部と捉えることもできる。バーク自身、時に六つ目の指標として「態度」を挙げ、「ヘクサッド」と呼んだこともあるが、本人によりペンタッドが正式に修正されることはなかった[11]。

## 3. 言語習得の臨界期仮説

　「言語は早く学び始めれば、早く習得できる」という学問的根拠の一つに、人間には言語能力を獲得する適齢期があり、その年齢を過ぎると言語を自由に（母語話者のように）使いこなす能力を得ることができないという「臨界期仮説」

(critical period hypothesis) がある。子どもには言語を習得する生得的な能力が備わっているという考え方は概ね支持されているものの、臨界期仮説に関しては、有利さの原因は何か、臨界期の年齢は何歳か、言語発達のどの分野に影響するのかなど、さまざまな論点が提示されている。言語の習得と使用の生物学的基盤を探求した代表的な著作として、1967年に出版されたドイツ系アメリカ人の言語学者・神経学者エリック・レネバーグ（Eric Lenneberg）の研究書『言語の生物学的基礎』(*Biological Foundations of Language*) が挙げられる。レネバーグは、言語は人間に固有の生得的能力であり、その発達は生物学的要因に支配されていると主張し、言語の習得は生物学的成熟の臨界期（思春期以前の12〜13歳）に起こらなければならないと主張している[12]。レネバーグはこの仮説を子どもの言語発達に関する研究や、乳幼児期に失語症（aphasia）など、言語喪失を経験した人の事例を踏まえて例証し、この臨界期を超えると、言語習得能力は著しく低下すると主張した。また、彼は言語能力に影響を及ぼす脳損傷をもつ人の観察に基づき、言語は脳の特定の領域、特に左半球に局在しているが、脳の発達初期段階には他の部位（右脳）が補いうる、と述べた[13]。レネバーグの研究は神経言語学研究の基礎を築いた。

　思春期を第一言語習得の臨界期とするレネバーグの仮説は第二言語習得に適用できるのか。この点について検討した研究の一つにジャクリーン・ジョンソン（Jacqueline Johnson）とエリッサ・ニューポート（Elissa Newport）による研究「第二言語学習における臨界期効果」(Critical period effects in second language learning, 1989) がある。ジョンソンとニューポートは3歳から39歳までの間にアメリカに到着し、テスト時までにアメリカに3〜26年間居住した46人の韓国語または中国語の母語話者の英語能力を比較し、渡米した年齢と第二言語の習熟度との関係を調査した[14]。被験者に対する課題の結果は、米国に早く（より幼い年齢で）到着した人のほうが有利であることを示していた。テスト結果から、3〜7歳の間に渡米した者が最もネイティヴスピーカーに近い言語能力を身に付けていること、思春期までは成績が直線的に低下し、思春期以降（16歳以上）では相関性を欠き、ばらつきが大きくなること、臨界期仮説は第一言語だけでなく第二言語にも適用できるということが明らかとなった。ジョンソンとニューポートは、第二言語習得には脳の可塑性など生物学的要因もあ

ると述べ、高いレベルの習熟度を達成するためには早期に第二言語に触れることが望ましいと結論づけている[15]。

一方、言語習得における年齢効果の正当性について疑問を呈する研究者もいる。上記のジョンソンとニューポートの研究ではそれ以降の年齢であってもネイティヴスピーカーに近い英語力を得た例もあり、教育機会やモチベーションといった個人的資質によっても習熟度は変化することが示されている。また、臨界期仮説は発音に関してのみ適用されるとした研究もある[16]。例えば、ハロルド・ダンケル（Harold Dunkel）とロジャー・ピレット（Roger Pillet）による研究では、大学でフランス語学習を始めた学習者のほうが理解度テストでは児童の学習者を上回ったが、発音に関しては幼いフランス語初学者のほうがはるかに勝っていることを示し、年齢効果の最も著しい恩恵は正確な発音の習得であると結論づけた[17]。このほか、精神的な成熟度によってもこの仮説の信頼性は変わると主張する研究者もいる。このように、レネバーグの臨界期仮説は、言語習得における生物学的要因と環境学的要因の重要性に関心をもつ研究者たちにインスピレーションを与え続けている。

## 4. 第二言語習得（BICS と CALP）

留学生は通常、2種類のコミュニケーションの壁にぶつかるといわれる。日常会話ができる程度の言語能力を獲得した後でも、学校の成績が低迷するという事例は珍しい話ではない。アメリカにおいても、これまで移民の子どもを修学させるとき、十分流暢な英語力をもつと考えた子どもを年齢相当の学年に配置しても、授業内容を理解できず、学業不振となることがあった。第二言語習得における、この二つの言語の壁は何を意味するのだろうか。カナダ人の言語学者のジム・カミンズ（Jim Cummins）によると、これは「生活言語」と「学習言語」の違いであるという。カミンズによると、生活言語は「基本的対人伝達能力」（Basic Interpersonal Communicative Skills：BICS）、「学習言語」は「認知的学術言語能力」（Cognitive Academic Language Proficiency：CALP）であり、両者の獲得には時間差があるという[18]。これらの言語能力の獲得は、環境や個人の能力・資質によっても異なるが、学習者が第二言語を学ぶ際、挨拶や簡

単な日常会話などが可能な言語能力である BICS は概ね2年以内で獲得できるが、難解な思想や概念、抽象的な知識を理解し、表現できる言語能力である CALP の獲得には5〜7年程度を要すると述べた[19]。

同様の概念はほかの研究者によっても提示されている。例えば、ポーリン・ギボンズ（Pauline Gibbons）は「遊び場言語」（playground language）と「教室言語」（classroom language）という用語を使い、その違いを次のように説明している。「『角度を5度大きくすれば、円周を等分することができる』といった言葉を子どもたちが使う機会は通常、遊び場ではない。また、仮説を立てたり、評価したり、推論したり、一般化したり、予測したり、分類したりといった高次の思考スキルに関連する言葉も通常は必要としない。しかし、これらは学習や認知の発達に関係する言語機能であり、カリキュラムのあらゆる分野で発生し、それなしには学問分野における子どもの潜在能力は発揮されない」[20]。学校の授業で使用する難解な語彙も「教室言語」を困難にしている原因の一つである。デイヴィット・コーソン（David Corson）によると、アカデミックな語彙を構成する英語のグレコ・ラテン語彙（ギリシア語やラテン語を語源とする英単語）は、学習者にさまざまなレベルの潜在的困難をもたらしているという[21]。彼は日常頻出単語150語と大学教育での頻出単語150語を比較し、語彙力が学習障害の原因の一つであることを示している。

カミンズの BICS／CALP 理論は、発表後、第二言語学習者の指導と評価に関する政策と実践の両方に影響を与えてきた。その政策面での功績には、第二言語学習者への指導法やサポート、評価の猶予などが挙げられる[22]。特に、アメリカにおけるバイリンガル教育への貢献は特筆できる。カミンズは、二つの氷山のモデルを使って、バイリンガル教育の有効性を説明した（図3.3）。カミンズは、第一言語（L1）と第二言語（L2）を同時に学習しても両言語とも習得することは可能であると理論づけた[23]。L1 と L2 の氷山の水面下には共通の部分があり、これを「共通基底言語能力」（Common Underlying Proficiency：以下、CUP）と呼び、バイリンガル学習者である子どもは CUP を通して多言語の獲得は可能であるとカミンズは説明する[24]。

一方、BICS／CALP 理論に対しては批判もある。例えば、「BICS／CALP の区別は単純化されすぎている」「テスト重視の産物である」「バイリンガル生徒

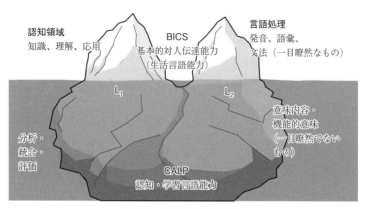

図 3.3　共通基底言語能力

の学業不振は単に低い CALP が原因とする『欠陥理論』」などである[25]。しかし、カミンズは、この理論は第二言語習得の研究や政策、実践を目的としたものであり、学習言語能力はその妥当性や教育との関連性を裏付けるために、テストの点数には依存しないという。さらに、特定の文脈の中で特定の目的のために、現象を枠組み化し、経験的データの解釈を提供するものが理論であり、いかなる条件でも絶対的な意味で「有効」で「正しい」という理論は存在しないとカミンズは反論している[26]。批判はあるものの、BICS／CALP 理論は現在も第二言語学習プロセスを明らかにする一つの学説として教育実践において活用されている。

### 【コラム】クリティカルシンキング

　クリティカルシンキング（critical thinking）は通常「批判的思考」と訳される。クリティカルシンキングとはどのような能力なのか。クリティカルシンキングとは「観察、経験、考察、推論、またはコミュニケーションから収集された、またはそれらによって生み出された情報を、積極的かつ巧みに概念化し、適用し、分析し、統合し、および/または評価する、知的に訓練されたプロセス」を指す[27]。教育におけるゴールの一つがこの思考法、すなわちクリティカルシンキングの獲得であるといわれる。この

【コラム】クリティカルシンキング

図3.4 クリティカルシンキングの特徴的な態度

語を初めて定義したといわれるアメリカの哲学者・思想家のジョン・デューイ（John Dewey）は、分析・判断に有用なクリティカルシンキング（systematic/reflective thinking とも呼んだ）はグローバル化した世界で職を得るため、民主主義を守るため、社会における急激な変化の中で決断するために必要であると述べた[28]。

これまで多くの哲学者や科学者が批判的思考の重要性に言及してきた[29]。この概念の起源は古代ギリシア・ローマ時代に遡る。ソクラテス（Socrates）やプラトン（Plato）、アリストテレスは学問において「概念や価値観について質問し、試し、それらについて思考する能力」を重視した[30]。ソクラテスは、「権威」をもつ人が健全な知識や洞察力をもっているとは限らないとし、何かを信じる前にその証拠を探し、推論や仮定を吟味し、概念を分析し、言説だけでなく行動の意味を見極める重要性を説いた。思考における明晰さと論理的一貫性を求める「ソクラテスの質問」（Socratic Questioning）は、クリティカルシンキングの実践の一つとして知られている。以後、西洋ではアクィナス、ベーコン、デカルト、マキャベリ、ホッブス、ロックなどがクリティカルシンキングにつながる批判的思考法やその実践を提唱してきた[31]。

現代においても、学習やビジネス、その他の活動など、あらゆる場面で

クリティカルシンキングが求められる。いくつかの学説があり、定まった定義はないが、クリティカルシンキングの主要な要素として、「好奇心」「疑いの心」「真実の探求」「オープンマインド（偏見のない心）」「統合（力）」「自信」「認知的成熟」などが挙げられる（図3.4）[32]。まず、クリティカルシンキングには「好奇心」が求められる。これは、問題や課題、事象や現象などの理由や説明、意味を探し、理解を広げるために新しい情報を求めようとするマインドセットである。次に、「疑いの心」が求められる。自らの判断を疑ったり、自分の限界を知り、必要に応じて助けを求めたり、新しいデータや不完全なデータがあれば、判断を保留したり修正したりする態度が必要となる。そして、「真実の探求」も重要な要素となる。これは、状況を注意深く観察し、関係を特定し、真実を理解しようとする態度である。さらに、「オープンマインド」も必要となる。独善的な態度ではなく、異なる視点に対する寛容さを示すなど、新たな証拠や推論によって異なる答えになる可能性を検討することが求められる。そして、それらの事実や状況、推論などを「統合する力」も必要となる。この作業では、論理的思考に基づいて合理的な結論を導き出すことが求められる。例えば「もしAがBであれば、Cということになる」といった考え方である。その解決策が実現不可能な場合はそれを認め、代替の解決策やアプローチを考案することも必要となる。そして、クリティカルシンキングにおいて「自信」も不可欠である。自らの学ぶ能力を信じ、道理を弁え、失望を克服するよう努めることが必要となる。さらに、「認知的成熟」も求められる。これには、相手の考え、感情、状況を深く理解し、明瞭に話し、書くことや、価値観、文化、性格、学習スタイルを理解することなども含まれる。

　このほかクリティカルシンキングに必要な資質や態度として、最良の結果を得るために努力を続ける「忍耐力」、必要に応じてアプローチを変える「柔軟性」、相手の気持ちや困難を想像する「共感力」、結果を予測し、前もって計画を立て、機会を逃さず行動する「積極性」などを挙げる研究者もいる[33]。

　クリティカルシンキングは、何らかの価値や意見、概念、仮説、評価などを単に批判するのではなく、その信頼性や正当性に疑問をもち、その疑

問について深く考えて解釈し直し、決断を下すという一連のプロセスであり、特に高等教育での学問において求められる心構えや態度、行動様式である。

第4章
# 言語と文化 (1)
―多言語・多文化社会における言語―

> 異なる人種・エスニシティを抱える多民族国家アメリカは異文化コミュニケーションの最前線である。センサス（国勢調査）によると、アメリカの人種・エスニシティはますます多様化しつつある。日常的に異文化と出合い、多言語・多文化のせめぎ合いを経験するアメリカ人はどのような問題に直面しているのだろうか。本章では、移民国家として成立し、多言語・多文化社会として発展してきたアメリカの言語文化から言語と文化の相関関係を探る。

## 1. 言語と文化の関係

　アメリカの文化人類学者エドワード・ホール（Edward Hall）は、1930年代にナバホ族とホピ族の居留地で働いていた際に言語以外のメッセージの重要性に気づき、異文化コミュニケーション分野の基礎となる数々の理論を発表した。『沈黙のことば』（*The Silent Language*, 1959）という著書の中で、ホールは「文化は、明らかであるものより隠されているもののほうが多い。そして不思議なことに、文化が隠しているものはその文化に属する人物に対して最も効果的に隠している」と述べている[1]。この自分自身でさえ気づかない「文化」とは何なのか。先述の通り、文化の定義は多様であり、一言でその概念を表すことはできない。しかし、「文化はコミュニケーションであり、コミュニケーションは文化である」と考えるホールにとって、それは言語・非言語コミュニケーションに表出されるメッセージにほかならない。この言葉から、言語と文化の関係に気づくことが異文化理解の第一歩になる、というホールの考えがうかがえ

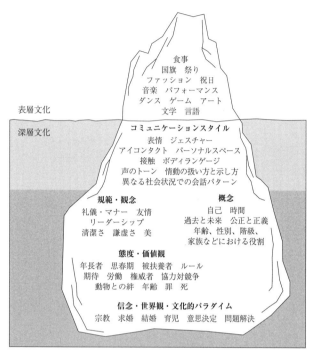

図 4.1　文化の氷山

る。

　私たちが異文化を学ぶうえで重要な知見の一つに、「文化の氷山」（Cultural Iceberg）モデルがある。これは私たちが自身や他者の「隠れた文化」に気づくことができるようにホールが提唱した文化の概念である[2]。「氷山」はその大半（約9割といわれる）が水面下にあり、目には見えない。この文化モデルは、文化は氷山のようなものであり、可視化されているのはほんの一部分であり、水面下にはその本体の大部分が隠れている、ということを示している。目に見える部分とは、行動、言語、食べ物、衣服、芸術、音楽、文学、習慣、国旗など、容易に観察できる文化の要素である。例えば、ダンスパフォーマンスや祭り、祝日、ゲームなどがこれに含まれる。これらは部外者もすぐに気づくことができ、直接、観察したり体験したりできる文化の側面である。これらを「表層文化」（Surface Culture）と呼ぶこともある。

しかし、水面下には目に見えにくい文化の側面が潜んでいる。コミュニケーションスタイル、規範・観念、概念、態度・価値観、信念・世界観・文化的パラダイムなどである。これらを「深層文化」(Deep Culture) と呼ぶこともある。これらの文化の側面は、しばしば個人やコミュニティのアイデンティティに深く根づいており、一人ひとりの行動や認識の基盤となっている。これらは部外者にはすぐにはわからないものであり、発見するにはより深い洞察や理解が必要となる。例えば、異なる文化の人々と接するとき、招待されたときは時間通りに行くべきか、初めて会う相手にはどのように挨拶すべきか、相手が望ましいと考える礼儀やマナーはどのような振舞いを指すのか、リーダーシップとは何を意味するのか、友情に何を求めるのか、宗教観はどのようなものか、結婚や育児についての考え方はどのようなものかなど、言語的に問答できるものからそうでないものまで含まれる。

文化の氷山は種々雑多の集合体のように見えるが、実はそうではない。ホールは文化の氷山を「テクニカル」(technical)、「フォーマル」(formal)、「インフォーマル」(informal) の三つの階層に分けて説明している[3]。第一に、「テクニカル」(技術的) レベルとは、氷山の目に見える部分であり、芸術的、技術的、物質的な構成要素や制度やシステムを指す。一般的に、このレベルでは異文化間の誤解や問題が最も少ないとされるが、このレベルでの変化は文化を維持する力のバランスを劇的に変化させることがある。例えば、グリーンランドの遊牧民がスノーモービルを導入したとき、家族経営だった企業は牧畜活動を独占し、近隣の人々は仕事を失い、価値観や言動が変化した事例などが挙げられる。第二の「フォーマル」レベルは氷山の水面上にも水面下にも存在している。その集団の規範、伝統、儀式、慣習、コミュニケーションパターンなどで、メンバーがどのように行動すべきかに関する指針であり、集団が「正しい」と考えることと「間違っている」と考えることを明確にする。望ましいコミュニケーションパターンを互いに共有することはグループ内の結びつき強化に貢献する。第三の「インフォーマル」なレベルは、水面下の氷山のはるか下に広がる部分で、歴史観や世界観を形成し、文化的なアイデンティティに影響を与える中核的な価値観や信念を含む。文化の歴史や背景知識は文化的なアイデンティティを強化する助けとなる。文化的なアイデンティティとは自分が何者かという認

識であり、これは一つには限定されない。私たちは状況や文脈に応じてさまざまなアイデンティティ（例えばジェンダーや年齢、人種・エスニシティ、宗教、職業など）を使い分ける（第11章参照）。これらの文化的アイデンティティは日常的な社会実践を通じて一般的に形成され、その人の価値観や世界観を形成する。価値観や世界観は文化の中核を形成し、何が善で何が悪かを伝えるとともに、何が適切で何が不適切か、あるいは何が正常で何が異常かを規定する。

　文化の氷山モデルは文化の見えない影響を理解するためのメタファーの一つである。表層文化の重要な要素である言語は大きな文化という氷山においては目に見える部分の一部にすぎないが、文化を伝達する重要な手段でもある。もちろん文化の違いは集団的だけでなく個人的な背景によっても変わる。しかしながら、相手の文化が集団的に共有する価値観や世界観に思いを馳せることは円滑な異文化コミュニケーション実現の一助となりうる。そして、私たちの思考、感情、行動は必ずしも明らかではない方法で形成され、自らの文化がコミュニケーションに影響していることを意識することで異文化理解に対する感受性を育むことができる。

## 2. 多言語・多文化社会

　多言語・多文化社会において言語はどのように変遷するのだろうか。言語と文化の複雑な関係を概観するとき、アメリカの歴史は示唆に富む。それは移民の国アメリカは多言語の歴史をもつ国として知られているからである。実は、アメリカ合衆国には「公用語」（official language）はない。もし公用語が「国家がその使用を公的に認めている言語」（広辞苑）とすると、英語はアメリカの公用語ではない。英語はアメリカで最も広く使われている言語だが、憲法に明記された政府公認の言語ではない（英語を公用語もしくはその一つとする州は存在する）。米国国勢調査局によると、現在、アメリカで日常的に話されている言語は350以上もあり、英語以外で話者の多い言語にはスペイン語、中国語、タガログ語、ヴェトナム語、アラビア語などがある[4]。

　アメリカの言語的多様性はその歴史と深く関係している。自身も多様な背景をもつ建国者は、憲法で公用語を定めなかった。実際、アメリカ植民地への初

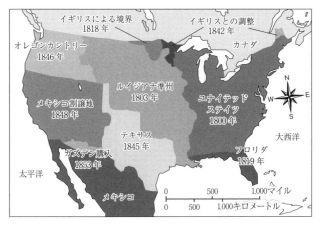

図 4.2　アメリカの領土拡大 (1803-1853)

期入植者全体の 4 分の 1 以上が非英語話者であった。17 世紀より、多くのオランダ人移民が入植したニューヨークではオランダ語が主要言語であった。17 世紀末に大量のドイツ系移民が入植したペンシルヴェニアでは主にドイツ語が話されていた。ヴァージニアでは、州法を英語とドイツ語で併記していた。

　アメリカの言語的多様性は領土拡大とも連動していた。1803 年にジェファソンがナポレオンから購入したルイジアナではフランス語が主要言語であった。19 世紀中葉、アメリカは北米大陸に領土を拡大するよう神によって運命づけられているという考えが広まった。この考え方は「明白な運命 (天命)」(Manifest Destiny) と呼ばれ、19 世紀の領土拡大を正当化した。1845 年に 27 番目の州となったフロリダは 19 世紀初頭までスペイン領であったため、スペイン語が日常的に使用されていた。米墨戦争後のグアダルーペ・イダルゴ条約 (1848 年) によってアメリカが獲得したテキサス、カリフォルニア、アメリカ南西部は 19 世紀半ばまでメキシコの一部であったため、英語とスペイン語が使用されていた。南北戦争後には、北欧諸国からの移民とともに、スカンジナビア系言語やスラブ系言語、ロマンス語系言語が流入した。19 世紀末までに米国領となったアラスカとハワイは 1959 年にそれぞれ 49 番目、50 番目の州としてアメリカに組み込まれた。アラスカは、四つの異なる言語族に属する少なくとも 20 の先住民言語が存在する、多言語社会であった[5]。ハワイでは、

ハワイ語が古来より人々の主要言語であった[6]。アメリカは、20世紀、北マリアナ諸島、グアム、米領サモアなどの太平洋地域の領土も編入した。グアムには、現在、先住民であるチャモロ人や本土からのアメリカ人のほか、多数のフィリピン人、中国人、日本人、韓国人、ミクロネシア諸島の人々に加え、ヴェトナム人、インド人、ヨーロッパ人が暮らしている。

米国国勢調査局のデータによると、近年、アメリカの人種・エスニシティ（民族）はますます多様になっている。例えば、2020年センサスでは、ランダムに選ばれた2人が異なる人種またはエスニシティグループに属している可能性を示す「多様性指数」（Diversity Index：DI）は2010年より上昇した（0～1の値をとり、0はすべての人々が同じ人種的および民族的特徴をもっていること、1に近い値は人口のほぼ全員が異なる人種的および民族的特徴をもっていることを示す）[7]。アメリカのDIはハワイの0.76を筆頭に、カリフォルニア、ネヴァダ、メリーランド、ワシントンD.C.、テキサス、ニュージャージー、ニューヨーク、ジョージア、フロリダが0.64以上の高い値を示した[8]。これらの州は言語的多様性の歴史をもつ地域である。

## 3. バイリンガル教育

非英語圏出身の移民の子どもにとって、母語ではない英語での教育はハンディがあることは想像に難くない。その反面、英語の習得は、その後のアメリカでの生活やキャリアに不可欠であり、卒業後、アメリカ社会において安定した収入を得るにはこの言語の壁を超える必要がある。英語を話さない移民の子どもの学びをサポートするために考案されたのがバイリンガル教育である。アメリカにおけるバイリンガル教育とは「母国語と第二言語（アメリカでは英語）の二つの言語で学術的な内容を教えること」（母語による補修授業を含む）をいう。追加の予算（人件費や教材費）を要するバイリンガル教育は公教育に必要かという議論は市民の関心事であった。バイリンガル教育論争の契機となったのが、1974年1月21日の「ラウ対ニコルズ」（Lau v. Nichols）判決である。これは、ブラウン裁判から20年目に出された、公教育の在り方をめぐる、もう一つの画期的な最高裁判決として知られている。当時、カリフォルニア州サンフラン

図 4.3 サンフランシスコの中国系の生徒（1970年代）

シスコ統一学区（San Francisco Unified School District: SFUSD）には約 2900 人の中国系の生徒が在籍していたが、英語の補習授業はそのうち約 1000 人にのみ行われ、残りの者には英語教育が施されていなかった。1970 年代初頭、英語補習を受けられなかったキニー・キンモン・ラウ（Kinney Kinmon Lau）らは、この措置は生徒に生涯にわたって続く不利益を与えるだけでなく、市民権の平等を規定した憲法修正第 14 条（平等保護条項）および人種、肌の色、出生に基づく差別を禁止した規定（1964 年公民権法第 601 条）に違反するとして教育委員会を訴えた。この訴えに応じたのが SFUSD 教育委員会委員長のアラン・ニコルズ（Alan H. Nichols）であった。地方裁判所では、非英語圏出身の生徒はほかのすべての生徒と同じ教育を受けているため、平等条項に反しないと主張したニコルズ側に有利な判決を下したが、連邦最高裁判所に持ち込まれると、最高裁判事は、カリフォルニア州教育法の規定は「すべての学校の生徒が英語を習得することを教育的ゴール」とし、「標準的な英語能力レベルを満たしていない生徒には高校卒業資格が与えられない」とあるため、ラウら生徒は「実質的に有意義な教育から締め出されている」と述べた。最高裁は「すべての生徒に同等の設備やカリキュラムを提供していないという点で選別的英語補習は不公平」と判断するとともに、連邦政府から資金提供を受けた学校システムに対して生徒の言語的欠陥を矯正する責任を課した 1970 年のガイドラインを引用したうえで、この措置は公民権法第 601 条に反している（違憲である）という判

決を下した[9]。

　この画期的な判決は、アメリカの公立教育におけるバイリンガル教育導入への道を切り開き、全米で幅広い言語を話す何百万人もの生徒や学生に教育の機会を提供することになった。2020年までにアメリカの公立学校には約500万人の非英語圏出身の学習者が入学した。この中には数百万人のスペイン語話者、数十万人のアラビア語・中国語話者、そして、数万人のヴェトナム語、ポルトガル語、ロシア語、韓国語、フランス語などの話者が含まれている[10]。米国教育省は、これらの英語学習者の98％以上が英語学習プログラムに参加したと推定している[11]。

　一方で、コスト負担や実効性への疑問から、バイリンガル教育には反対者も多い[12]。バイリンガル教育は移民の子どもにとって情緒的メリットがある一方で、学区によって利用できるプログラムが異なるなど、一貫したバイリンガル教育を受けられない場合があること、異なる言語で学ぶカリキュラムが子どもにとって学習上の負担になること（科目の半分が母語で、残りの半分が英語で行われるプログラムなど）、一部の学齢において英語習得の効果が認められないこと、バイリンガル教育を提供する（言語ごとの）有能なスタッフが不足していることなどの批判がある[13]。20世紀末、シリコンバレーの起業家ロン・K・アンツ（Ron K. Unz）はカリフォルニア州のバイリンガル教育は95％失敗していると述べて州政府に修正を迫るなど、全米各地でバイリンガル教育の議論が再燃した[14]。

　「言語は文化」であり、「次世代に文化を継承する手段」と考えるバイリンガル教育派は、その推進理由として主に言語習得の教育的効果と子どもの人権の二つの論点を挙げる。第一に、バイリンガル教育によって言語習得の教育的効果が上がるという。母語話者が周りにいる場合、目標言語（第二言語）の習得により多くの時間がかかるという見解がある一方で、母語で指導したほうが目標言語を効率的に習得できるという仮説もある。先述の氷山モデル（第3章）にあるように、カミンズは「共通基底言語能力」（CUP）を介して複数言語を同時に学ぶことは可能であると述べている。この理論はCUPが大きければ大きいほど、二つの言語能力はともに上がるという相乗効果を示唆している。第二に、子どもの人権擁護の観点が挙げられる。1989年に国際連合（The United

Nations: UN）で採択された「子どもの権利条約」(Convention on the Rights of the Child）には「子どもの親、子ども自身の文化的同一性、言語、価値観の尊重」が明記されていることから、バイリンガル教育の廃止は子どもの人権侵害につながるという考え方がある。

アメリカではバイリンガル教育をめぐる論争は続いているものの、現在もその形を変えながら、生徒の言語学習ニーズを満たす取り組みを支えている。例えば、マサチューセッツ州では、母国語で学習内容を学び続けながら、英語で話し、理解し、読み書きする機会を生徒に提供するという「移行型バイリンガル教育」(Transitional Bilingual Education: TBE）プログラムを導入している[15]。TBE プログラムでは、一定の習熟度に達した生徒に英語での教育環境に移行する機会を提供するなど、英語指導の量を時間の経過とともに増加させることでバイリンガル話者の言語習得をサポートしている。近年の多言語・多文化の共存を擁護するマルチカルチャリズム（多文化主義）の広がりに伴い、バイリンガル教育に対する社会的受容やその使命は変化しつつあり、各州は地域に合わせた言語教育を提供している。

## 4. 英語公用語化運動

アメリカは移民の国、多言語国家として知られるが、反多言語の世論は国家の歴史と同じくらい古い[16]。1753 年、建国者の一人であり、リベラルな考えで知られる政治家・科学者のベンジャミン・フランクリン（Benjamin Franklin）は、ドイツ系の大量移住によって英語が少数派の言語となるのではないかという懸念を表明した[17]。第 26 代米国大統領（1901～1909 年）のセオドア・ローズヴェルト（Theodore Roosevelt. Jr.）は「私たちがここで受け入れる言語は一つのみであり、それは英語である」と述べ、言語は国家的団結の象徴であることを示唆した[18]。2016 年、大統領候補であったドナルド・トランプは当時の政府の移民政策を非難するため、「アメリカでは英語を話さなければならない」と選挙戦で訴え、有権者の一部からの支持を得た[19]。近年、ソーシャルネットワーク上では、公共の場でスペイン語を話す人を批判する動画が投稿され、そのメッセージへの賛否をめぐって議論が白熱する事件も起こっている[20]。しか

しながら、憲法で英語を公用語と定めていないアメリカにおいて、英語以外の言語を禁じることに法的根拠はない。実際、連邦政府は、1975年、非英語話者の市民が英語以外の言語で投票できるよう多言語による投票用紙を提供する法案（投票権法第203条）を可決した[21]。

　20世紀後半、移民の大量流入によって非英語話者が増えるなか、保守派の間で起こったのが英語を公用語として憲法に明記しようという運動である。これを「英語公用語化運動」(Official English movement)、もしくは「イングリッシュ・オンリー運動」(English-only movement) という。1974年のラウ対ニコルズ判決で非英語話者に対するバイリンガル教育が導入されたものの、保守派の間ではコスト面や実効性から反対意見も多かった。反バイリンガル教育論者の中には憲法に公用語が明記されていないことが問題の原因だという指摘がなされ、英語を公用語として憲法に明記すべきという意見が広まった。そこで、1980年代初頭に起こったのが英語公用語化運動であった。運動の主導者はカナダ生まれの日系2世で、率直な言動で知られる共和党上院議員で言語学者のサミュエル・I・ハヤカワ (Samuel Ichiye Hayakawa) である。1981年、カリフォルニア州選出の上院議員であったハヤカワは連邦議会に英語公用語化法案を提出した。ハヤカワは、先述のローズヴェルト大統領の言葉および作家ソール・ベロー (Saul Bellow) の「メルティング・ポットはよいが、バベルの塔は許されない」を引用し、単一言語による社会統一を訴えた[22]。「バベルの塔」(The Tower of Babel) とは、旧約聖書の創世記に登場する、多言語の拡散の元凶とされる塔である。創世記によると、人々は当時、一つの言語しか話していなかった。バベル（バビロン）に移住した彼らは団結して、そこに町を造り、天まで届く高い頂（いただき）の塔を建築しようとした。その思い上がりが神によって裁かれ、罰として人々は統一言語を失い、離散させられたという（創世記11: 1-9）。すなわち、バベルの塔は人々が統一の言語、そして団結力を失う原因となり、分裂・離散を招いた多言語の象徴とされる。

　さらに、ハヤカワは「英会話力をつけることがゲットー（社会的少数派の密集居住地、スラム街）から抜け出す最も早い方法」であり、母語と英語のバイリンガル教育は「愚かで不必要」であると述べた[23]。そのうえで、英語を公用語にする必要性を訴え、社会を統一するには共通語が必要であり、当然それは

図 4.4　バベルの塔（Pieter Brueghel the Elder, 1563）

英語であると主張した。この主張は当時、バブル景気に沸くアメリカに押し寄せる中南米からの移民（主にスペイン語話者）の増加に不満をもつ白人社会の支持を得て大規模な運動となった。

この頃、英語公用語化を推進するいくつかの団体が結成された。そのうちの一つである「USイングリッシュ」（US English）という団体は、ハヤカワが1983年に首都ワシントンに設立した団体で、会員数は公称200万人という[24]。団体は設立理由について、「米国では350もの言語（2015年）が話され、今後、社会的混乱をきたす恐れがある」こと、「英語公用語化は移民にとっても有利である（英語を習得すれば30%収入が上がる）」こと、「今後、非英語話者が増大する可能性がある（1890〜1990年のセンサス動向から英語を十分に話せない人口が2050年には2100万人に上ると予想される）」ことなどを挙げ、英語公用語化は国家や市民に大きな恩恵をもたらすと述べた。

英語公用化は連邦レベルでは実現していないが、州レベルでは成功を収めている。カリフォルニア州、マサチューセッツ州、アリゾナ州は英語を州の公用語として定めた。英語を州の公用語（もしくは公用語の一つ）とする州・地域は32を数える（2024年8月現在）。ハワイ州では英語とハワイ語の二つの言語を公用語とし、アラスカ州では英語に加え、先住民の20の言語を公用語としている。

連邦レベルでは、非英語話者の英語力養成を支援するための施策も試みられ

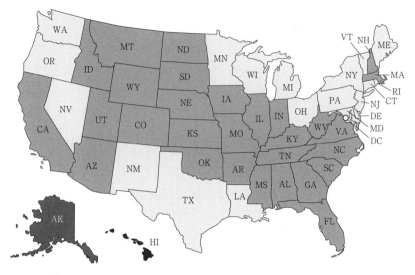

図 4.5　英語を公用語とするアメリカの州・地域

ている[25]。2001 年、政府は非英語話者（主に移民）への英語教育を徹底する連邦法「落ちこぼれ防止法」（No Child Left Behind Act of 2001：NCLB）を成立させた。この法律で、連邦政府は州に対して K-12（幼稚園〜高校卒業）までの英語・数学教育において（生徒の居住地区や基礎学力・人種にかかわらず）一定の教育効果の改善を課し、達成できない州（学校）には罰則規定を設けた。しかし、数年後、州テストによって学校の序列化・固定化が進み、テスト科目以外の教育が軽視されたり、目標に到達できず、教育意欲を失う学校が増えたりするといった弊害が顕著となった。このため、政府は 2015 年、NCLB 法に代わる新しい法律 ESSA（Every Student Succeeds Act）法を導入した。この法律では、連邦政府による教育への介入は緩和されたものの、依然として英語学習者

（非英語話者）の英語力の養成は州政府の責任に委ねられ、その成果は公的に監視されている。

　では、一部が主張するように、英語を公用語にしなければ、今後、英語はマイノリティの言語となってしまう可能性はあるのだろうか。先行研究の中には、移民の英語力獲得について楽観的な見方をする研究もある。社会学者のルーベン・ルンバート（Rubén G. Rumbaut）とダグラス・マッシー（Douglas S. Massey）によると、アメリカは多言語の国家と考えられているが、歴史的にみると移民（渡米）してから2～3世代のうちに母語を失い、その子孫は英語のみの単一言語話者になることが明らかとなった[26]。例えば、1910年にはドイツ系、イタリア系、イディッシュ系、ポーランド系など、英語を母語としない市民が1000万人ほど存在したが、その後、彼らの子孫は母語を失い、英語話者になった。1970年代以降、主にスペイン語話者の移民が増加し、21世紀初頭にはスペイン語母語話者はアメリカの人口の5分1を占めるまでになった。しかしながら、これまでの移民の言語的変遷を考えると、彼らやその子孫が非英語話者であり続ける可能性は低いという。2人の研究によると、完全な英語力の獲得は、移民時の年齢（13歳以下）、教育期間、米国で過ごした年月（高等教育を含む10年程度）という三つの要素に左右されるものの、アメリカに移住してから2.5世代後の人々の間では、非英語話者は17％にまで落ち込むという[27]。これまでと同様に、スペイン語系移民の間でも「母語の喪失」が起こり、アメリカは単一言語（英語）の国家となると2人は主張する。

　グローバリゼーションが進む21世紀において、多言語・多文化は国境を越えた種々の連携に資する要素であることは明らかである。連邦レベルでの公用語の不在を、多言語話者を育てる言語文化教育に接続できるかどうかは今後のアメリカ連邦政府／州政府の言語政策にかかっている。

## 【コラム】エボニクス論争―言語・方言・標準語―

　言語と国家の境界がしばしば同一視される現代において、ある言葉が別言語か、方言／訛り（dialect）か、という問題に答えるのは簡単ではない。例えばスペイン語とポルトガル語は互いに通じるが、別言語とされる。ま

た、スウェーデン語とノルウェー語、セルビア語とクロアチア語、マレーシア語とインドネシア語なども各言語話者は互いに理解できるが、別の言語とされる。一方、日本語は互いに理解困難であっても（アイヌ語と琉球語を除き）すべて方言とされる。

「異なる言語か方言か」に関する有名な論争の一つに「エボニクス論争」がある。「エボニクス」(Ebonics)とは「漆黒」(ebony)と「音声」(phonics)を合わせた造語でアフリカ系アメリカ人特有の英語を指す（「黒人英語」ともいう）。言語学者の中にはエボニクスを、アフリカ系アメリカ人が奴隷制における言語的同化や抑圧に対抗する中で何世代にもわたって使い続けた、西アフリカにルーツをもつ別言語と定義する者もいれば、英語の一形態 (African-American Vernacular English: AAVE) とみなす者もいる。論争はカリフォルニア州の教育委員会の1996年の決議に端を発する。このとき、オークランド教育委員会はアフリカ系アメリカ人生徒の英語力向上を目的にエボニクスを学区内の約2万8000人のアフリカ系アメリカ人生徒の「母国語」と定義し、英語教育においてこの言語を尊重するという決議を可決した。これに対し、米国教育省長官が、エボニクスはバイリンガル教育法タイトルⅦ（言語マイノリティに対する教育支援策）の対象ではないという声明を出すと、エボニクス論争は全国的な関心を集めた。翌年、アメリカ言語学会 (Linguistic Society of America: LSA) は総会で言語と方言の区別は言語の体系性が認識されうるか否かによるが、「純粋に言語的な理由よりも社会的および政治的な理由」でなされると述べたうえで、エボニクス／AAVEは「俗語」でも「壊れた」英語でもなく、教育委員会の決定は言語学的にも教育学的にも「妥当」であるという声明を出した[28]。同年、議会ではエボニクスに関する公聴会が開かれ、アフリカ系アメリカ人知識人からもエボニクスに対する批判的な意見が出されたり、教育委員会に人種差別的な意見や政治的な揶揄などが寄せられたりした[29]。全国的なバッシングを受けたオークランド教育委員会は計画の変更を迫られた。エボニクスに対する根強い偏見や攻撃は「言語的人種差別」(linguistic racism) の証左であり、この論争は言語か方言かの枠を超え、アメリカにおける言語と人種・エスニシティとの深い関係を白日のもとに晒した。

【コラム】エボニクス論争—言語・方言・標準語— 53

図 4.6　バイリンガル教育に関する記事

　この論争の背景にはそれぞれの国・地域で規範的な正式の言葉とされる「標準語」(standard language) という概念がある。標準語とは「一国の規範となる言語として、公用文や学校・放送・新聞などで広く用いられるもの」(広辞苑) と定義されている。標準語はある方言がより広い範囲において書き言葉として使われ始めたときに生まれる。それは首都やその周辺の方言であることが多い[30]。その有力な方言はその国の公文書や文学作品、経済に関する文書において使われるようになると次第に標準語として認識され、社会に浸透していく。標準語は主に社会のエリートの言語として社会的権威を帯びる一方で、逸脱した言語形式は排除され、言語規範は安定化していく。

　標準語はそれぞれの国における望ましい発音であり、習得すべき言語形態 (方言) とされる。例えば、アメリカの標準語は「標準アメリカ英語」(standard American English: SAE, StAmE) と呼ばれ、ニューイングランドやノースミッドランド (オハイオ州、インディアナ州、イリノイ州、ミズーリ州、アイオワ州、ネブラスカ州など) における高学歴の人々の訛りを基本とする[31]。イギリス英語において、標準的で最も格式の高い発音とみなされているアクセントは「容認発音」(Received Pronunciation: RP) と呼ばれる。RP は英国放送協会 (British Broadcasting Corporation: BBC) の放送で使用され、「パブリックスクール英語」(Public School English)、「女王の英語」

(The Queen's English) とも呼ばれる[32]。日本では1902年に設置された文部省国語調査委員会によって全国調査が実施され、1916年の「口語法」において日本語の標準語が制定された。このとき、東京の中流階級が使っていた東京方言（山の手方言）を基に「国語」が創作された。

　このように、歴史的に支配者層が使用してきた方言（訛り）を基準とする標準語は社会的ヒエラルキーを内在し、その言語形態を使用しない者を他者化することによって、言語的少数者を抑圧している。

# 第5章
# 言語と文化（2）
―言語が生む社会構造―

> それぞれの文化において求められる行動様式は異なるため、使用する言語によって異なる自己を演出するという多言語話者もいる[1]。母語を話すときと母語以外の言語を話すときで、なぜ自己認識が異なるのか。言語は現実をどのように変えるのか。異なる言語で認識する現実は自身にどのような影響を与えるのか。本章では、言語が創造する現実、言語が生む社会構造や価値観、信念について考察する。

## 1. ソシュールの言語学

　第一次世界大戦の最中に出版されたある一冊の本が現代の言語研究の礎を築いた。その本とは「近代言語学の父」とも呼ばれるスイスの言語哲学者フェルディナン・ド・ソシュール（Ferdinand de Saussure）のジュネーヴ大学での講義をまとめた『一般言語学講義』（*Course in general linguistics*, 1916）である。しかしながら、これを著したのはソシュール本人ではない。ソシュールの講義「一般言語学講義」（1906-1907年、1908-1909年、1910-1911年）に出席した学生やソシュールの弟子（Charles Bally and Albert Sechehaye）がその内容の重要性に気づき、ノートに記された講義内容を一冊の本にまとめたもので、ソシュールの死後3年経ってから発行された。このような背景から内容に疑義が呈されることもあったが、秘書によるソシュール本人の講義メモの発見やほかの学生のノートとの比較検証などにより、現在ではこの斬新な理論はソシュール本人のものであると想定されている。ソシュール以前の言語観では「言語は単に意味を表すもの」とされた。ドイツの言語学者ヘルマン・パウル（Herman Paul）

らの研究にみられるように、言語学は主に文献学 (philology)、すなわち「言語史」研究であった。当時の言語学は、言語の音声、文法、語彙を中心に、言語間の類似点（普遍性）や相違点（特異性）を体系的に比較することに重点が置かれていた。しかしながら、ソシュール以後は、言語史研究は「言語学」の一部となった。ソシュールは、言語を階層化し、言語間の比較研究を可能にすることで「言語学」を再定義した。後にこの言語学理論は「構造主義」(structuralism) と呼ばれる方法論としてほかの学問領域にも波及した。構造主義とは、人間の文化的要素はより広範囲なシステムもしくは深層的な構造との関係によって理解すべきであるという概念である。

では、構造主義、より狭義に「記号論」(semiotics) と呼ばれる、ソシュールの理論とはどのようなものなのか。まず、その革新的な概念として挙げられるのが、言語は単なる因習によって規定された「記号」のシステム (a system of signs constructed by a convention) であり、語彙を単体で理解しようとしても意味をなさないという主張である。ソシュールによると、言語は「記号」であり、言語が結び付けるのは名前とモノではなく、文字・音声と概念だという。彼は、言語記号（シーニュ）を文字や音声（表記）である「能記」（シニフィアン：signifiant）とその文字・音声で連想される概念（記号内容）である「所記」（シニフィエ：signifié）の二重の存在として定義した。そのうえでソシュールは、同一物でも言語によって言葉が異なるように文字・音声と概念の組み合わせは恣意的に決められているにすぎないという（恣意性）。また、語はほかの記号との関係性や比較において意味が生じているに過ぎないと主張する（相対性）。例えば、「わんわんと吠える体毛のある四足動物」を英語では dog と呼び、日本語では「犬」と呼ぶが、その言葉は恣意的に決まったものであり、両者の結合がその言語体系で共有されているにすぎないのだという。

ソシュール以前の言語学では、モノや概念とその名称には何らかの必然性があると仮定されていた（絶対性）。しかし、ソシュールは、現実は言語とは独立して存在しており、言語が世界を反映しているのではなく、むしろ言語が世界を構成していると主張した。言語の恣意性や相対性は、フランス語では蛾も蝶も papillon と呼ぶことや英語では brother で兄と弟を区別しないことなどから明らかである。

また、ソシュールは、言語とは観念を表現する記号の体系であり、一つの社会制度であると述べ、言語現象を「言語」(langue：ラング）と「言（げん)」（parole：パロール）という二つの要素に分けた。前者（ラング）は人々が共有している言語体系、後者（パロール）は運用言語、すなわち個人の言語活動によって産出された言語表現である。言い換えると、前者は共同体の成員の間に取り交わされた一種の契約の力によって存在する言語であるのに対し、後者は個人の発話であり、その個人の脳の中に存在する言語体系に基づいた個人的行為である。よって、研究対象となりうるのは社会が共有する記号体系である前者、すなわち「言語」（ラング）であるとソシュールはいう。

　さらに、ソシュールは、言語（ラング）を常に進化（変化）する特性をもつ、生きた現象であるとしたうえで、言語を「言語状態」と「進化位相」に分け、前者を「共時態」(synchrony)、後者を「通時態」(diachrony) と呼んで区別した。共時態とは、それぞれの時代の言語であり、意識事実に基づく静態言語学、通時態とは、言語の変化の研究であり、史的事実を視点とする進化言語学である。すなわち、通時態とはその言語の歴史的変遷であり、一つの共時態から次の共時態への移行を反映するものであるため、言語学では主に共時態を扱うべきであると述べた。ソシュール以前の言語学では、言語は個別的であり、静的なものと考えられてきた（言語の同時性・継起性の概念はない）。しかし、ソシュールは、価値を扱うすべての科学において、物事が内在する同時性と継起性（静的、動的）を考慮することが必要であると述べたうえで、言語学に水平方向の同時性の軸（A―B）と垂直方向の継起性の軸（C→D）を図式化した。そして、同時性の軸（共時態）について、共存する物事に時間の干渉はなく、関係性にのみ依存するとし、継起性の軸（通時態）について、物事は常に変化するため、同時に一つ以上の物を考察することはできないとした。そのうえで、言語学ではこれまで歴史的研究（通時態）に重きが置かれていたが、目の前にある言語の状態を研究するためには共時態の研究が重要であると述べた。

　『一般言語学講義』が発行された当初、この理論の重要性に気づく学者は少なかったが、異なる言語に共通する法則を見出したこの理論は、従来の言語観を180度転換させただけでなく、言語を研究可能な対象物とし、言語学研究の在り方を変えた。ソシュールの言語学は20世紀を通して文学、社会学、心理

学など、ほかの分野においても構造主義という概念を広めた。構造主義という概念によって、ほかの学問領域の研究者は、表層の違いにかかわらず、深層に共通する構造を見出そうとした。構造主義は、歴史主義（マルクス主義）や実存主義（サルトル）へのアンチテーゼとしてとらえることができる。

## 2. 言語帝国主義

　厳密にいえば、言語の境界は国家の境界ではない。例えば、六つの共和国、五つのエスニシティから構成されていた旧ユーゴスラビアでは四つの言語が使用されていた。また、スイスの公用語はドイツ語、フランス語、イタリア語、ロマンシュ語（Romansh）の4言語であり、国内にそれぞれの言語使用圏をもつ。このような言語使用はそれぞれの国家の歴史的成り立ちと深く結び付いている。それでも、歴史的に統一的な言語の制定は国民・国家の形成・維持に不可欠であった。すなわち、単一言語の制定が「国家」を生み、その言語使用が国家の版図を可視化した。

　国家の趨勢とその言語の拡散には相関関係が認められる。例えば、古代ローマ時代にはローマ帝国の拡大に伴い、古代ローマ人（イタリア半島のラテン人）の言語であるラテン語が拡散した。中世ヨーロッパにおける知識人たちの「リンガフランカ」（lingua franca：「国際語」「世界共通語」の意味）となったラテン語は、もともとテベレ川下流域に住む少数の人々によって話されていた言語だったが、ローマ帝国の版図拡大とともにまずイタリア全土に、次に西ヨーロッパに、さらに南ヨーロッパに、そして、アフリカの中央および西地中海沿岸地域に広がっていった。ロマンス語と呼ばれるフランス語、イタリア語、スペイン語、ポルトガル語、ルーマニア語などはローマ帝国のさまざまな地域で話されていたラテン語から発展した言語である。ラテン語は、中世以降、比較的最近まで、西洋において学術的および文学的な文書に最も広く使用されていた言語であった[2]。ローマ帝国の最盛期である紀元前20年からの200年間を、ローマ帝国による平和や経済的繁栄を意味する「パクスロマーナ」（Pax Romana：「ローマの平和」という意味）と呼ぶこともある。ローマ帝国崩壊後の中世ヨーロッパにおいてもラテン語は、キリスト教聖職者、知識人の共通語や外交文書

の言語として使用された。このように、大国はしばしばその主要言語を通じて自国の文化を広め、人々を精神的に支配する。ジョン・トムリンソン（John Tomlinson）は法律や教育、軍事力などを用いた強制的な文化変容を「文化帝国主義」（cultural imperialism）と呼んだ。イギリス人言語学者ロバート・フィリプソン（Robert Phillipson）による「言語帝国主義」（linguistic imperialism）はこの文化帝国主義の一種である。フィリプソンは特に20世紀前半のイギリスによる植民地の人々への英語使用の強制を問題視し、「英語帝国主義」（English language imperialism）と呼んで批判した。英語帝国主義とは「英語とほかの言語との間の構造的・文化的不平等の確立とその継続的再構成によって主張され維持される英語の優位性」を指す[3]。実際に世界の言語の話者数を比較すると言語帝国主義の影響をみることができる。話者の多い言語（2024年）は、14億5600万人の英語、11億3800万人の中国語、6億1000万人のヒンディー語（Hindi）、5億5900万人のスペイン語、3億1000万人のフランス語と続く[4]。もともと人口の規模の大きい中国とインドの言語（中国語とヒンディー語）を除く三つの言語（英語、スペイン語、フランス語）は16世紀以降の大航海時代に欧米列強の言語帝国主義によって植民地に拡散した言語である。「パクスロマーナ」に対し、20世紀前半は「パクスブリタニカ」（Pax Britannica）、20世紀後半は「パクスアメリカーナ」（Pax Americana）と呼ばれることもある。それぞれ、イギリス、アメリカによる領土（植民地）拡大や経済発展を指す概念だが、同時に英米ともその支配地では「英語」使用を推奨・強制する英語帝国主義が蔓延したことは、約15億人の話者をもつ英語の母語話者がわずか4億人にすぎないという事実からも明らかである。このことは、現在、英語は中世のラテン語に匹敵する地位を得たことを示唆する。

　1960年代には言語帝国主義は「同化政策」（assimilation）を推進する文化帝国主義のアジェンダの一つとなった。言語帝国主義は、母語の禁止、侵略国による教育言語の強制という形態で始まり、やがて土着文化・言語の消滅、政治・経済システムの書き換え、思想統制につながり、言語統制は反乱や抵抗を押さえつける手法として利用される。現代における言語帝国主義の事例として、アメリカ先住民に対する英語教育、ラテンアメリカ諸国でのスペイン語教育、インドでの英語教育、東インド諸島でのオランダ語教育、アフリカでのフラン

図 5.1　教育現場の風刺画（アメリカ議会図書館）

ス語教育、内モンゴル自治区・新疆ウイグル自治区やチベット自治区での中国語教育などが挙げられる。

このように、言語帝国主義は少数者の言語を大国の言語に置き換えていく。現在、世界には約 7000 の言語が存在するといわれるが、その 9 割が今後、100 年の間に消失すると予想されている。淘汰されるのは主に少数話者の言語である。世界の言語的多様性を守るために私たちにできることはないか、いま一度考える必要がある。

## 3. ピジンとクレオール

「ピジン英語」（pidgin English）という言葉を耳にしたことはあるだろうか。共通の言語をもたない人々がコミュニケーションのために創作した、英語とほかの言語との混合語を「ピジン英語」と呼ぶ。ピジン英語はアフリカ西部、オーストラリア、メラネシア、中国等で使われている現地語の影響を大きく受けた英語で、アメリカ先住民の言語とのピジンやパプアニューギニアのピジン、西アフリカのピジンのほか、メラネシアで使われるトクピシン（Tok Pisin）、ナイジェリアとカメルーンのピジン英語などがある[5]。一般的に「ピジン（語）」（pidgin）とは混合された各言語の語彙から構成され、文法的に簡素化した言語（の変種）である。「ピジン」という語が初めて登場したのは 1807 年であった[6]。

当時、ピジンはイギリス人と中国の広東省の人々（広東人）との商取引から生まれた混成語である「中国（系）ピジン英語」(Chinese pidgin English) を指し、広東人とほかのヨーロッパ人との交易において広く使用されていた。19世紀後半になると、言語学者は、異文化接触によって生まれた言語形態を総称して「ピジン」と呼ぶようになった[7]。次々と生まれる新しいバリエーションは当のピジン話者ですら解読できない場合もあるため、ピジンは時に「不完全な」、あるいは「教養のない」言語と呼ばれることもある。

　ピジンと同様に、異文化の交流によって生まれる言語形態を指す言葉に「クレオール（語）」(creole) がある。両者の違いとして挙げられるのが、ピジンが非母語話者間の第二言語として機能するのに対して、クレオールは第一言語の母語話者をもつという点である[8]。しかしながら、西アフリカ諸国でのピジン英語のように、ピジンの中には、日常的に使用する言語（例えばラジオ放送の言語）として機能しているクレオール化したピジンもある[9]。1930年代以降、クレオールはピジンが母語となった言語という仮説が一部の言語学者により主張されてきた。その説によると、まず、文化的背景の異なる人々の接触により「混成語」(jargon) が生まれ、これがピジンとなり、その言語を母語として話す世代が誕生することで、その言葉はクレオールになるという[10]。「クレオール（人）」という言葉は、もともと16世紀にスペイン・ポルトガルのアメリカ植民地で生まれた非先住民のエスニシティをもつ人々を指す造語だった。この言葉は、まずスペイン語の、次にフランス語の、17世紀初頭には英語の語彙になり、その後、主にフランス、スペイン、ポルトガル、イタリアなど（ラテン語から分化したインド・ヨーロッパ語の国々）の植民地で生まれたアフリカ人またはヨーロッパ人の子孫を指す語として広まった（この語の定義は植民地ごとに異なっていた）[11]。

　ピジンとクレオールの言語への影響は、日本とも関係が深いハワイの言語史に認められる。現在、英語とハワイ語を州の公用語とするハワイでは、人口の75％が家庭では英語のみを話している。ハワイ語は、オーストロネシア語族（インドネシア諸島、中央および南太平洋の島しょ群、マレーシア、ラオス、台湾の散在する地域で話されている言語族）に属する言語で、ほかのポリネシア語系言語であるサモア語、トンガ語、タヒチ語との類似点が認められる[12]。歴史的

にみると、ハワイにはかつてピジン・ハワイ語とハワイ・クレオール英語という言語形態が存在していた。1810年から1893年まで、主権王国だったハワイでは、ハワイ語とともに、主に東アジアや東南アジアからの移民によってハワイ語を上位言語とするピジン・ハワイ語が使用されていたが、欧米人の移住が増え、19世紀末にアメリカの領土（準州）となると、ハワイ語やハワイ・ピジン語に代わり、英語が主要言語となった。以後、ハワイ語と英語が融合されたハワイ・ピジン英語が生まれた。この言語は、英語を上位語とするピジンで、その後、母語話者を獲得し、クレオールとなった。この言語には、中国語、日本語、韓国語、ポルトガル語、プエルトリコ系スペイン語の要素も含まれていた。

　このような多言語の背景にはハワイの歴史が関係している。当時、ハワイでは温暖な気候を利用したサトウキビやパイナップルの生産が盛んに行われていたが、19世紀後半、伝染病によって西洋人の労働力が不足するとアメリカ政府や企業は各国からの移住を推進し、これに応じる形で日本人、中国人、フィリピン人、ポルトガル人などがハワイに移住した。19世紀後半、日本でも「温暖な気候で大金が稼げる」という謳い文句によって約22万人の日本人が希望を抱き、ハワイに移住したが、現実には低賃金で過酷な労働を強いられた（図5.2）。日系人（1世）は、ハワイ人やほかの移民とともに、ルナ（Luna）と呼ばれるヨーロッパ系移民の監督官の下、サトウキビ畑やパイナップル畑での重労働に従事した。ルナやほかの移民との意思疎通のために習得したのがプランテーション・ピジン英語だったが、これは白人のアメリカ人によって「教養のない」英語と呼ばれ、屈辱感を味わった。

　第二次世界大戦後、標準英語普及運動が推進された。「ピジン撲滅運動」（Bury Pidgin Drive）や「よりよい英語週間」（Better English Week）などの運動が盛んになったとき、最も熱心に取り組んだのは公立学校の生徒の46％を占めていた日系2世の生徒だった。一方、1世紀にわたって禁止されていたハワイ語は母語話者が激減し、現在では絶滅の危機に瀕しているといわれている。ハワイ州はハワイ語を公用語に指定するとともに、ハワイ語でのイマージョン教育を行う学校をハワイ全域に設立し、ハワイ語やハワイ文化に関する学位を取得するコースを設けてハワイ語の存続を図っている。ピジンとクレオールに翻

図5.2　サトウキビ畑で働く人々

弄されたハワイ人の母語は現地の人々の努力によって保全されようとしている。

上記のように、ピジンとクレオールはともに異文化接触が生んだ言語形態だが、ピジンは、非母語話者がコミュニケーションのために創作した肯定的な言語形態であるのに対し、生成時期がほぼ特定できるクレオールは、世代間で受け継がれるはずの自然な言語的発展を阻害された、帝国主義的植民地政策の「言語的暴力」がもたらしたものとみなされることもある[13]。書き換えられた母語とともに失われてしまった文化は取り戻すことはできない。

## 4. リンガフランカとしての英語

言語は文化だけでなく政治・経済とも密接な関係にある。現代のリンガフランカとなった英語の歴史を振り返れば、その相互関係は明らかとなる[14]。イギリスでは、1100年頃までは、5世紀半ばにドイツやデンマークから渡来したアングロサクソン人によって話されていた「古英語」(Old English: OE)のさまざまな方言が存在した。これらの方言は「英語」と呼ばれているものの、ドイツ語やオランダ語の影響を受けた言語であるため、現代の英語話者が解読するのは容易ではない。その後、1066年のノルマン征服（ノルマンディー公ウィリアムによるイングランドの征服）以降、社会のエリート層では、支配階級についたフランス人が話すフランス語（アングロノルマン語）が使用されるようになり、

図5.3　中英語で書かれたチョーサーによる『カンタベリー物語』

フランス語はラテン語とともにイギリスの主要言語となった。古英語から変遷した1400年頃までの英語を「中英語」(Middle English: ME) と呼ぶ。この時代、英語の表記や発音、文法はラテン語やフランス語、スカンジナビアの言語の影響を受けて大きく変化した。大衆は居住地域によりさまざまな英語の方言（イーストミッドランド、ウエストミッドランド、サウスイースタン、サウスウエスタンなど）を話したが、知識人や聖職者はラテン語やヘブライ語を使用していた。このように、複数の言語や方言が錯綜する言語的な混乱を憂慮した政府は1362年、「訴答（手続き）法」(The Statute of Pleading：裁判所における訴訟手続きの言語を英語と定めた法律）を制定し、法廷言語として人々が理解できないアングロフランス語ではなく英語を使うように法律で定めた（記録は引き続きラテン語で行った）。

1500年頃、中英語からさらに変化した（初期）「近代英語」(Modern English：ModE) が使われるようなった。中英語から近代英語への移行期に活躍した人物として『カンタベリー物語』(*The Canterbury Tales*, c. 1388-1400) を著したイギリスの詩人・文学者ジェフリー・チョーサー (Geoffrey Chaucer) が挙げられる。チョーサーはラテン語で読み書きし、イーストミッドランド方言（英語）、フランス語、イタリア語を話していたという。

さまざまなバリエーションが存在した近代英語は印刷機の普及やルネサンスによる学問の広がりにより、徐々に発音や綴り、文法が統一されていった。シェイクスピアが活躍したテューダー朝では、知識人はラテン語とともに近代英

語を使うようになり、二つの言語の間で揺れ動いていた。トマス・モア（Thomas More）はその著作『ユートピア』（*Utopia*, 1516）をラテン語で執筆した。著書は生前、フランス語に翻訳されたが、英語版が発行されたのはモアの死後、数年を経た1551年であった。その後、1611年に発行された英訳版聖書「欽定訳聖書」（King James Bible: KJB）は、英語の言語規範の統一に寄与した。1660年の王政復古以降、確立された「エレガントな」言語であるフランス語への一時的な傾倒が見られたが、ジョン・ドライデン（John Dryden）やジョナサン・スウィフト（Jonathan Swift）らによる文学作品、英語辞典、文法書などの発行により、英語は次第に統一した言語として成熟していった。1700年以降の英語はしばしば「後期近代英語」（late modern English）、1900年以降の英語は「現代英語」（present-day English もしくは contemporary English）と呼ばれる。デンマーク人言語学者のオットー・イェスペルセン（Otto Jespersen）によると、15世紀から17世紀半ばにかけて主に母音の発音の長さが変化した「大母音推移」（Great Vowel Shift）が起こり、綴りと発音の間に乖離が起きたという[15]。

英語は17世紀以降の大英帝国による帝国主義的植民地政策とともに全世界へ広がり、それぞれの地域で独自の英語を生んだ。1607年、イギリス人入植者がアメリカに到着すると、北米の植民地では英語が使われるようになった。大英帝国は18世紀末までに、アフリカやインド、オーストラリア、東南アジアにも英語を普及させた。主な英語の種類としては、イギリス英語、アメリカ英語、カナダ英語、オーストラリア英語、ニュージーランド英語、南アジア英語（主にインドやパキスタン）、アフリカ英語（南アフリカほか）などがある[16]。

現在、英語は、公的なレベルにおいても私的なレベルにおいても実質的なリンガフランカとなった。さまざまな国際機関において、英語は公用語の一つに指定されている。例えば、国際連合では、英語とフランス語が作業言語であり、ほかの公用語（スペイン語、アラビア語、ロシア語、中国語）に比べ、別格に扱われている。オランダ・ハーグにある国際司法裁判所（The International Court of Justice）およびフランス・ストラスブールにある欧州評議会（The Council of Europe）では英語とフランス語を、スイスのジュネーヴにある世界貿易機関（The World Trade Organization）では英語、フランス語、スペイン語を公用語と定めている。このような理由から、世界中の約10億人が、高緯度の小さな

島においてその長い歴史の中で成立し、複雑な構文や文法、例外的な綴りや発音をもつ言語である英語を話し、学んでいる。英語は、英語圏の国々に対して文化的な偏見や敵意をもつ人々にとっても無視できない、世界最多の話者をもつ言語であることは否定できない。

## 【コラム】エスペラント語

通常、他国の歴史や文化に興味をもったとき、私たちをその国の言語を学びたいと考える。しかし、言語の中には、どの国の歴史や文化とも結び付かない、ホームレスの言語もある。共通の第一言語をもたない人々のコミュニケーションを目的として創作された国際補助語 (international auxiliary languages : IAL または auxlang と省略される) といわれる言語である[17]。最も有名な国際補助語は「エスペラント語」(Esperanto) である。エスペラント語は、1887年、ユダヤ系ポーランド人の医師ルドヴィーコ・ラザーロ・ザメンホフ (Ludoviko Lazaro Zamenhof) がラテン語を基本としてポーランド語、イタリア語、ロシア語、ドイツ語、英語を組み合わせて創作した人工語である。

実際、言語のホームレス性こそがザメンホフの理念であった。19世紀のポーランドにおいて、ユダヤ人であったザメンホフの家族はポーランド語とイディッシュ語を話したが、政府の公用語はロシア語で、隣人はリトアニア人やドイツ語を話すポーランド人であった。ザメンホフは、日々の生活の中で、言語の多様性がしばしば暴力的な闘争を引き起こす有様を目の当たりにした。ユダヤ人排斥運動（ポグロム）など、差別や偏見などもはびこっていた。人々は多言語によって分断され、政治社会的トラブルに巻き込まれると、ザメンホフは結論づけた。母語を補う、簡単に習得できる共通の第二言語があれば、人々は平和な社会を実現できるのではないかと考えたザメンホフは、ラテン語を基に、ヨーロッパの言語の要素を加えた人造語を創造した[18]。

エスペラント語は例外のないシンプルな文法と語彙を特徴とする。エスペラント語は920の語幹 (roots) をもち、話者は語幹に接辞 (affixes) を

【コラム】エスペラント語

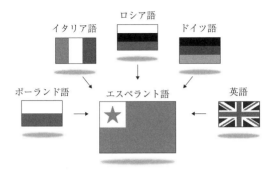

図 5.4　エスペラント語

加えて新しい語を作る。接辞そのものも独立した意味をもち、一つの単語として使用される。名詞はすべて o で終わり、形容詞はすべて a で終わる。複数形は j をつける。複数形は形容詞にも j をつける。文法のルールは 16 で例外的な用法はない。このため、習得が容易な言語といわれている。母語話者は約 1000〜2000 人、話者は世界で約 200 万人を数えるといわれる[19)]。

　エスペラントとは、「希望を抱く人」(one who hopes) を意味する。彼はこの言語を発表する際、ドクター・エスペラントと名乗ったことからこれが言語名となった。1900 年のパリ万博で発表されたとき、エスペラント語は「未来の言語」ともてはやされ、注目を浴びた。この言語は一時期、国際連盟（The League of Nations）の公用語となったが、ヒトラーやスターリンがエスペラント語を規制し、話者を弾圧したため、絶滅の危機に瀕した。第二次世界大戦後、ザメンホフの理念に共鳴した人々が再び言語を広め、1970 年代には国際的な注目を集めた。その後、衰退したものの、現在、インターネット上で賛同者を得たエスペラント語は再び注目されている。エスペラント語話者は、イギリス、ベルギー、ブラジル、アメリカ、ポーランドのほか、中国や日本にもいる。ホー・チ・ミンや宮沢賢治、ジュール・ベルヌ、ヨハネ・パウロ二世、投資家・慈善家のジョージ・ソロスもエスペランティスト（エスペラント語話者）である。

　19 世紀後半には、言語による世界平和を目的に、エスペラント語以外にも国際補助語が創作された。フランスの音楽家・バイオリニストであるフ

ランソワ・シュドルによって作成された「ソルレソル」(Solresol)、ドイツのカトリック司祭であるヨハン・マルティン・シュイヤーによって創作された「ヴォラピュク」(Volapük：the language of the World の意味）などである。しかしながら、エスペラント語のように、1世紀半もの間、多くの人々によって支持され続ける人工語はほかにない[20]。1905年にはフランスで第1回エスペラント世界会議が開催され、その後、戦時中を除き、毎年さまざまな国で開催されている。ザメンホフは言語によって政治や経済、宗教、文化などによる分断を解消しようとした。彼の世界平和への理念は言語の中に息づいている。ザメンホフは生前14度、ノーベル平和賞にノミネートされたが、受賞することはなかった。

第 6 章
# 非言語コミュニケーション
―身体が伝えるメッセージ―

> どのように振舞うべきかという規範は文化によって異なる。その文化において規範に反する言動に出合ったとき、相手に対して違和感を抱くだろう。しかしながら、この規範のほとんどは当該文化で過ごす中で培われるものであり、すべてを言語化することは難しい。本章では、それぞれの文化において非言語で送受信される情報、特に表情や態度といった身体的な非言語メッセージによって伝えられる価値観とその受容、文化的な行動規範などについて取り上げる。

## 1. 非言語によるコミュニケーション

　人間のコミュニケーションにおいて、「書く」「読む」「話す」「聞く」という4技能はどのような割合で使われているのだろうか。ある研究によると、人間の日常的なコミュニケーションはライティング（筆記）が9％、リーディング（読書）が16％、スピーキング（発話）が30％、リスニング（傾聴）が45％を占めるという[1]。リーディングとリスニングを「受容スキル」(receptive skills)、ライティングとスピーキングを「産出スキル」(productive skills) と考えると、私たちはコミュニケーションの6割以上の時間をインプットに費やしていることになる。幼児や第二言語学習者は話す前に聞きながら学ぶ「サイレント期」があるため、リスニングは4技能の中で最も基本的な言語スキルともいわれる[2]。リスニングにおいて、リスナーは発話される内容だけでなく、表情や声の高低、話すスピード、態度、感情など、スピーカーに関するさまざまな情報を得る。話されている言葉の解釈としての「言語コミュニケーション」(verbal communication)に対して、これらは「非言語コミュニケーション」(non-verbal communication)と呼ばれる。本書では非言語コミュニケーションを、「言葉ではなく、表情、身振り、身体の姿勢や空間、態度などによって、人から人へ情報を伝達すること」と定義する。

非言語コミュニケーションに関する科学的研究は、19世紀末、異なる文化や種にまたがる表情や感情の普遍性を探求したチャールズ・ダーウィン(Charles Darwin)の著書『人間と動物における感情表現』(*The Expression of the Emotions in Man and Animals*, 1872)に始まる。ダーウィンは観察や実験、調査を行い、恐怖、怒り、喜び、悲しみといった特定の感情が生得的なものであること、人間だけでなく動物にも認められることを主張し、進化論の観点からこれらの感情表現は生存や相互関係の構築に有用であったと述べた[3]。20世紀には非言語コミュニケーションに関するさまざまな知見が提示された。20世紀半ば、人類学者のレイ・バードウィステル(Ray Birdwhistell)は、『動作学(キネシクス)入門』(*Introduction to Kinesics*, 1952)において、ボディランゲージの重要性を訴え、言語以外の複雑なコミュニケーションを理解するため、ジェスチャー、姿勢、表情を通して伝えられる微妙な合図や意味を体系的に観察・記録する枠組みを提案した[4]。1959年にはエドワード・ホールが『沈黙のことば』(*The Silent Language*, 1959)を著し、文化ごとの空間認識に関する「近接学(プロクセミクス)」(proxemics:「知覚文化距離」とも訳す)という新分野を切り開いた[5]。

コミュニケーションの9割以上を非言語情報に依存しているという仮説を耳にしたことがあるかもしれない。しかしながら、さまざまな状況での多様な形態のコミュニケーションを想定すれば、非言語情報が9割以上であると実証することは困難であることは容易に想像できるだろう。この仮説は1967年の心理学者アルバート・メラビアン(Albert Mehrabian)の研究に端を発する。1971年に発行された著書『無言のメッセージ』(*Silent Messages*)において、メラビアンは、コミュニケーションによって伝えられる感情、特に「好意」(liking)について、「言葉」(verbal liking)、「発声」(vocal liking)、「表情」(facial liking)の三つの情報に分け、これらの情報が矛盾した際にどの情報が最も信頼できるかに関する研究を行った[6]。「言葉」とは話されている内容そのものを、「発声」とは口調や音の高低、ピッチなど、声に関する非言語情報を指す。そして「表

1. 非言語によるコミュニケーション

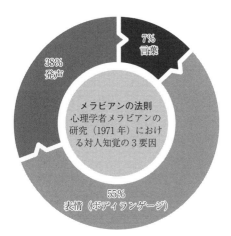

図 6.1　メラビアンの法則

情」（ボディランゲージ）は、顔の表情や姿勢など、態度に関する非言語情報を指す。メラビアンは、研究によって、全体的な好意は言葉 7％、発声 38％、表情 55％の割合であることが示されたと述べた。この 7-38-55 の割合は「メラビアンの法則」（Mehrabian's 7-38-55 rule/Mehrabian's law）と呼ばれている。この法則は、好意に関して言葉と表情の情報が矛盾したときは表情で得られた情報のほうが、言葉と発声が矛盾したときは発声で得られた情報のほうが信頼できるという意味であり、どのような内容のコミュニケーションにおいても常に非言語（発声と表情）が言語（言葉）より重要である、という意味ではない。この研究によって、しばしば発声と表情を加算した 93 という数字だけが注目され、コミュニケーションにおいて非言語情報の割合が 9 割以上という誤った認識が流通しているが、メラビアン自身が強調するように、これは好き嫌いを表す態度に関する研究であり、一般的な事例に応用することは困難である。しかしながら、メラビアンの研究は、人間の行動を理解するうえで、特に感情を見分けるうえで非言語コミュニケーションの重要性を明らかにしたものであり、コミュニケーション学や心理学の研究に与えた影響は大きい。

## 2. 表情とジェスチャー

　主な非言語コミュニケーションのツールには顔、手、声、目、持ち物などがある。まず、非言語コミュニケーションの重要なツールとして顔の表情（facial gestures/expressions）がある。表情はその人物の精神状態を瞬間的に把握できる重要な指標である。表情研究の歴史は意外にも古い。顔の特徴を気質や性格と関連付ける「顔読み」(face-reading) は古代エジプトやアラビアにも存在した。孔子以前の中国では「顔読み」は職業の一つでもあった。中国の顔読みによると、高い額は幸運を象徴し、目はエネルギーと知性を、鼻は富や功績を、口は性格を表した[7]。西洋では紀元前340年、アリストテレスによって「人相学」(physiognomy) に関する最初の論文が発表された。アリストテレスは、エジプト人、トラキア人、スキタイ人など、人種ごとの身体的特徴を挙げる一方で、人種を超えた特徴とその気質に言及した。例えば、厚い耳たぶは怠惰を、厚い上唇は愚かさを示し、鼻の形で性格が異なると述べ、気質の違いを顔の特徴と関連付けた。欧米では、人相学は「骨相学」(phrenology) と融合して19世紀半ばまで性格判断などに利用されたが、これらの疑似科学は、蒙古症など、さまざまな差別的言説を生んだ。一方、「顔は魂の窓」であり、人の感情は表情から読み取れるという考えも古代ギリシアの時代から存在した。例えばソクラテスは、言葉では騙せても顔は騙せないと述べ、対面での証言を求めたという。ダーウィンはその著書『人間と動物における感情表現』において「幸福」(happiness)、「悲しみ」(sadness)、「恐怖」(fear)、「怒り」(anger)、「驚き」(surprise)、「嫌悪」(disgust) という六つの普遍的な感情表現（表情）を特定した。ダーウィンは、これらの表情は生得的であり、文化を超えて普遍的なものであると論じた[8]。

　近年の研究では、これらの六つの表情の普遍性仮説は揺らいでいる[9]。例えば、西洋白人と東アジア人を対象にした表情判断の研究では、西洋人は視聴した数千もの表情をほぼ六つの感情に分類できたものの、東アジア人は「驚き」「恐怖」「嫌悪」「怒り」の分類が不明瞭だった。これに関して、研究者は東アジア文化では六つの感情表現のほかに「恥（辱）」(shame)、「高慢」(pride)、

## 2. 表情とジェスチャー

| | | | |
|---|---|---|---|
|  | サムズアップ（拳を作り親指を上に向ける）：欧米では承認や同意を表すジェスチャーだが、イスラム諸国やアジア諸国では侮辱となる。「サムズダウン」（親指を下に向ける）も多くの文化圏で好ましくないジェスチャー。 |  | Vサイン（掌を相手に向け、人差し指と中指のみ延ばす）：アメリカでは主に「勝利」を意味するために使用されていたが、1960年代以降は平和を意味し、現在では一般的に「ピースサイン」と呼ばれる。掌の向きによっては米国以外の国で侮辱となりうる。 |
|  | 手招きのジェスチャー（掌を上にして指全体を前後に動かす）：欧米では人を呼び寄せるジェスチャーだが、他文化で失礼になる可能性がある。 |  | コロナハンドジェスチャー（人差し指と小指を上に向けて、中指と薬指を手のひらに向けて曲げる）：アメリカでは承認や楽しみの意味で使われるが、その他の文化では異なる意味をもつ。 |
|  | OKジェスチャー（人差し指を親指の上に曲げ、ほかの指を上に伸ばす）：英語圏では「すべて順調」「計画通り」などの意味を表すが、ほかの文化圏では侮辱となることがある。 | | |

図 6.2　さまざまなジェスチャー

「罪悪感」（guilt）といった感情が存在すると指摘している[10]。感情表現はそれぞれの社会において世代間で伝承・共有されてきたものであるため、文化的な差異があることは否定できない。さらに、同じ文化に属する人々は類似の感情表現（表情）をする傾向にあるものの、成員間で個人差があることにも留意しなければならない。

　ほかに非言語コミュニケーションの主要な研究領域として「ジェスチャー」（hand gestures）研究がある。ジェスチャーは通常、手の動きで表されるが、手の動きすべてがジェスチャーではない。例えば、話者が机をコツコツ叩いたり、何かに触れたりする行為は「（状況）適応動作」（adapters）と呼ばれ、話者が隠そうとする思いや、話者の無意識の思考や感情を表出している[11]。これに対して、ジェスチャーは話者が故意に行う、発話に伴う営為である。ジェスチャーには、指を折って数えるなど、普遍的なものもあるが、日常的なジェスチャーが異文化では差別的な意味となることがある[12]。例えば、親指を立てるジェスチャー（thumbs up）は西洋では「よくやった」「よい」などを意味するが、アフガニスタン、イランなど中東の一部では最もひどい侮辱を表す。また、掌

を上に向けて指全体を前後に動かして人を呼ぶ仕草（beckoning sign）は西洋では人を呼び寄せるジェスチャーだが、フィリピン、シンガポールなどでは犬にしか使わない侮辱的なジェスチャーとなる。OK サインは欧米では「素晴らしい」を意味するが、ベネズエラ、トルコ、ブラジルなどでは侮辱の意味をもつ。ピースサインは 1960 年代までは「勝利」を意味するために使われていたが、裏ピースサインはイギリスやオーストラリア、南アフリカなどでは侮辱的な意味となる。異文化では、自分が普段行っているジェスチャーがその社会の規範に違反しないか注意する必要がある。

これまで発話とジェスチャーは異なる対象として研究されてきたが、ジェスチャーを言語産出の一プロセスとみなす研究者もいる。言語学者のデイヴィット・マクニール（David McNeill）は、ジェスチャーはほとんどの場合、聴者でなく話者が行うこと、ジェスチャーの 90％は発話中に、残りの 10％は次の発話に向けた沈黙の間に行われること、失語症患者や幼児はジェスチャーと発話を同時に行っていることなどを挙げ、ジェスチャーは「非言語」でなく、「言語」コミュニケーションであると述べている[13]。ジェスチャーの中で言語化の度合いが高いものは「シンボリック・ジェスチャー」（symbolic gesture：symbolic は「象徴的な」の意味）と呼ばれる。マクニールが指摘するように、サブカルチャーや特定の職業で使用されるシンボリック・ジェスチャーは、そのメンバー以外は理解できないメッセージを送受信しあい、代替言語となる一方、会話中で使用されるジェスチャーには言語化の程度の低いものがある[14]。

## 3. パラ言語・ボディランゲージ・近接学

非言語コミュニケーションツールには声に関する「パラ言語学」（paralinguistics：para とは「副次」「周辺」という意味）がある。パラ言語学とは「声の音質や息の出し方など、言葉以外で人が言いたいことを示している方法」に関する学問領域である。例えば、人が話すとき、聴衆は「声」を読む。すなわち、声からも話者の情報を得ている。その指標となるのは、声の高低（pitch）、話すスピード（tempo）、声の大きさ（loudness）、明瞭さ（resonance）、音色（timbre）、抑揚（intonation range）、音節の区切り方（syllabic duration）、リズム

（rhythm）などである。例えば、強い口調や大きな声は肯定感や熱心さを印象付けるが、口ごもった声は聴者に不同意や無関心といった感情を引き起こす。「元気です。」（I'm fine.）という言葉も発声次第では逆のメッセージとなることも、「これ以上尋ねるな」という拒絶の意味になることもある。

　さらに、ボディランゲージ（body language）や姿勢（posture）も非言語コミュニケーションの重要なツールである。立ち居振る舞いや姿勢も大量の非言語情報を発信している。腕組み、伏し目、集団から離れて立つことは「話しかけるな」というメッセージになりうる。また、そわそわしたり、目を逸らしたり、前かがみになったり、硬い表情であったりすると、相手に負の感情を与える。落ち着いている、顔を上げる、アイコンタクトをとる、聞いているときにうなずく、微笑むといったボディランゲージは相手に肯定的な印象を与える。

　個人的・文化的に必要な空間の度合いの研究を「近接学（プロクセミクス）」という。この分野は1960年代から1970年代にかけてエドワード・ホールが提唱した学問領域である。例えば、私たちはコミュニケーションをとる際、あまりにも離れすぎていたり、近すぎたりすると不快に感じ、相手との距離を調整しようとする。ホールは、他人との適切な距離はお互いの親密度や属する文化によって異なると述べ、この距離は社会規範、文化的背景、状況、性格、親密度によって大きく異なると述べた。コミュニケーションに必要な距離として、恋人など親しい間柄との対人距離は「親密空間」（Intimate Space）と呼ばれ、15〜50 cm（6〜18 inches）程度とされる。友人、家族等との距離は「個人的空間」（Personal Space）と呼ばれ、50〜120 cm（1.5〜4 feet）、知人などとの距離は「社会的空間」（Social Space）と呼ばれ、1.2〜4 m（4〜12 feet）とされる。さらに、講演会や授業の際の話者との距離を「公共空間」（Public Space）といい、4〜7 m、もしくはそれ以上（12〜25 feet or more）必要であるという[15]。

　しかしながら、この距離は文化によって異なるものもある。著書『かくれた次元』（*The Hidden Dimension*, 1966）の中でホールは、スイスの生物学者であるハイニ・ヘディガー（Heini Hediger）の動物学での近接学の知見を引用し、世界の国々を接触文化（"contact" culture）と非接触文化（"noncontact" culture）に分けた[16]。接触文化では人々はより近い距離でコミュニケーションをとり、対話中もアイコンタクトをとり、ボディランゲージを使い、頻繁に接触し、大

図 6.3　ホールの対人距離

きな声でしゃべる。南米や南欧がこの例である。それに対して、北欧やアメリカ、極東アジアは非接触文化であり、この文化の人々は会話中、少し距離をとり、アイコンタクトを避け、互いに触れることは少ない。同じ文化でも、ジェンダー、年齢、エスニシティ、状況、話題などにより適切な距離は異なる。また、アラブやムスリム文化ではジェンダーが社会的距離の決定的要因となる。

## 4. 視線・接触・外見・人工物

　非言語コミュニケーションにおいて、ちらっと見る、じっと見る、睨むなど、「視線」(gaze) の果たす役割は大きい。例えば、私たちは、自分の好きなモノや人物を見ると、瞬きが増え、虹彩が拡張する。目つきだけで関心、憧れ、敵意などを表すことができる。目を逸らす行為は不信感を与え、アイコンタクト（互いの視線を合わせること）がとれる人物に対しては安心感や信頼感を抱く傾向がある[17]。このほか、視線は熱意や誠実さなどその人物に関する情報を提供したり、相手の発話を制止するなど、相互関係を規制したり、説得や欺瞞に用いられたり、迎合、威嚇、威圧、回避や牽制、従順の意思を示したりする[18]。アイコンタクトの効果としては、「記憶力を向上させる」（話者のアイコンタクトは聴者の記憶を30％向上させる）、「自己認識が向上する」（他人の視線により、自分の身体や動きに集中できる）、「魅力が向上する」（相手に好印象・信頼感を与える、ラポート形成）などが挙げられる[19]。

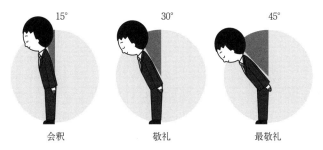

図 6.4　3 種類のお辞儀（会釈、敬礼、最敬礼）

　このほかの非言語コミュニケーションの分野として「接触学（ハプティクス）」（haptics）がある。接触学とは、「言葉や表情、手話などではなく、触覚を使ってコミュニケーションをとる方法」（Cambridge Dictionary）をいう。アメリカ人心理学者ハリー・ハーロウ（Harry Harlow）らによる子猿の愛情実験では、ワイヤーと布の「代理母」のケージで「接触」を変数として子猿を飼育した。子猿は乳幼児期に母性的な接触が少なければ生涯、行動や社会的交流に欠陥をもつことが実証された[20]。また、ジェンダーコミュニケーション研究者のジュリア・ウッド（Julia Wood）によると、社会的地位が高い人ほど、接触を好む傾向を見出した。女性の接触は愛情、関心、養育を意味するが、男性の接触は他者に対する権力や支配を意味するとウッドはいう[21]。挨拶としての握手あるいはお辞儀も重要な非言語コミュニケーションである。アジア諸国ではお辞儀が伝統的な挨拶であり、追従や卑屈さでなく謙遜や尊敬の念を意味する。お辞儀は相手より深すぎると諂いの意味になり、浅すぎると傲慢と解釈されるため、同じ深さにとどめることが推奨される。現在では、多くの国で軽く会釈して握手をする慣習が受け入れられている。握手の規範も文化によって異なる。ドイツ人は「きびきびした硬い握手」を好み、フランス人は「早く軽い握手」を、アラブ人は「優しく長めの握手」を好むという[22]。新型コロナウィルスパンデミック後は、非接触の挨拶である「肘タッチ」（elbow bump）も代替挨拶となった。
　また、外見（appearance）も重要な非言語コミュニケーション手段である。身に着ける服装、髪型などもその人物の情報を伝える。特に服装は、就職面接

などで第一印象を左右する。外見と収入の関係を調べた研究では、魅力的な外見をもつ労働者はそうでない者より収入が多く、美と収入に相関関係があることが示され、容姿の良さがもたらす収入増加を指す「ビューティープレミアム」(beauty premium) という概念も提示されている[23]。また、西洋社会では、痩身に重点を置くが、アフリカなどでは豊満な肉体を健康や富、地位の象徴と考える文化もあり、文化によって外見の判断基準は大きく異なる。

　このほか、人工物 (artifacts) も非言語情報を伝える。人工物とは「技能によって作り出したもの」で、加工品、工芸品、芸術品などを指す。非言語コミュニケーションにおける指標となるのは、服装や化粧、アクセサリー、ボディピアス、タトゥー、自家用車のモデルや色、インテリアなどである。例えば、相手の洋服の色や身だしなみもその人物に関する情報を伝えることがある。ほかには、オンラインの「アバター」もその人物の好みや人柄を示唆する。制服も一つのコミュニケーションツールであり、生徒や学生という身分のほか、警察官、医師、兵士などの職業を表すこともある。人工物は身体的特徴ではないが、相手に与える印象を操作できることから恣意的な外見的要素といえる。タトゥーに関しては、日本と欧米でイメージは大きく異なる[24]。縄文・弥生時代に遡る「入れ墨」(刺青) はかつて身体装飾や呪術などに用いられ、神聖なものであった (埴輪にも描かれた)。近世には職人の間で「粋」な流行として広まったが、江戸時代後期に幕府や各藩において罪人に入れ墨を施す「入れ墨刑」が科されたことや明治天皇から禁止令が出されたことで、日本では反社会的かつネガティヴなイメージが定着したと考えられる。

　このように非言語コミュニケーションは言語以外の多くの情報を伝える。コミュニケーションを効果的に行うには言語と非言語の情報が矛盾したときは非言語のほうがより信頼できる傾向があること、相手の真意の解釈に迷ったときは、文脈や状況、相手の態度や口調・語気などに注意を払うこと、さらには言葉によって相手の意図を確かめることなどが推奨される。

## 【コラム】沈黙という言語

　19世紀のイギリスの諺に「雄弁は銀、沈黙は金」(Speech is silver, but silence is golden.) というものがある。これは慎み深さ（沈黙）は空虚な言葉よりも価値があるという意味である[25]。一般的に発言が重視される西洋文化において沈黙の戦略的意義を伝える、興味深い諺である。実際、沈黙も一つのコミュニケーションのツールである。コミュニケーションにおける沈黙は相互作用の中で熟考したり、解釈したり、発言を準備したり、感情を確かめたりするための時間を提供する。沈黙は同意、敬意といった肯定的な反応のほか、関心の欠如、傷心、内気、怒り、軽蔑など、否定的な感情も含蓄するため、西洋文化では避けようとする傾向がある[26]。

　沈黙の意味は文化によって異なる。日本出身の人類学者タキエ・スギヤマ・リブラ (Takie Sugiyama Lebra) は、日本文化に特有な「間」という概念について明らかにした。リブラは、日本において沈黙は誠実さ、社会的思慮深さ、羞恥心、反抗心などを意味すると分析している[27]。「結婚してくれますか」という結婚の申し込みに対して、英語では沈黙は否定と解釈されるが、イボ族では女性がそこに立ち続ければ否定とみなされ、逃げ出せば受諾とみなされる[28]。いつ沈黙すべきかという規範は文化によって異なる。

　異文化でのコミュニケーションで沈黙に出会ったとき、沈黙を埋めようと焦って話を続けると自分の評価を下げたり、立場を弱めたりすることになる。ビジネスシーンでは、沈黙は条件の悪い契約を結ぶことにもつながる。否定的な沈黙はコミュニケーションを断絶させ、壁を作り、関係を悪化させるが、建設的な沈黙は交渉を進め、関係を強めることができる。セラピスト、調査者（インタビュワー）、権力者など、よい「交渉人」は効果的に沈黙を使う。沈黙に出会うと私たちはプレッシャーを感じ、言わないと決めていたことまでも話してしまう傾向がある。沈黙は敵意や不同意にもなる。人は怒りや恐怖、困惑を感じたとき、認知機能をシャットダウンする。沈黙は尊敬や畏敬の念といった深遠さも表現しうる。沈黙は聴者側に空間を生み、話者はその空間で相手や自身の理解を深めることができる。

図 6.5　ベトナム反戦運動（1967 年）

　沈黙は多義的であるため、利己的に解釈することも可能であろう。その例としては、第 37 代米国大統領（1969〜1974 年）のリチャード・ニクソン（Richard Nixon）による「サイレントマジョリティ」（Silent Majority）演説（1969 年 11 月 3 日）がある。ニクソンはヴェトナム戦争の終結を訴えて大統領に当選したが、ヴェトナムから撤退せず、撤退は米国の利益にならないと述べ、ヴェトナムでの「名誉ある平和」のために「サイレントマジョリティ」（声なき多数派）への支持を訴えた。全米で大規模な反戦デモが続く中、ニクソンは公の場で積極的に発言しない「サイレントマジョリティ」が自分を支持していると主張し、政策の正当性を訴えた[29]。ニクソンは、沈黙を承認・賛同と解釈したものの、演説から 12 日後の 1969 年 11 月 15 日には、全米で推定 200 万人がヴェトナム戦争モラトリアムデモに参加した。政治的議論に参加しない（主に共和党の）保守派を指す「サイレントマジョリティ」という言葉は、ロナルド・レーガンやドナルド・トランプといった後の大統領によっても恣意的に使用された[30]。

# 第7章
# 文化間の交渉
―エスニシティ・ジェンダー・階級が生む障壁―

> 隠喩はその文化特有の価値観を映す。他文化出身の英語学習者にとって、暖かさをトーストに例えたり（as warm as toast）、古いものとして丘を連想したり（as old as the hills）、平たいものの例にパンケーキを挙げたりする（as flat as a pancake）ことは当たり前ではない。世界にはコミュニケーションの障壁となるエスニシティやジェンダー、階級に基づく慣習も存在する。本章では文化間交渉が生む障壁や文化的慣習をめぐる議論や課題について概観する。

## 1. ハイ／ローコンテクスト

　円滑な異文化コミュニケーションを行うには、その文化の言語や価値観を学ぶだけでは十分ではない。それぞれの文化のコミュニケーションスタイルを理解する必要がある。コミュニケーションスタイルとは、「聞き手が言語メッセージをどのように受け取り、解釈するのかを文脈化するメタメッセージ」である[1]。このスタイルにより、文化は大まかに「ハイコンテクスト（高文脈）」（high context: HC）文化と「ローコンテクスト（低文脈）」（low context: LC）文化に分けることができる。この概念は1976年、人類学者のエドワード・ホールによって提唱されたものである。その著書『文化を超えて』（*Beyond Culture*）において、ホールは、コミュニケーションを行うには、「文脈」（context）の性質の理解が必要であるとし、文化が内在する文脈をハイとローの二つに分けた。HCコミュニケーションでは、受信者は、その文化の成員間で共有されている文脈の理解とともに送信されたメッセージに込められた最小限の情報

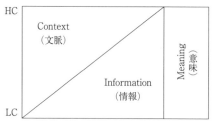

図 7.1 ホールによるハイ／ローコミュニケーションの概念図

（information）を処理することを特徴とするが、LC コミュニケーションではこれと逆になる。すなわち、LC 文化では、文脈において欠けているものを補うため、送ろうとするメッセージのなかに必要な情報すべてを含める必要がある[2]。ホールは、HC は LC に比べて、経済的でスピードが速く、効率的で満足度が高いが、事前のプログラミングがなければコミュニケーションは成り立たないという。HC コミュニケーションはしばしば芸術に使われる。そのスタイルは統一的な統合力として長く息づき、変わりにくいためである。HC 文化として日本、中国、韓国、ヴェトナム、サウジアラビアなどが、LC 文化としてイギリス、ドイツ、スイス、カナダ、オーストラリア、アメリカなどが挙げられる[3]。

両文化の違いは、それぞれの文化における言語・非言語コミュニケーションの違いからきている。HC 文化では、言葉そのものではなく、社会の成員が共有する不文律である「文脈」や意味、声調や態度などに依存するコミュニケーションを行う。これに対して、LC 文化では、成員間で共有される不文律の法則は存在せず、誤解や混乱を避けるため言葉で明瞭に伝達するコミュニケーションスタイルをとる。もちろん、文化を杓子定規に分けることは困難であり、どの文化も両方の要素をもつことはよく知られている。例えば、LC 文化であっても家族団らん（家庭）、少人数の宗教的会合、友人とのパーティなどでは HC コミュニケーションが行われる。

HC 文化の特徴は「人々は互いに長期的な安定した関係にある」「人々は同時に複数の関係性、成員間の関係性をもつ」「インサイダーとアウトサイダーの境界がはっきりしている」「言語コミュニケーションは少なく、書面での情

報や形式的な情報も少ない」「コミュニケーションの内容は内在化される」「知識は状況や関係性によって変わる」「決定や活動はしばしば権威をもつ人の前で、対面で行われる」などである。これに対して、LC文化の特徴は「人々は比較的短い時間の流動的な対人関係をもつ」「人々は多様な文化的・社会的背景をもつ」「人々は規則中心的であり、外部の法則に従って行動する」「知識は公表され、誰もが入手できるように成文化される」「知識はしばしば伝達されやすいように整備される」「知識は時間・空間・活動・関係性によって分類され、時間順に配列され記録される」「課題中心的であり、決定や活動は担当部署ごとに、必要に応じて行われる」などである。

　典型的なHC文化である日本についてしばしば指摘されるのが「ウラ・オモテ」あるいは「ウチ・ソト」文化の存在である[4]。「オモテ」は公的な側面を指し、「ウラ」は私的な、あるいは隠された側面を指す。同様に、「ウチ」は内面や内集団を指し、「ソト」は外面や外集団を指す。この二分法は日本文化に根差す、余所者を排除しようとするムラ社会的な慣習や排外主義的な価値観を象徴している。この概念は外国人だけでなく、自国のメンバー間においても存在し、日本社会の閉塞感の原因となっているという指摘もある。

## 2. 流行の心理学

　トレンドセッターや憧れの人物がいれば、その人物の装いやライフスタイルを模倣したり、その価値観を取り入れたりしようとするかもしれない。このような一時的な人気や熱狂、その対象を「流行（ファッション）」（fashion）と呼ぶ。辞書的な意味としての流行とは「急にある現象が世間一般にひろくゆきわたること；特に、衣服・化粧・思想などの様式が一時的にひろく行われること；はやり」（広辞苑）を指す。

　移ろいやすい、一時的な現象である「流行」の盛衰を理論化した学説は少ない。最もよく知られているのがドイツの社会学者ゲオルク・ジンメル（Georg Simmel）による流行論である[5]。ジンメル自身、流行とは「人間の社会的状況に固有の基本的な緊張から発した、蓄積的ではない文化的特徴の変化（non-cumulative change in cultural features）」と、その刹那性を強調する。まず、ジ

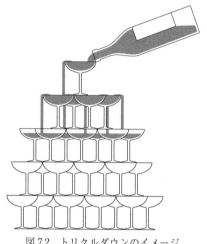

図7.2　トリクルダウンのイメージ

　ンメルは流行が生じる原因として、私たちは人間性に内在する、模倣と差別化（区別）の二つの志向を自明のこととみなすと述べたうえで、流行は「他人を模倣したい」と「他人と自分を区別したい」という相反する欲望から生まれると説明する[6]。模倣したい他人とは「尊敬する者」、区別したい他人とは「自分が無関心な者」あるいは「軽蔑する者」である。ジンメルは、流行とは、行動という統一の領域で、社会的な平等化に向かう傾向と個人的な差異化や変化の欲求を組み合わせようとする生の一形態である、と述べている[7]。すなわち、流行が模倣の一形態であり、それが拡散するにつれ、特定人物の模倣やその人物との差別化は不可能になり、社会全体が均一化し、平等化するが、逆説的に、絶え間なく変化することで、ある時代と別の時代、ある社会層と別の社会層を差別化する。
　さらに、ジンメルは、流行は階級社会の産物であると主張する。社会には、流行を生むエリートとそれを模倣する大衆が存在する必要がある。大衆がエリートを真似て階級の外見的な区別を消そうとすると、逆にエリートはそれを捨てて新しいモードへと移行する。すなわち、流行は階級のない社会には存在しない[8]。経済学での「トリクルダウン」（trickle-down）理論と同様に、流行は常にトップダウンである（図7.2）。トリクルダウン理論（通貨浸透理論／効果）

とは、富裕者がさらに富裕になると、税収が増え、経済活動が活発化することで社会全体の経済が活性化し、低所得者や貧困者にも富が再分配される、と主張する経済理論である。

　模倣・区別、普遍性・特異性、受容・発信、生成・破壊といった、対立概念の不安定なバランスの中で流行は生まれ、流行は消える。ジンメルは「ファッション［流行］が広まるにつれ、それは徐々に破滅に向かう。（中略）現象の両極の魅力はファッション［流行］の中で出会い、その本質において矛盾しているにもかかわらず、いやむしろ矛盾するからこそ、無条件に共に属することを示している」と、その拡散・消失プロセスを説明している[9]。

　流行を追う行為は、非社会的な生（私的な生）に社会的生（公的な生）を取り込もうとすることであり、模倣するかどうかの決定は「その人物が優れているか、劣っているか」という判断に基づいて行われる。模倣するのは「尊敬する者」、すなわち「自分より上だとみなす者」であり、模倣する価値があるかどうかについては厳密な評価を行っている。対外的な関係性も同様である。自分たちの国より「上位に」あるとみなす国からしか流行は入ってこない。例えば、日韓でいえば、かつては日本がトレンドセッターであったが、現在では逆の潮流がある。

　このように、流行は経済と密接な関係がある。流行を支える人々は「スノッブ」（snob：通人を気取る人々、俗物）と呼ばれる。彼らは流行が大衆化すると購買を停止し、次の流行の生成へと進んでいく。スノッブは、流行が拡散すると「目立ちたい欲求」が満たされなくなるため、その流行に興味を失うからである。また、流行の拡散には「バンドワゴン効果」（bandwagon：時流に乗った社会・文化・運動など）が認められる。バンドワゴン効果とは多数が支持するものを入手・購入したいという心理である。この意味で「流行」とは、バンドワゴンと逆バンドワゴンとの無限ループのゲームであるといえる。

## 3. 身体改造（割礼）

　文化や慣習に基づく身体改造もコミュニケーション手段である。身体改造は「通過儀礼」（rite of passage）など、社会的・宗教的な理由で行われている。最

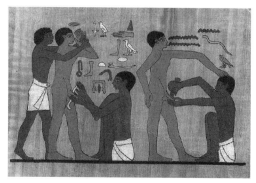

図 7.3　古代エジプトの割礼儀式（サッカラ遺跡にある墓のレリーフ、紀元前 2300 年頃）

も普遍的にみられる身体改造には通過儀礼としての割礼がある。男性の割礼（circumcision）は最も古くからある外科手術の一つで、その起源は紀元前 2500 年の古代エジプトに遡ることができる。古代エジプトの第 6 王朝テティ王の治世（紀元前 2345〜2323 年）に作成されたという割礼の様子を描いた壁画が現存する。その理由として、性欲を調整する人口抑制のため、人間の生贄を防ぐためなど諸説あるが、割礼がどのような経緯で始まったかについては明らかになっていない[10]。このほか、南洋諸島、オーストラリアのアボリジニ、スマトラ、インカ、アステカ、マヤなどで行われていたことが知られている[11]。現在でもユダヤ教徒、イスラム教徒のほか、アフリカ南部や東部の多くの部族で行われている。割礼には大別して医学的理由で行われるものと文化的もしくは宗教的な理由で行われるものがある。

医学的な理由での割礼（包皮切除術）は現在でも一般的に行われている施術であり、包茎（成人の陰茎の亀頭が外皮で包まれたままになっていること）の治療の一環として包皮を切除する手術を行う（通常、成人男子では日帰り手術で行い、その後、10 日ほど安静が必要）。陰茎ガン予防や性感染症予防（特に HIV 予防）など、医学的なメリットがあるため、世界保健機構（World Health Organization: WHO）は「男性の自発的な医学的割礼」（voluntary medical male circumcision: VMMC）を推奨している[12]。VMMC のデメリットとしては感染症や出血、合併症などが挙げられる。一方で、新生児や小児といった年齢で保護者により

強制的に行われる割礼は「インフォームド・コンセント」(医学的手技や治療などに先立ち、対象者が説明を受けて納得したうえでそれに同意すること)に反するという批判もある。施術の割合(15歳以上の男性)はイギリスでは6%であるのに対して、アメリカでは男性の75%に達する[13]。ほかに割合が高い国としてフィリピンや韓国、オーストラリアなどがある。WHOによると、世界では約30%の男性が施術されていると推計され、その3分の2がイスラム教徒であるという。

　文化的な割礼には通過儀礼として行われているポリネシアやオーストラリアのアボリジニのイニシエーションがある。割礼はイニシエーションの儀式であり、勇敢さと男性としての責任を担うにふさわしいかどうかの試練として始まったという。アボリジニの割礼は跪いた男の背中に横たわり、ほかの男たちに手足を固定され、天を向いた状態で貝殻による切除が行われた後、ユーカリの葉で覆った焚き火の煙の中で割礼を受けた若者を数時間しゃがませるか、立たせることで止血が行われたと考えられている。出血は女性の生理への共感を示すという説もある[13]。21世紀初頭の研究によると、太平洋島しょ国(サモア、トンガ、クック諸島など)では、文化的割礼は現代も6〜10歳頃の少年に対して実施されている。9割近くの親が文化的理由から割礼を支持しているという[14]。

　宗教的割礼は主にユダヤ教とイスラム教において行われている。ユダヤ人にとって、割礼は男性としての通過儀礼というより、神との契約、厳粛な関係の証として実施される[15]。旧約聖書によると、神との契約(創世記17：10-14)で「男性は割礼する」とあるため、ユダヤ人男性にとって割礼はキリスト教の「洗礼」と同様の意味をもつ。以前は思春期か結婚する直前に行われていたが、生まれた日を1日目として数えて8日目に行われるようになり、成人に対してはユダヤ教に改宗した際に行われるようになった。ユダヤ教の男子新生児は出生8日後に、正統派ユダヤ教徒で宗教的な掟を学んだ「モヘル」(mohel)より割礼を施される。割礼の儀式では、母親が新生児を抱き、施術後、乳児はワインを1〜2滴与えられた後、正式なユダヤ名を与えられる。儀式の後に祝宴が催される。割礼への反対意見として、教義では体に傷をつけること、他人を傷つけることを禁止していることや、ユダヤ教徒の母親から生まれた時点ですでにユダヤ教徒であるため、割礼によるイニシエーションは不要であることなど

が挙げられる。

　イスラム教においても割礼が行われている。聖典であるコーランには割礼の記述はないものの、預言者マホメットの言行に基づく口伝律法「スンナ」(Sunnah) において、「割礼は『男性の法』(a law for men)」と記されているためである。

　割礼は生後7日から思春期（7歳頃）までに行われる。マレーシアのイスラム教徒の間では、割礼は通過儀礼として行われている。割礼に対して賛否はあるが、イスラム教では清めの儀式として受け取られている。キリスト教では割礼は必須ではない。代わりに、磔になったキリストへの共感として「心の割礼」を推奨している。

## 4. 身体改造（FGM）

　女性に対する身体改造は、男性の割礼以上に人権的に問題があるものがある。主に女性に対して行われる身体改造として、アジアやアフリカの一部の部族でみられる、首に真鍮のリングをつける「ネックリング」(neck ring)、エチオピアの部族でみられる、穴をあけた下唇に木や粘土のプレートを挟む「リッププレート」(lip plate)、アフリカ各地でみられる、体に斬り込み模様を刻む「スカリフィケーション」(scarification) がある[16]。女性に対するこれらの風習は、その社会における女性美の基準であったり、その社会へのコミットメントを示す儀式であったりすることから、内部の意見で根絶することは難しい。なかでも最も深刻な人権侵害として問題視されている身体改造が女子割礼、すなわち「女性性器切除」(Female Genital Mutilation: FGM) である。

　「真実を知らないということは本当に怖い。『無知』であることが、悪い習わしの根絶を困難にしているのですから」と、FGMを施術された過去をもつモデルでFGM根絶活動家のワリス・ディリー (Waris Dirie) は言う。国連人口基金 (UNFPA) の親善大使を務めたディリーは自叙伝 (*Desert Flower*, 1998) で、5歳の時にFGMを強制的に施術され、13歳で児童婚の危機を逃れ、母国ソマリアからイギリスに脱出した後、モデルとなった経緯を語った。その4年後の2002年、オーストリアのウィーンで財団 (Desert Flower Foundation) を立ち上

げ、FGM 根絶活動を開始した[17]。

　FGM は主に中東やアフリカで広く行われている慣習である。FGM とは女性外性器の一部もしくはすべてを除去する施術で、女性にとって大変な痛みを伴う[18]。FGM には四つのタイプがあり、最も危険な FGM は「陰門封鎖」(infibulation) といわれる術式で、陰核（尿道出口の前方にある小突起）を切除した後、尿・月経血を排出する小さな開口部を残して陰唇を縫合する手術である[19]。この手術は生後 1 週間から、乳児期、思春期前、初産前、および女性の生涯のその他の時期まで、さまざまな年齢層で、本人の同意なく行われている。FGM を経験したある女性によると、月経開始前の年頃になったとき、目隠しをされて 7〜8 人が待つ部屋に連れていかれ、体を抑えつけられて強制的に施術されたという。ほとんどのケースで医学的な訓練を受けていない人物（女性）が小型のポケットナイフやガラスの破片、ブリキ缶などを使って不衛生な状態で行うため、出血多量、敗血症、尿路感染症などの危険があり、出血死などの死亡事故もある。その影響は骨盤炎症性疾患、慢性骨盤痛、不妊症、子宮外妊娠など、生涯にわたって続く。術後は、排尿や月経血での痛みや感染を経験するほか、性交や出産時に多大な痛みを伴う。特に出産時の裂傷は医学的処置が困難で、生涯にわたり苦痛の原因となる。

　UNICEF（国際連合児童基金）によると、世界では FGM を施術されている少女や女性は 2 億 3000 万人に上り、過去 8 年間で 3000 万人増加したという（2024 年現在）[20]。これまで FGM を違法とした国はガーナ（1994 年法制化）、ギニア（1965 年、2000 年）、ケニア（2001 年）、ベナン（2003 年）、チャド（2003 年）、エチオピア（2004 年）、南アフリカ（2005 年）、エジプト（2008 年）などがある[21]。しかしながら、公的には FGM を違法とした国であっても習慣としての FGM は存続している。また、FGM 禁止法についても国によって罰則は異なるため、根絶は難しい。例えば、割礼を行った者に罰則を科す国もあれば、受けた者や通報しなかった者を罰する国もある[22]。

　FGM の目的として挙げられるのが男性による女性のセクシュアリティの抑制・制御である。近年のケニアとナイジェリアの女性に対する調査によると、女性の割礼と女性の性行動の結果との間に関連性は認められず、FGM は女性の性行動や性衝動の抑制に効果はないことが明らかとなった[23]。しかしながら、

第 7 章　文化間の交渉

この地図はいかなる国または地域までの法的地位あるいは国境の画定に関する UNICEF の立場をも反映したものではない。
注：リベリアでは、サンデーソサエティーについて聞いたことのある少女や女性にその会員であるかどうかを尋ねた。この会の儀式の際に FGM が行われるため、FGM に関する間接的な情報を提供する。この地図に示された境界線や名称、使用された呼称は国際連合による公式の支持や承認を意味するものではない。
出典：2024 年 UNICEF 世界データベース（2004〜2022 年の DHS, MICS, その他の全国調査に基づくもの）

図 7.4　アフリカ諸国における 15 歳から 49 歳までの少女および女性への FGM 実施率（UNICEF）
FGM の広がりは国によって大きく異なり、データもまちまちである。

外部批判だけで廃絶することは難しい。なぜなら、FGM は祖母から母、母から娘へと数千年にわたって、女系で継承されてきた慣習だからである。人権団体は FGM を人権侵害と非難し、根絶を訴えるが、FGM を婚姻に必要な儀式（純潔を守る施術）とみなす共同体では廃止は困難である。特に、FGM は女性ネットワークが主導する慣習であり、少女を一人前の女性にしたいという、血縁女性の思いがその廃絶を困難にしている。根絶のためには共同体内外からの異議申し立てが必要である。

## 【コラム】ポリティカルコレクトネス（PC）

　言葉によって差別は助長されうるのか。この問題を正面から扱ったのが、アメリカで 1970 年代〜1980 年代に起こった「ポリティカルコレクトネス／政治的公正」（Political Correctness: PC）運動である[24]。特に人種、性別・ジェンダー、文化、性的志向、職業、年齢、宗教、エスニシティ、障害、婚姻状況など、外的な指標によって特定される集団を表現する際に、不快感を最小限に抑えることを意図していると考えられる言葉の使用を推奨するものである。以後、差別の原因や結果としての用語の言い換えが相次いだ。言い換えの主な分野として、第一に、性別限定の用語や代名詞、肩書きなどがある。例えば、「ビジネスマン」（businessman）は「ビジネスパーソン」（business person）に、「スチュワード、スチュワーデス」（steward, stewardess）はともに「フライトアテンダント」（flight attendant）に置き換わった。英語では、語尾に -man がつく語は性別限定的として言い換えられた（例：mankind は humanity に、chairman は chair/chairperson に、fireman は fire fighter に、police wo/man は police officer に）。さらに、「主婦」（housewife）は「家事担当者」（home maker）と言い換えられるようになった。第二に、ジェンダーステレオタイプ的な表現がある。特に性別情報を追加する必要のない場合は性別を省くことで政治的に公正とされる。例えば、「女医」（woman doctor）は単に「医者」（doctor）に言い換えることが推奨される。第三に、被害者化の語群である。例えば、病気は「患う」（suffer from）でなく、「罹患している」（have）に変わった。ことさら犠牲

図7.5　PC撲滅の風刺画（ニュージーランド、2005年）

者化することは公正ではないためだという。第四として性的指向に対する含意がある。恋愛や結婚の相手は、単に「パートナー」（partner）と呼ぶ。この言葉は相手の性別も結婚状況も不問にすることができる表現として政治的に公正とされる。最後に、エスニシティと人種の一般化がある。例えば、「彼女はアジア人です」という表現は政治的に公正とはいえない。アジアは広大な土地もしくは人種を指し、エスニシティではないからである。タイ、シンガポール、ヴェトナム、日本など具体的にアジアのどの国の出身者なのかが不明であり、特定する必要があるとされる。

　PC運動は言葉遣いを変えることで人々の認識を変え、実際の言動に影響を与えることができるという信念に根差している。これは言語が私たちの現実を形作り、現実に対する解釈やそれに対する反応を決定づけるという「言語相対論」あるいはサピア＝ウォーフ仮説に基づいている（第3章参照）。この概念は、政治的範疇を超えた場面で議論され、批判され、風刺されてきた。言い換えられた言葉の正当性に関する議論も起こるなど、言い換え運動そのものに疑義を投げかける者もいる。一部からは「検閲」「言葉狩り」「言論の自由に対する挑戦」などと、激しい反発も起きた。

　それでも、アメリカで起きた「政治的公正」運動は国境を越え、世界各国に広まっていった。日本においても、20-21世紀転換期、職業を中心に多くの言葉が書き換えられた。例えば、「保母」「保父」は「保育士」に、「看護婦」「看護士」は「看護師」に、「ビジネスマン」「サラリーマン」は

「ビジネスパーソン」「会社員」に、「カメラマン」は「フォトグラファー」に、「父兄」は「保護者」に、「青少年」は「若者」に、「チェアマン」は「司会」「議長」「チェアパーソン」に、「女子アナ」は「アナウンサー」に、「OL」は「会社員」に、「うぐいす嬢」は「場内アナウンス」に、「スチュワーデス」は「キャビンアテンダント（CA）」に、「主人、家内」は「パートナー（夫／妻）」に言い換えることが推奨されている。「男勝り」「女々しい」「処女作」といったジェンダー差別的な表現も使用を控えることが求められている。

　言い換えるべきPCワードリストやタブー語は日々増えている。そして、その影響は知らず知らずのうちに私たちの意識を変えつつある。今や、私たちは何らかの言葉を発する際、これは「政治的に公正な」表現かどうかという自問なくして発言できない。20世紀末のアメリカでは揶揄されたPC運動だが、時を経てその理念は国境を越え、さまざまな国の人の心に届きつつある。

第8章
# 文化としての時間・空間
―仮想現実と監視社会―

> 異文化コミュニケーションを学ぶうえで時間・空間という概念は無視できない。例えば電話連絡が必要となったとき、通話が許される時間帯は文化だけでなく、相手の年齢や職業、関係性によっても異なる。また、外国でホームパーティに招かれたとき、居住空間に対する文化の違いを実感するかもしれない。本章では、時間や空間に関する理論を学び、私たちのコミュニケーションがいかに時間や空間に制約されるか、その時間や空間がどのようなメッセージを与えうるかを概観する。

## 1. 時間計測の歴史

　時間の概念は人々のコミュニケーションのスタイルに多大な影響を及ぼしている。現代のコミュニケーションは時を正確に計測する時計なくして存在しえない。1982年1月1日、イギリスのグリニッジ天文台による世界標準時（General Mean Time: GMT）に代わって、ほぼ誤差のない、原子時計を使用した協定世界時（UTC: Coordinated Universal Time を意味するが、国際的な取り決めにより UTC と略される）が導入された（UTC をベースに各国が標準時を設定する）。この超高精度な時間は現代の電子技術の基本となっている。GPS 衛星を利用したナビゲーションシステム、コンピュータや携帯電話などの電子機器、即時売買を可能にする株式市場システム、高圧送電線網などはこの正確な時刻信号なしに機能しない。
　人類の歴史は時間計測の歴史であったといっても過言ではない。人々は正確な時を知るために、時を計測する道具（時計）を発明し、その精度の向上に努

めてきた。正確な時計の発明は、航路上の船舶の位置を明らかにし、産業革命を起こし、西洋文明を進展させてきた。アメリカの歴史家ルイス・マンフォード（Lewis Mumford）は近代化に機械時計は必須であったと主張する[1]。初めて近代的な時計が発明されたとき、時計は時を「経験の連続」から「時・分・秒の蓄積」に変えた。人々は空腹になったから食べるのではなく、予定の時間になったため、食事をとるようになった。人々は疲れたから床に就くのではなく、時間になったから就寝するようになった。近代産業化は石炭や鉄、蒸気だけでなく、時計によっても可能となったとマンフォードはいう[2]。

　時の計測は約5000年前、文明発祥地で始まった。エジプト人やバビロニア人は共同体の活動や行事、植栽や収穫、商品出荷のために時を測り、暦を作った。暦には太陽光（地球の公転）を利用した「太陽暦」（solar calendar）と月の満ち欠けを利用した「太陰暦」（lunar calendar）があり、季節農業が重要な高緯度では太陽暦が、季節の移り変わりが分かりにくい低緯度では太陰暦が使用された。その後、ローマ帝国の北方拡大に伴い、太陽暦が主流となる（エジプトの太陽暦は1年を30日12カ月とし、5日追加）。当時、ヨーロッパでは日中は日時計（sundial）が、夜間は水時計（clepsydra）が使用されたが、水時計は気温（寒暖）の影響を受けるため、正確な時間を知ることは困難であった。

　初めて機械を使った時計が作られたのは1283年、イギリスのカトリック教会であったといわれる。当時、教会は教育を独占し、有能な技師を抱えていた。技師たちは教会や大聖堂のために時計を製作した。この頃、ヨーロッパでは、一日に7回打ち鳴らされる修道院の鐘や町の時計塔の鐘が、人々に時間を告げた。初期の時計は鐘（bell）を使ったため、時計（clock）はラテン語で鐘を意味する単語（clocca）を語源とする。

　14世紀には深夜を起点とする12時間制に統一された。15世紀末、技術者は分と秒を備えた機械時計を作り始めたが、未だ正確さには問題があった。1656年、天体観測に正確な時間測定の必要性を実感したオランダの物理学者クリスティアーン・ホイヘンス（Christiaan Huygens）により、振り子を利用した時計が発明されると、その重要性に気づいた業者が商品化して売り出した。その振り子時計はそれまでの時計より100倍正確に作動した（誤差は1日15分から1週間に1分に縮小）。しかし、ホイヘンスは、振り子は重力の影響を受けやすい

## 2. 文化における時間感覚

図 8.1 ヴィラール・ド・オネクールによる
中央ヨーロッパの時計塔の描画（13 世紀頃）

ことから改良を重ね、ひげぜんまいとてんぷを組み合わせた「てんぷぜんまい時計」を開発し、重力の影響を受けない小型時計を完成させた。この仕組みを利用した小型時計（懐中時計など）が急速に普及し、人々は「正確な時間を知る道具」を持ち歩くことができるようになった[3]。この功績から、ホイヘンスは「機械時計の父」と呼ばれている。

　時計は私たちの日常のあらゆる側面を規定する。持ち歩ける時計は今や高度化しつつあり、本来の時間計測機能のみならず、コミュニケーション可能な通信機能、体調管理を担うフィットネス機能などを備えたスマートウォッチも登場している。

## 2. 文化における時間感覚

　「時は万人に等しく流れる」という言説があるが、個人の実感としての「時間」は、同じ長さであっても状況や場所、自身の精神状態によって変わりうる。

海外旅行先の1日は、同じ24時間であっても日本とは異なる速度で時間が流れていると感じることはないだろうか。また、レストランで注文した料理を友人と待つ10分間と、スピーチをしなければならない授業中の10分間との時間感覚は全く異なると感じるかもしれない。

文化人類学に「時間は物理的なものではなく、文化的な構造物である」という言葉があるように、時間の概念や感覚がコミュニケーションに影響を与えることは知られている。非言語的コミュニケーションの一分野としての「時間学（クロネミクス）」(chronemics) は、時間の使い方を研究する学問で、時間認識（時間厳守、待つ意欲、相互的な影響）や時間の使い方（ライフスタイル、予定、発話・動作の速度、傾聴時間）などを研究対象とする[4]。

20世紀末、文化による時間感覚の違いに関する興味深い実験が行われた。アメリカの社会心理学者であるロバート・レヴィーン (Robert N. Levine) と心理学者アラ・ノレンザヤン (Ara Norenzayan) による地理的時間に関する研究である。レヴィーンは社会的認識の研究を行うためにブラジルを訪れたとき、欧米人とブラジル人の時間感覚の違いに驚き、「時間意識は文化によって異なる」と結論づけ、文化による時間感覚の違いを調べようと考え、研究テーマを変えた。彼は『あなたはどれだけ待てますか：せっかち文化とのんびり文化の徹底比較』(*A Geography of Time*, 1997) において、文化によって時間に対する感覚が異なることを証明した。1992～1995年にレヴィーンはノレンザヤンとともに、欧米やアジアの31の国や地域において「人々が歩く速度」「郵便局員の接客時間（仕事の速さ）」「公共の場所にある時計の正確さ」を計測して、各国の「生活のペース」を比較する研究「31カ国における生活のペース」(The Pace of Life in 31 Countries, 1999) を実施した[5]。ペースの速さがトップの3カ国はスイス、アイルランド、ドイツであった。スイスは時計の正確さで1位、郵便局の接客で2位、歩く速度で3位を記録し、総合1位となった。2位のアイルランドは、時計の正確さは11位であったものの、歩く速度では1位を、郵便局の接客では3位を獲得して総合2位となった。3位のドイツは郵便局の接客で1位を獲得して総合3位となった。4位は日本、5位はイタリアであり、イギリスは6位、アメリカは16位であった。20位以下は、ギリシア、ケニア、中国、ブルガリア、ルーマニア、ヨルダンなどが位置する。下位3カ国はブラジ

ル、インドネシア、メキシコであった。最下位（31位）のメキシコは郵便局の接客で最下位、時計の正確さは26位であった。

著書『あなたはどれだけ待てますか』において、レヴィーンは、時間感覚の違いは経済力、産業化、人口、気温、文化に依存すると述べている[6]。経済力に関しては、財政が健全であればあるほど時間のテンポが速い。北米や北欧、アジアの先進国は速い傾向があるものの、人種やエスニシティによっても異なるという。産業化については、工業化すればするほど生活のペースやスピードは速い。工業国ほど時間節約家電が普及しているが、皮肉にも自由時間は少ないという。人口に関しては、人口規模が大きいほど生活時間のペースが速い傾向がある。同じ国・地域でも田園部・都市部で人々のペースは異なっていると指摘する。気候については、気温が高いほど生活のペースは遅い。温暖で衣食住が満ち足りていれば、あくせく働く必要はないためなのか、暑さが人を疲弊させるためなのか、その理由は不明だという。文化については、個人主義的な国は集団主義的な国よりペースが速い傾向があるが、文化によりかなり異なると述べている。研究から数十年以上の時を経て、下位3カ国では産業化が進み、人口規模も増えていることから、これらの国々の生活のペースは大きく変化している可能性がある。

レヴィーンらが指摘するように、時間の認識や使い方は、同じ文化に属する人々であっても年齢や居住地、職業など、さまざまな要素によって異なる。この研究で「生活ペース」の速さで第4位であった日本にも「せっかち」でない人はいるし、最下位のメキシコにも早口で話し、足早に歩く人はいる。文化による時間認識の違いは確かに存在するが、文化に対する先入観にとらわれることなく、対面する相手や訪問先の人々とのコミュニケーションを経たうえで各人の時間感覚を把握する必要がある。

## 3. 単一的時間・多元的時間

コミュニケーションにおける時間学を確立したのはアメリカの人類学者エドワード・ホールであった。ホールはコロンビア大学で博士号を得た後、ミクロネシア文化やアメリカインディアン文化を研究するなかで、文化によって時間

体系が異なることを認識するようになった。1930年代、政府事業でアメリカ先住民と関わったとき、彼らの時間と欧米の時間には根本的な違いがあることを知った。ダム建設に関わったアメリカ先住民を観察したホールはナバホ族とホピ族には異なる時間体系があることに気づいた。例えば、ナバホ族は現在にしか興味がなく、未来は不確かで実感のないものであったため、未来の報酬（ダムの効用）は彼らの動機付けにはならなかった。他方、ホピ族は「時間が解決しない文化」をもっていた。ホピ族にとって、過去は現在に息づき、迫害された歴史とともに彼らは生活していた。両者は日常の時間の概念も異なった。ナバホ族は休まずに働き、一体感をもってダムを仕上げたが、ホピ族は仕事を何度も中断し、団結することはなかった[7]。

『文化としての時間』(*The Dance of Life: The Other Dimension of Time*, 1983)においてホールは、時間体系の違いをその背景となる価値観の違いから「単一的（モノクロニック）時間」（Mタイム）と「多元的（ポリクロニック）時間」（Pタイム）の二つに分類した[8]。Mタイムとは、欧米社会に見られるような、一度に一つの事項にしか取り組まない時間の過ごし方で、物事をバラバラの事象として扱い、スケジュールを立てて、その時間通りに処理していく方法である。一方、Pタイムとは、いくつかのことを同時に行う方法で、決められたスケジュールがあったとしても、これを守るよりは他人との関わりや相互交流に力点を置く対応法である。Mタイムを生きる人々にとって、時間の「浪費」は許容されず、時間は常に直線的、もしくは点としてとらえられる。一方、Pタイムの文化をもつ人々にとって、時間はいつも流動的であり、将来のプランは確定ではなく、いつでも覆される可能性がある。

ホールによると、時間体系は生活の中に完全に組み込まれているため、人々の行動すべてを支配するという。モノクロニック文化ではスケジュールによって分断された時間は全体をみることを不可能にし、一定の時間内に処理することを目的とした時間は物事に優劣（優先順位）をつけて序列化する。「(時間を)使う、つぶす、失う、節約する、浪費する」「(時間が)のろのろ進む、残り少ない」といった表現は人間が決めたルールに人間自身が囚われている証拠でもある。なぜなら、モノクロニックな時間は自然界には存在せず、人間固有のリズムにも関係がないからである。モノクロニック文化の人々は、アラブ人やト

3. 単一的時間・多元的時間

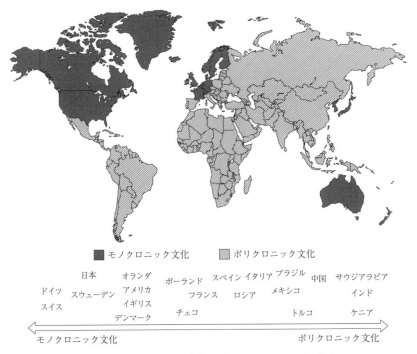

図 8.2　モノクロニック文化とポリクロニック文化の分布

ルコ人など人間関係や人間性を重視するポリクロニックな価値観をもつ人々と仕事をする際にはトラブルになることもある。モノクロニックな組織では、突発的な出来事に対応できず、トップの判断に依存する傾向がある。これらの組織では、従業員の人間性を無視したマネジメントになる傾向があり、巨大化すればするほど閉鎖的になって硬直化し、本来の目的を見失う可能性がある。

　ホールも指摘するように、モノクロニック文化にもポリクロニックな人々はいる。この違いは文化レベルだけでなく、個人レベルにも見出すことができる。マギー・スカーフ (Maggie Scarf) は、キャリアをもち、家庭でも家事や育児をこなし、同時に複数の人間関係に関わる女性はポリクロニックな時間を過ごす傾向にあるとし、女性にうつ病が多いのは外部と自分の時間体系の差異によるものであると指摘している[9]。

## 4. 監視社会

　防犯を目的とした監視カメラは現在、あらゆる場所に設置されている。このシステムによって国家は市民の行動を監視することが可能となった。国家が国民の行動を知ることは何を意味するのか。「権力と知識は不可分に結び付いており、一方が他方なしでどちらか一方のみを所有することは決してない」と述べたのはミシェル・フーコー（Michel Foucault）である。フーコーは、権力は監視することで人々を支配しているという。『監視と懲罰：監獄の誕生』（*Discipline and Punish: The Birth of Prison*, 1975）において、フーコーは大衆を監視する権力を「パノプティコン」（panopticon）に例えた[10]。パノプティコンとはイギリスの哲学者ジェレミー・ベンサム（Jeremy Bentham）が18世紀末に構想した、囚人を監視する一望監視施設（円形の監獄）である。中心の塔から囚人を常時、監視する牢獄システムは、囚人に自分を見張る権力を可視化させるものの、誰が監視しているか確認できない不安を与える。フーコーは、監視カメラは現代のパノプティコンだという。現在、私たちの日常は権力によって監視されている。監視カメラは邪悪な他者だけでなく、善良な住民も監視する。フーコーはこの無限の監視を「懲罰」に例えた。「パノプティコン」は権力者であり、教師であり、雇用者であり、医者であり、看守であり、「囚人」とは社会的規範に従うべき個人（国民）、生徒・学生、労働者、患者であり、（文字通り）受刑者である。

　パノプティコンは、もともと疫病の蔓延から囚人を守るという目的をもっていた。しかし、パンデミックでは誰もが感染し、罹患者（異常者）になりうる。異常者は社会にとって危険な存在となりうるため、発見されるやいなや、排除する必要がある。監視されている者が異常な行動をとれば、権力の知るところとなり、排除される危険がある。すなわち、現代のパノプティコンは、常に監視下に置かれているという意識を国民に与えることにより、彼らをコントロールできるという権力者の思惑を体現する装置である。

　行き過ぎた監視社会に対する警告も発せられている。カナダの社会学者デイヴィット・ライアン（David Lyon）は監視カメラ社会において人権やプライバ

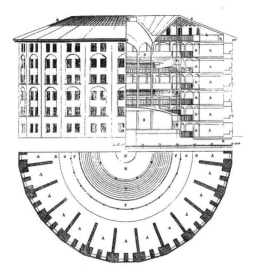

図 8.3 ジェレミー・ベンサムのパノプティコン監獄
(1791 年、ウィリー・リーヴリー作)

シーの保護を主張する。彼は、絶えず人々を監視し、ビッグデータ（個人情報）を収集・選別・統御する情報化社会に関する研究を「監視学」(surveillance studies) と命名した[11]。私たちが生きるのは、自ら進んで監視し、監視される社会構造である。そこでは、私たちが意識しているか否かにかかわらず、オンラインで入力した名前、生年月日、住所、電話番号、クレジットカード情報、購入記録、防犯カメラの映像、指紋や網膜・虹彩といった生体情報、ソーシャルネットワーキングサービス (Social Networking Service: SNS) での ID 情報といった個人情報が常に権力によって収集されている。権力が空間を超越して人々を監視する情報化社会を「リキッドモダニティ（流動的近代）」と定義し、現代をポストパノプティコン時代と呼んだのはポーランド出身の社会学者ジークムンド・バウマン (Zygmunt Bauman) である[12]。バウマンに影響されたライアンは、現代の「液状化」した監視社会には「リキッドサーベイランス」(Liquid Surveillance) が浸透していると述べた[13]。ライアンによると、監視の役割は社会的振り分け (social sorting) であり、それらのカテゴリーの中で人

間はバーコードの埋め込まれた「ヒューマン・ハイパーリンク」(human hyperlink) となるという。彼は、現状把握の重要性を訴え、プライバシー保護を訴える国際的なキャンペーンを通して人々に行動を促した。

　2010年に世界第2位の経済大国となった中国では社会秩序や治安維持を目的とした権力による監視体制が進んでいる。2015年より、中国政府は道路マナー改善のため、主要都市の交差点に監視カメラを設置し、信号無視をした人の名前とIDを5分間、巨大モニターに映し出すシステムを採用した。違反者は警察から連絡を受け、罰金を払う仕組みとなっている。また、ショッピングの際、店側に顔認証を義務付け、その顔データをIDと紐づけた個人情報を収集している。欧米諸国が警戒するのは中国のウェブサイトや中国製品・ソフトによって中国政府がシステムに不正侵入し、情報を収集しているという「バックドア疑惑」(Backdoor Data Infiltration) である。アメリカは中国当局の監視を理由に動画投稿アプリ TikTok（ティックトック）の国内での利用規制に踏み切った[14]。中国企業が運営する TikTok や WeChat（ウィーチャット）では香港問題や天安門事件に言及したり、政府に異を唱えたりする投稿やアカウントはすぐに削除されるからである。疑惑を受けて、アメリカ以外でも、HUAWEI（ファーウェイ）といった中国製電子機器のボイコット運動が広がっている[15]。情報収集対象は自国民だけではない。中国政府は全入国者（乗継者を含む）の顔写真や指紋も採取し、データベース化している。コロナ禍は監視技術を拡大する口実を政府に与えた。以後、中国ではますますスマートシティ化が進んでいる。一方で、災害時や緊急時にはそのメリットも発揮される。例えば、警察が信号操作によって、最短時間で救急車の患者を病院まで搬送した事例もある。

　あらゆる情報にアクセスできるIT社会のメリットを享受する私たちは、望むと望まざるとにかかわらず、日々、自らの個人情報が自動的に収集され、データベース化される監視社会のリスクも意識しておかなければならない。

## 【コラム】ゲーテッドコミュニティ（GC）

　ゲーテッドコミュニティ（gated communities: GC）とは、セキュリティを目的として壁やゲート（門）で居住区全体を囲い込むことで、人や車の出入りを制御している共同体であり、「要塞都市」（fortress city）ともいわれる[16]。その規模は、300～500世帯の小規模なもののほか、1000世帯以上の大規模のものもある。これらのコミュニティでは、住宅を外部からアクセスできないようにフェンスで囲み、ゲートで、コミュニティの居住者およびその来客しか出入りできないように制限している。大都市の郊外に制御された入口（ゲート）と境界障壁によって周囲の都市から完全に分離された「飛び地」として計画・開発されたGCも増えている[17]。これらは「ゲーテッドエンクレーヴ」（walled/gated enclave：enclaveは「飛び地」という意味、GE）とも呼ばれる。中には、職場や市役所、ショッピングセンター、レストラン、その他の娯楽施設すべてが敷地内に建てられ、住宅所有者協会によって運営されている、一つの町のような大規模なGEもある。

　GCは富の象徴ともみられているが、住人の多くは中上流層であり、超富裕層はコミュニティではなく、自宅をゲーテッドホームにして暮らす。GCは、主に「ライフスタイル型」（リタイア後に入る郊外型共同体）、「威信型」（都市の富裕者向け共同体）、「保安圏型」（住民自ら創設した防犯目的の共同体）の三つに分類できる。ハリウッドの近くのGCは著名人がパパラッチから離れて日常生活を送る目的で設立された。GCの特徴（メリット）として、敷地内パトロールなどを管理・運営する「自治組織」（管理者・自警団など）、24時間監視カメラによる「セキュリティ」（防犯、ごみ収集など）、「施設管理」（道路修繕など）などが挙げられる。居住者の交流を目的とする公園や広場、集会施設、住民のための店舗やレジャー施設（ゴルフ場、プール、テニスコート、庭園など）を備えたコミュニティもある。一方、デメリットとして挙げられるのが、コミュニティが管理する施設の維持管理のためにコストがかかること、さらに、自宅の改築や塗装、増築等、景観に関わる事項はそのコミュニティ（管理者もしくは住民組織）のルールに

図 8.4 ゲーテッドコミュニティの入り口（カナダ・サスカチュワン州）

従わなければならないことなどである（罰則がある場合もある）。また、GCは周囲に排他的・閉鎖的なイメージを与えるなど、地域で孤立する傾向もある。さらに、排除の論理による要塞化やGC内での孤立などの問題も指摘されている。

1990年代にアメリカに登場して以来、GCは各国に建設され、中国、フィリピン、中南米諸国などで広がっている。日本においても、入り口にゲートはないものの、2002年、類似のセキュリティタウン（大阪府のリフレ岬望海坂など）が分譲されて注目を浴びた。

アメリカでは、20世紀末から出現したGCやGEは居住地の分離と分断を生み、人々に不公正や不平等をもたらしているという指摘がある。住宅地不足などが問題となっているアメリカでは「市や町、行政区を、異なる目的（住居やビジネスなど）のために確保された区域に分割する行為またはそのプロセス」（Merriam-Webster）である「ゾーニング」（zoning）の是非が議論されている[18]。巨大プロジェクトとして次々と大都市郊外に建設されるGCやGEは、貧困地域との格差を広げ、場所の階層化を促している。また、アメリカ全土で住宅ローンの不履行による住宅の差し押さえが発生し、そのしわ寄せは都市の住宅政策や都市計画の変更にも及んでいる。しかしながら、政策を立案するためのGC/GE研究は進んでいない。アメ

リカでは、ゾーニングに関する研究は政治学、人類学、社会学、経済学、地理学、法学などにおいて散見されるものの、GCやGEに関する本格的な実地調査や学際的な研究、体系的な理論化は進んでいない[19]。

第 9 章
# 異文化接触（1）
―文化の衝突・融合―

> 文化はその人とともに移動し、ほかの文化と反発・融合しあう。異文化接触は、自分とは全く異なる思考や価値観をもつコミュニティの一員と出会っているという自覚をもつときに起こる。文化の違いは当初は対立を生むが、その人物が同じ場所に留まるとき、互いの文化は共存し、変容することもある。本章では、人が文化の境界を超えたときに経験する自身や周りの変化やそのプロセスを概観する。

## 1. よそ者（ジンメル）

　グローバリゼーションが加速する現代、国境を超える人の移動や移住は増えている。スペインのシンクタンク・エルカノ財団（Elcano Royal Institute）によると、2010年代半ば、グローバル化指標は一時期、停滞していたが、コロナ禍後、再度、ヒト・モノ・カネのグローバル化は急激に進んでいるという[1]。国連の関連機関である国際移住機関（International Organization for Migration: IOM）によると、2020年には世界中で約2億8100万人の国際移民があり、1970年の推定数の3倍以上になった[2]。この数は世界人口の3.6％に相当する[3]。「移民」の定義について国際的なコンセンサスはないが、IOMでは「永住を目的として入国する外国人」と定義している[4]。国境を超える人々の多くは現役世代であり、これらの人々の中には進学や結婚を機にホストコミュニティに留まる者もいる。人口動態が変化するなか、どの国もどの共同体も「よそ者（余所者）」（strangers/newcomers）を受け入れ、彼らとともに暮らす必要性に直面している。彼らは当初、外国人、異邦人としてホストコミュニティに入るが、異

文化交流のプロセスを経てコミュニティに留まるとホストコミュニティの人々との関係は変わっていく。

では、「よそ者」が留まるとき、その人物とホストコミュニティとの関係はどのように変わっていくのか。アメリカに大量の移民が押し寄せた19世紀末から20世紀初頭、ドイツの社会学者ゲオルク・ジンメルは「よそ者」についての社会学的理論を発表した[5]。ジンメルは、よそ者を「今日来て明日去っていく人」(the wanderer who comes today and goes tomorrow) ではなく、「今日来て明日留まる人」(the man who comes today and stays tomorrow)、すなわち「潜在的放浪者」(the potential wanderer) と定義した。さらに、よそ者は集団を構成するメンバーでありながら、集団の外にいることと集団と対峙することの両方を含む存在であると述べた。経済においてよそ者は商人として登場する。自給自足である限り、仲買人は必要ないが、集団の外で生産物を売買するにはメンバーが集団外に出る必要がある。その場合、その人物はその領域の外における「見知らぬ」商人となる。

ホストコミュニティの住民にとって、よそ者は「遠くて近い存在」である。彼らは、その客観性のために、商人のほか、裁判官や牧師などの職種において、ホストコミュニティに貢献してきた。イタリアの都市では裁判官を外部から呼ぶ習慣があった。集団の特異な構成要素や一面的な傾向に左右されないよそ者は、すべての人にとって、客観性を備え、遠さと近さ、無関心と関心の入り混じる存在として映る。身近な人には言えない秘密をよそ者に話す、という心理は、この遠くて近い関係性から来ている。

「よそ者」は常に歓迎されるとは限らない。血縁、地縁によって結び付けられている共同体ではよそ者はその異質性ゆえに「内なる敵」として排除される傾向がある。古来、いかなる反乱においても、被害者は「反乱は外部者によって扇動された」と主張する。よそ者は良くも悪くも「この地で育ったものではない、また育つことのないさまざまな特質」を持ち込むからである。

よそ者はホストコミュニティに客観性と異質性、魅力と影響力を持ち込む存在である。よそ者はより自由な発想をもち、先入観のない目で状況を判断し、一般的、客観的理想に基づいて物事を判断し、慣習や先例に束縛されない強みをもつ。このように、集団の内部にいながら、外部の視点をもつ「よそ者」は

社会変革の原動力となる可能性がある。

　よそ者研究はその後、アメリカで広がった。社会学者のデイル・マックレモア（S. Dale McLemore）によると、ジンメルに始まった「よそ者」の社会学はその後、「新しい社会関係の始まりから新参者の同化、ホスト集団の社会構造や文化に対するよそ者の影響、集団内でのよそ者の役割を特徴づける社会心理学的プロセスまで、幅広い現象を包含する」ようになったという[6]。ジンメルの「よそ者」論文の英訳版は1921年、シカゴ大学のロバート・エズラ・パーク（Robert Ezra Park）とアーネスト・ワトソン・バージェス（Ernest Watson Burgess）による『社会学入門』（The Introduction to the Science of Sociology）に掲載された。その後、パークはジンメルに触発され、「社会的距離」「マージナルマン」（marginal man：境界人・周辺人）の概念を提唱した（次節参照）。マーガレット・メアリ・ウッド（Margaret Mary Wood）は、移民コミュニティ、孤立コミュニティ、地方のコミュニティ、そして都市におけるよそ者の受容に関するエスノグラフィック研究を発表した[7]。1944年にはアルフレッド・シュッツ（Alfred Schuetz）による移民研究『ストレンジャー：社会心理学のエッセイ』（The Stranger: An Essay in Social Psychology）が発表された。シュッツによると、移民は生活者としてホスト社会に永久的に加入する意思をもち、相応の承認を求める人であるとした[8]。1988年、レスリー・ハーマン（Lesley D. Harman）は、よそ者とホスト社会との関係を、空間的・社会的・文化的近接性という三つの位相から成る「近接性」（proximity）と「メンバーシップオリエンテーション」（membership orientation）によって定義した。よそ者とは社会集団への関心をもつ短期的な訪問者、長期滞在者、永住者であり、ホストコミュニティはそのよそ者をメンバーとして受容するか拒絶するかを、近接性とメンバーシップオリエンテーションという二つの観点から決定するという[9]。

## 2. マージナルマンと人種関係サイクル（パーク）

　新しいコミュニティに移り住んだ人々はホストコミュニティの人々とどのような関係性を築くのだろうか。ドイツのジンメルに師事したアメリカ・シカゴ学派の社会学者パークは、1928年、「人と文化の偶発的な衝突、対立、融合」

についての理論を発表した。その中でパークが提唱したのが「マージナルマン」という概念である。マージナルマンとは「しばしば対立する異なる二つの文化に生きることを強いられている」人物であり、マージナルマンの中で文化が出会い、融合すると主張した[10]。20世紀初頭、アフリカ系アメリカ人社会学者 W・E・B・デュボイス（W. E. B. Du Bois）が提唱した「二重意識」（double consciousness）と類似した考え方である。『黒人の魂』（*The Soul of the Black Folk*, 1903）の中でデュボイスは、アフリカ系アメリカ人は、アメリカ人としてのアイデンティティと「黒人」としてのアイデンティティという二つの異なった存在として葛藤しながら生きていると述べ、「二重意識」という概念を提唱した。そのうえで、この二つの意識は気を抜くと、魂を引き裂くほど互いに相克していると明かした[11]。「マージナルマン」もまた二つの相反する文化に魅了され、拒絶されながら葛藤する生を送る人物であり、パークは「同化」（assimilation）への移行段階にあるとされる人々（主に移民）にこの葛藤を見出した。「同化」とは「本来、異なるものが同じになること」、すなわち「（個人がもつ）二つ以上の文化が一つの価値観や慣習、伝統や記憶に統合されること」であり、一般的に新参者である「よそ者」（外国人、移民など）がホストコミュニティの完全なメンバーとなることを指す[12]。

　パークはこれらの移民がどのようにホストコミュニティに「同化」するかというプロセスを理論化した。「人種関係サイクル」（Race Relation Cycle）という理論である。これは人種グループの「同化」へのプロセスを説明した学説で、パークは（移住や征服などによって）グループ同士が最初に「接触」（contact）したとき、「競争」（competition）、「闘争」（conflict）、「応化」（accommodation）を経て、「同化」に至ると主張した。パークによると、「競争」段階では集団的・意識的な関わりが中心で、相手と直接対面することはないが、競争者がお互いにライバルであると認識したとき、それは「闘争」段階に移行するという[13]。「競争」は持続的で非人間的だが、「闘争」は断続的で個人的なものである[14]。グループ同士の「闘争」においては、資源や地位、希少品などをめぐってほかのグループと主導権を争う「我々（we）vs. 彼ら（they）」という構図になる。グループ闘争は破壊的で深刻な状況につながる可能性があるため、その関係はしだいに「応化」、すなわち慣例化された安定的な関係へと向かう傾向がある

とした。「応化」には、例えば、アフリカ系アメリカ人に対する奴隷制やその他の制度的差別など、さまざまな形態が含まれるという。「応化」の段階では、社会関係を形作り、互いに共存できるよう態度や規範を調整する状況にある。「応化」は長く続く場合もあり、破綻すると「闘争」状態となるが、「同化」に向かう場合もある。パークは「応化」とはダーウィンの進化論における「適応」(adaptation) と類似の概念であるとしたうえで、「適応」は「生物学的に伝達される器質的な変化」に適用されるのに対し、「応化」は「社会学的に、つまり社会的伝統という形で伝達される、あるいは伝達される可能性のある習慣の変化」について使われると説明している[15]。「同化」段階では、人や集団がほかの人や集団の記憶、感情、態度を獲得し、その経験や歴史を共有することによって、共通の文化的生活に組み込まれる相互浸透と融合のプロセスが認められる[16]。

　一方、1950年の発表以来、この学説を反証する事例も明らかとなっている。例えば、カリフォルニア州の日系アメリカ人コミュニティでは従来のアメリカ社会の文化、言語、服装、習慣などを取り入れているものの、現地の白人社会と同化しているわけではない事例などが提示された。さらに、コミュニティ固有の問題、エスニックグループの文化的背景、マイノリティグループの規模や構成によっては、同化まで至らないという「例外」的な事例も指摘され、何が「障害」となったのかという考察が行われてきた[17]。このように、パークの人種関係サイクルへの批判はなされてきたものの、同化のプロセスを初めて理論化したという点でパークの功績は無視できない。

## 3. カルチャーショック（オバーグ）

　人々は新しい国に移動したり、新しい文化や環境に接したりしたときに、不確かさや混乱、不安といった感情を経験する。留学生はしばしば滞在先の気候、地元の言語、習慣、食品、価値観などに戸惑いを感じ、その後、新しい環境における文化的適応を経験する。このような異文化との遭遇によって引き起こされる心理的影響を「カルチャーショック」(culture shock) という。「カルチャーショック」という言葉は、フィンランド系カナダ人の人類学者カレルヴォ・

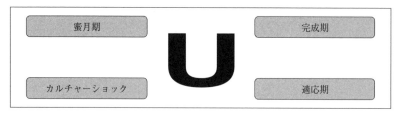

図 9.1　オバーグによるカルチャーショックの変遷（U型）

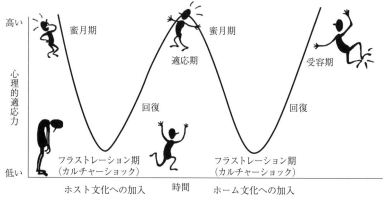

図 9.2　カルチャーショックのステージ（W型）

オバーグ（Kalervo Oberg）が 1954 年に提唱した異文化適応学説に由来する[18]。オバーグは「人は異文化に接したときに不確かさや混乱、不安感を感じるが、その未知の環境において文化的な適応を経験する」と述べたうえで、私たちが馴染みの環境や文化から離れ、新しい環境に移動したり、旅行したりしたときに経験する文化的適応をこの言葉で表した（「異文化適応」ともいう）。

　異文化に接したときに経験する「カルチャーショック」とはどのような感情、反応を指すのか、またそれはどのように克服する（克服できる）のだろうか。オバーグによると、カルチャーショックは、通常、「蜜月期」（Honeymoon）、「フラストレーション期」（Frustration Stage）、「適応期」（Adaptation Stage）、「受容期」（Acceptance Stage）の四つの段階を経て「適応」（Adjustment）に至るという。当初、異文化と遭遇したとき、人は新しい環境に魅了され、冒険的

な気分を味わうが（蜜月期）、この時期は長くは続かない。しばらくして最初の高揚感が過ぎ去ると、人は誤解やトラブルを経験して混乱し、ホストコミュニティに対して敵意を抱くようになり、怒りや不満を抱くようになる（フラストレーション期）。この頃、言語的障害や異なる慣習に疲弊する。この時期、経験するのが苛立ち、焦燥感、ホームシック、憂鬱、疎外感、疲労などで、その主な原因はコミュニケーション不全である。この時期が最も危機的であり、この段階を克服できればホストコミュニティに留まるが、そうでない場合は神経衰弱（nervous breakdown）に至る場合もある。この時期を過ぎると、新しい環境に馴染んで適応し始める（適応期）。まだ文化的な含蓄は理解できないものの、ホストコミュニティの人々の言動への理解は進み、文化的な知識は増えていく。この段階を過ぎると、人は自信を深めて成長を感じるとともに、新しい文化の行動や振る舞いを習得してリラックスし、幸福感を感じるようになる（受容期）。オバーグは当初、カルチャーショックについて U 型の変化を提唱した（1954 年）が、次作で W 型曲線に修正している（1960 年）[19]。この理論は一つの学説にすぎないことに注意したい。すべてのカルチャーショックがこのように進み、解消されるとは限らない。

## 4. 内なる外国人（クリステヴァ）

　私たちの意識において主観と客観の境界は常にはっきりしているとは限らない。例えば、私たちは他者に過剰に自己を投影することもある。そのような時であってもどこか自身を客観的かつ批判的に観察する自分も存在する。また、他人に見せる自分と自身の中の自己が互いに矛盾することもある。さらに、自覚しながらも矛盾した言動をとることもある。このような自己矛盾は日常的に経験しうる現象である。「メビウスの輪」（Möbius strip/band）、「クラインの壺」（Klein Bottle）もまた両義性あるいは自己矛盾の象徴として解釈できる。メビウスの輪はドイツの数学者メビウスが考案した表も裏もない曲面体である。表面をたどっていくと元の場所に戻る（裏面がない）。クラインの壺はメビウスの輪の三次元体である。クラインの壺の内側を辿っていくと同じ面にいきつく（表面・裏面はない）。表裏のないメビウスの輪の構造は、工業製品（プリンター

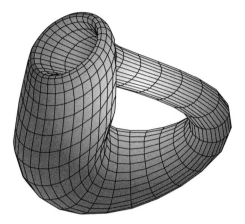

図 9.3　クラインの壺

のインクやベルトコンベヤーなど）や標識、図案などに使用されている。メビウスの輪はリサイクルマークのグリフ（絵文字）にも使用されている。表をたどると裏になり、裏をたどると表になるというこれらの構造は、前提が覆ることを意味し、物事は必ずしも二分割できないことを示唆している。ブルガリア出身のフランスの思想家・文芸評論家・哲学者のジュリア・クリステヴァ（Julia Kristeva）が提唱したのもまさに自己矛盾をはらむような概念、すなわち「内なる外国人」(strangers to ourselves) であった。

「内なる外国人」理論のインスピレーションは、自らパリの異邦人であったクリステヴァの研究遍歴から読み取ることができる。ブルガリア生まれのユダヤ人としてパリに留学したクリステヴァが異国のフランスでその国を代表する知識人となる背景には、異文化の衝突から生まれるダイナミズムを自らの研究の血肉としてきた経緯がある。東欧共産主義国家に生まれたクリステヴァは幸いにも幼少期よりフランス人修道女からフランス語による教育を受ける機会に恵まれた[20]。国費交換留学生としてパリに降り立った彼女はリュシアン・ゴルドマンやロラン・バルト、ジャック・ラカンらメンターの教えを糧にフランスで研究を積み、クロード・レヴィ＝ストロース、ミシェル・フーコー、ルイ・アルチュセールら、名だたる知識人が活躍する 1960 年代のパリ学術界で頭角を現していく。クリステヴァのアカデミックキャリアはパリの社会科学高等研

究実習院(後、高等研究院)の博士論文「詩的言語の革命」(*The Revolution in Poetic Language*, 1966-1967年、1970年に刊行、1984年に英語版発行)を嚆矢とする。本論文においてクリステヴァはミハイル・バフチン(Mikhail Bakhtin)の対話理論を援用して、全く新しいテクスト理論を創造した。彼女は構造主義において静態的で閉鎖的な構造体とされていたテクストを、社会・文化・歴史などと「対話」する動態的でポリフォニックな記号としてとらえ(これを「間テクスト性」という)、言語現象を深層の「ジェノテクスト」、表層の「フェノテクスト」に階層化し、その相互作用でテクストは生まれると提唱した。あらゆるテクストを「ほかのテクストのパッチワーク」とみなし、ジェノテクストとフェノテクストのコミュニケーションによって絶えず変化する表徴体とみる概念は従来の記号論を書き換えた。続く著作においてクリステヴァはジェノテクスト／フェノテクストをそれぞれル・セミオティック(原記号態)／ル・サンボリック(記号象徴態)に敷衍した。前者は「生産を生み出す生産そのもの」、すなわち理性／無意識(肉体)から生成される記号の秩序であり、後者は「生産物の秩序」、すなわち、伝達される人間関係を含蓄する、歴史やイデオロギー、社会と結び付く領野とした。クリステヴァはそのうえで「語る主体」を問い直す。クリステヴァはプラトンの『ティマイオス』(*Timaeus*, 360 BC)に登場する生成に関わる三つの種族、すなわち「生成するもの」「生成するものが、それのなかで生成するところの、当のもの(場／コーラ)」「生成するものが、それに似せられて生じる、そのもとのもの(モデル)」はフロイト／ラカン理論での「子」「母」「父」に相当するとしたうえで、原始母権主義(母子共生の前エディプス期の欲動)をル・セミオティック、西欧父権主義(エディプス期以降の去勢不安と父＝法への帰属)をル・シンボリックとし、語る主体は超自我の形成とともに出現するとした。

さらに『恐怖の権力—〈アブジェクシオン〉試論—』(*Power of Horror: An Essay on Abjection*, 1980)において、クリステヴァは、根源的両価性を意味する概念として、前エディプス期の幼児が母子融合の快楽に魅せられながらも「おぞましいもの」として嫌悪・忌避するが、同時に魅せられる対象(汚物、屑、死体、性など)を「アブジェクシオン」(abjection)と名付けた[21]。

嫌悪するが、同時に惹きつけられるという「アブジェクシオン」同様、クリ

ステヴァが提唱した自己矛盾をはらむ概念の一つが、「内なる外国人」である。「奇妙なことに、外国人は私たちの中に住んでいる。彼は私たちのアイデンティティの隠れた顔、私たちの住まいをばらばらに壊してしまう空間、合意も共感もずたずたにしてしまう時間、それが外国人である」とクリステヴァはいう[22]。外国人とは何者かとクリステヴァは問い、「集団に属さぬ者、『ここの者』ではない人間、他者」と答えたうえで、二つの法的立場がその人物を「外国人」であると認めるという。「生地主義」と「血統主義」である。生地主義とは「同じ土地に生まれたものは同じ集団のメンバーとみなす」という立場である。一方の「血統主義」は「国籍は親から引き継ぐもの」(父方、母方のいずれを取るかは国によって異なる) という立場である。法的な定義を踏まえ、彼女は国民―国家制の成立以降は「国籍の異なる者」が単に外国人になったという。

外国人との戦いは自分の中の無意識の「他者」(the other) との戦いであり、外国人とは自分の矛盾や限界を教えてくれる存在である。『外国人』という著書の中で、クリステヴァは、古代から近代までの外国人に対する迫害を歴史的文書から読み解き、外国人とは自分の無意識の中の他者性ではないか、忌避、嫌悪、憎悪は自らの中の他者性に向けられたものであり、外国人との戦いは自分の中の無意識の外国人との戦いではないか、と読者に問いかける。私たちは「視覚、聴覚、嗅覚」を用いて、他者を感知するが、意識によってこれを裏付けることはなく、「拒否すべき対象であると同時に自分を同化させる対象でもある」外国人を前にしたとき、私たちは「一貫性を欠いた存在」になり、「迷子」になり、「もうろうと」して「霧の中にいる」ような感覚を覚え、自分自身の境界や中身を失ってしまうが、その時に感じる「不気味さ」の一つひとつは「他者に対して何処に身を置けばよいのか迷っている自分自身の姿」であるという。外国人に接したときに私たちが感じる不気味さ、脅威、不安は、自分の中の「やっかいな他者性」がもたらすものであり、自身の中に内在するその異質性ゆえに「私たちは皆外国人である」と結論づける。最後に、彼女は、個人主義が招いた多国籍社会で、共同体の人々を結び付ける絆は自分の中にある「弱さ」ではないかと問い、その弱さこそ、自己の根本をなす「異質性」、そして外国人である自分自身であると結んでいる。「内なる外国人」は自分の中の他者、自己矛盾、自己嫌悪、虚偽、欺瞞を問い直すという自己定義のための概

念といえる。

　異質かつ対立する命題を新たな高次へと統合し、昇華させるその手法は、ヘーゲル弁証法を彷彿させる。そのユニークかつ学際的な視座は異邦のアイデンティティと該博な知識によって裏付けされ、個人と国家（権力）の関係性に新たな見方を提示してくれる。

## 【コラム】文化を超える絆―インターマリッジ―

　文化を超える絆である「インターマリッジ」(intermarriage) は同化の指標であるといわれる。「インターマリッジ」とは「異なるエスニシティ、人種、宗教、社会集団の人々の間の結婚」を指す用語である。特に異なる人種間の結婚は「異人種間結婚」(interracial/mixed marriage)、異なる文化（エスニシティ）をもつ者同士の結婚は「異文化間結婚」(intercultural marriage) と呼ぶが、これらの言葉は厳密な区別なく使われることもある。インターマリッジの研究は20世紀初頭に始まる。当時、大量の移民が到着したアメリカやオーストラリアなどでは婚姻における市民権の有無や出生国に関する社会学的研究が進んだ。20世紀初頭、社会学者ジュリアス・ドラクスラー（Julius Drachsler）は1908年から1912年にかけてのニューヨーク市の婚姻届17万1356件を調査し、移民ではインターマリッジは少ないことを明らかにした[23]。1939年、ジェイムズ・ボサード（James H. S. Bossard）は、インターマリッジは移民の同化の指標となるため、婚姻における国籍・出生地の調査が重要であると論じた[24]。その後も研究は進み、なかにはインターマリッジと同化の関係について疑問を投げかける研究もあるが、インターマリッジが社会的結束を示す重要な指標であることは一致している[25]。

　近年、世界的にインターマリッジは増えている1990～2010年のヨーロッパの結婚動向の調査を行ったジャンパオロ・ランツィエリ（Giampaolo Lanzieri）によると、ヨーロッパでは2006年・2007年とも年間約24～25万組のインターマリッジがあり、各国の総婚姻数に占める割合は15％であったという[26]。人種の多様化が進むオーストラリアでは3組に1組がイ

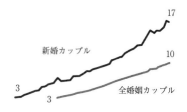

図9.4 アメリカのインターマリッジ（ピューリサーチセンター）

ンターマリッジであり、オーストラリア生まれ同士の結婚は21世紀初頭の約20年間で72.9％（2006年）から54％（2018年）に減少している[27]。アメリカでもインターマリッジは増加している。ピューリサーチセンターによると、異人種間結婚禁止法が撤廃された1967年には新婚夫婦の3％が異なる人種・エスニシティの配偶者と結婚したが、この割合は1980年に7％、2015年には17％にまで上昇したという。2020年には、婚姻関係にある者の10％に当たる1100万人がインターマリッジであった。

一方、日本では、在留外国人は着実に増加しているものの、移民や外国人労働者を制限してきたことから、概してインターマリッジは少ない[28]。日本では国籍の異なる者同士の結婚を「国際結婚」（international marriage）と呼び、厚生労働省がその割合を公表している。厚労省のデータによると、国際結婚の割合は、過去20年間、2000年代初頭の6％をピークに、近年は約3〜4％（約30組に1組の割合）で推移している（国内届出分のみ）[29]。全体の3分の2が「夫・日本人―妻・外国人」の組合せとなっている。「国際結婚」の婚姻カップルの子どもはメディアなどの呼称から、これま

【コラム】文化を超える絆—インターマリッジ—

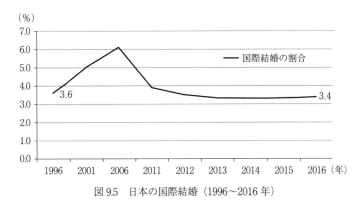

図9.5　日本の国際結婚（1996～2016年）

で「ハーフ（half）」と呼ばれてきたが、近年、この呼称の差別的・否定的な含意が問題となっている。一部の支援団体や社会活動家からより好ましいとされる「ミックス（mix）」「ダブル（double）」「アメラジアン（Amerasian）」「ハパ（Hapa）」などの呼称が提案されてきたが、一般的に広まっているとはいえない。多様性の尊重が叫ばれる現在、異なる国籍やエスニシティをもつ夫妻の子どものみに対する特別な呼称自体の必要性が問われている。

第 10 章
# 異文化接触（2）
―価値観の強化・変遷―

---

文化は多様な背景をもつ人々の価値観の鬩ぎ合いの総体としてとらえることができる。その成員はさまざまなパラメーターで集団化されている。文化を研究するとき、どのグループや集団を対象とするかによって、その研究のテーマや意味は異なってくる。本章では、研究対象としての文化、およびインターネット上の文化的ステートメントによって強化され、変遷する価値観やその意味について学ぶ。

---

## 1. 文化の階層

　文化は常に中立とは限らない。文化は社会的階級と結び付き、不平等を生み、強化することもある。不平等を生む文化の一側面が「嗜好文化」(taste cultures)といわれる概念である。ハーバート・ガンズ（Herbert J. Gans）は嗜好文化を「美学と嗜好の基準を共有する文化圏」と定義した[1]。「ハイカルチャー」(high culture)、「ローカルチャー」(low culture)、「ポピュラーカルチャー」(popular culture：popular は「一般大衆の」という意味)、「マスカルチャー」(mass culture：「大衆文化」ともいう）といった分類である。これらは階級と文化的嗜好を結び付けた概念であり、名称そのものに階級主義的含蓄がある。
　ハイカルチャーとは、文化的側面（物質的および非物質的なもの）が優れていると考えられ、一般的に社会のエリート層、つまり教養のある人や裕福な人に関連付けられ、消費される文化表現の形態をいう。美術館、オペラ、バレエ、クラシック、演劇、高級レストランなどがこれに含まれる。概してこれらの文化的行事は、高額で、形式的であり、排他的であるという特徴がある。一方、

図10.1 オペラ、バレエ公演などが行われるニューヨークのリンカーンセンター（著者撮影）

ローカルチャーとは、社会的に下層とされる人々に関連付けられ、消費される文化表現の形態で、しばしば労働者階級の嗜好文化として認知される。これらの文化的素材や行事は入手しやすく、低価格であるという特徴がある。タブロイド誌、テレビ、大衆音楽、三文小説などがこれに当たる[2]。文化を理解する能力を知的優位性と関連付けて、そうした人は広い額をもつ特殊な頭蓋骨の形状をもつとした「骨相学」という疑似科学理論から、歴史的にハイカルチャーは「ハイブラウ」（highbrow）と呼ばれていた。同様に、ローカルチャーは、知的劣等性と関連付けられた狭い額を意味する「ローブラウ」（lowbrow）と呼ばれた。この頭蓋骨の違いは人種的な違い（例えばヨーロッパ人とアジア人）にも置き換えられるため、西洋中心主義的、人種差別的な概念といえる。

　ポピュラーカルチャーは主流層の興味、考え方、娯楽の形態からなる。ジョン・ストーリー（John Storey）はポピュラーカルチャーについて以下の六つの歴史的定義を挙げている[3]。「ポピュラーカルチャーは多くの人に愛される文化であり、否定的な底意はない」「ポピュラーカルチャーはハイカルチャーに属さないすべてのものを指す。ゆえに劣っている文化である」「ポピュラーカルチャーは大衆に消費されやすい大量生産された製品を指し、この意味で支配

者階級が手にしている道具として機能しているように見える」「ポピュラーカルチャーは人々によって人々のために生み出された民俗文化であり、ユニークで創造的な本物の文化である」「ポピュラーカルチャーはすべての階級の人々に受容された最も重要な文化であり、支配的な社会集団によるものだが、それが存続するか廃れるかは大衆が決定する」「ポピュラーカルチャーは正統性と商業主義の境界があいまいになった多様な文化であり、人々は自らが好むどのような文化も創造・消費する選択権をもつ」という六つの文化的経験や表現形態、態度である。一般的に、パレードやフェスティバル、スポーツの試合、テレビ／ラジオ番組、ポピュラー音楽、大衆小説、漫画・アニメ、コスプレ、広告などがこれに含まれる。これらの文化素材はラジオやテレビ、音楽産業、出版社、企業によるウェブなど、商業的・社会的メディアによって大衆に届けられ、消費される。

　マスカルチャーとは、フランクフルト学派の社会学者でドイツの思想家マックス・ホルクハイマー（Max Horkheimer）とテオドール・アドルノ（Theodor W. Adorno）によって1940年代に提唱された概念で、彼らは、特に工業化が進む時代に発展したアメリカの広範囲のローカルチャーを想定していた[4]。『啓蒙の弁証法』（Dialectic of Enlightenment, 1944）の一つの章「文化産業―大衆欺瞞としての啓蒙」（"The Culture Industry: Enlightenment as Mass Deception"）において、アドルノとホルクハイマーは、産業資本主義において、文化は利益を追求する文化産業によって大量生産される商品となり、単純化・低俗化・画一化して、マスカルチャーとなったと述べた。フランクフルト学派がマスカルチャーの特徴として挙げるのは「資本主義社会の工業化された都市で発展した」「消失していた民俗文化の隙間を埋めるために発展した」「受動的な消費行動を促進した」「大量生産される」「入手しやすく理解しやすい」「人々のために創造されているが、人々によってではなく、プロダクション企業や裕福なビジネスマンによって創造・拡散された」「（マスカルチャーの）目標は利益を最大限にすること」「最低共通事項：安全で予測可能で知的な要求はしない」の八つである[5]。

　このほか、「サブカルチャー」（下位文化）、「カウンターカルチャー」（対抗文化）という概念もある。前者はより大きな文化の中で小集団が好んで消費する

文化表現であり、後者は社会の支配的な文化の規範や価値観に反対する文化表現およびその態度を指す。前者は概して既存文化への挑戦的な態度はないが、後者は敵対的な傾向をもつ。

しかしながら、ハイカルチャー、ローカルチャーの内容や定義については社会学者の間でも議論がある。さらに、近年、インターネットやウェアラブル端末の普及とともに、文化表現形態が安価で瞬時に共有されるようになったこともあり、ハイカルチャーとポピュラー／マスカルチャーの区別は曖昧になりつつある。デジタル社会の中で、階級的な不平等は一部、解消される可能性はあるが、別の不平等が生まれている。それは、テクノロジー志向が低い中高齢者が直面する「情報格差（デジタルディバイド）」(digital divide) である。

## 2. カルチュラルスタディーズ

文化を研究するとき、何を対象とし、何を明らかにするのかという問いは、それが研究対象として「適切か」という問題とともにあらゆる研究者を拘束する。特に「文化」という魑魅魍魎のようで、実体のないテーマに取り組むとき、アカデミアはこう自問するだろう。1970年代以降、知識人の間で広まった研究分野、カルチュラルスタディーズ (cultural studies: CS) の研究者はこの問題に日々直面している。文化研究としてのカルチュラルスタディーズはしばしば大衆文化研究と誤解されるが、そうではない。カルチュラルスタディーズとは、構造化・系統化された文化が時間とともに変化・進展する様子を研究する学問である。「カルチュラルスタディーズとは何か」という問いに対して、ロンドン大学ゴールドスミス校のコミュニケーション学教授のアンジェラ・マクロビー (Angela McRobbie) は、CSは「カノン」(canon：「標準、基準、正典」という意味で、「キャノン」ともいう) への挑戦であったという。「［カルチュラルスタディーズ研究者の］これらの研究に共通しているのはこれまでハイカルチャーではなくローカルチャーに属し、カノンの道徳的な重みを担わないとみなされてきた庶民生活の領域を本格的な学問の世界に持ち込むために費やされた努力である。しかしそれ以上に、そうでなければ周縁化された声や排除された活動を理解するための枠組みを作ること自体が急進的なプロジェクトであった」とマ

## 2. カルチュラルスタディーズ

図 10.2 バーミンガム大学（CCCS が設立された建物）

クロビーは語っている[6]。研究対象が「正典」からの逸脱か否かという問題は現在も続いている、と彼は付け加えた。

　カルチュラルスタディーズの起源は 1950 年代のイギリスにある。当時、共に労働者階級出身のリチャード・ホガート（Richard Hoggart）とレイモンド・ウィリアムズ（Raymond Williams）は、「文化はエリートが生成・継承する」というエリート文化論に異議を唱え、マスカルチャー（サブカルチャー）や大衆消費社会、若者文化などに関する研究を発表した。この初期研究のため、カルチュラルスタディーズはポピュラーカルチャーのみを対象とする研究分野であるという誤解が生じたといわれている。この文化研究は、1964 年にホガートによって設立された、バーミンガム大学現代文化研究センター（Centre for Contemporary Cultural Studies: CCCS）において本格化した。CCCS では戦後イギリス社会の（マス）メディア、若者、サブカルチャーをテーマとして取り上げ、マルクス主義、記号論、フェミニズムなどの視点からの学際的な文化研究が行われた。

　カルチュラルスタディーズは、CCCS 研究員としてセンターの立ち上げに関わり、1970 年代にこのセンターを率いたジャマイカ出身の社会学者スチュアート・ホール（Stuart Hall）によって確立されたといわれる。ジャマイカの中

産階級に生まれたホールは、キングストンのジャマイカ大学に在学中、権威あるローズ奨学金を得て、オックスフォード大学に留学する機会を得た。オックスフォード大学マートンカレッジで学ぶなか、人種差別に遭遇する。1956年、英仏・イスラエルによるエジプト侵攻やソ連によるハンガリー革命の鎮圧によって新左翼が生まれると、彼は政治運動に加わり、マルクス主義を信奉するようになる。政治活動に関わるなか、イギリス人にもジャマイカの労働者階級にも共感できないホールは、オックスフォード大学を離れ、ロンドンのソーホーで大衆文化研究に従事しながら、自らの罪悪感と矛盾を表す言語を探った[7]。彼はイデオロギーや言説によって構造的に規定されつつも、それらと交渉する主体を探り、階級主義や資本主義、コロニアリズムを批判した。

ホールは文化を「生きた経験、解釈された経験、定義された経験」(experience lived, experience interpreted, experience defined) と定義し、文化研究は自分自身と世間との関係性を構築するものだと表現した。1983年にアメリカで行った講演では、私たちはどのように人生に意味を付与するのか、私たちは未知・未開の文化をどのように認識・理解するのかについて語った。このときのスピーチは彼の死後、『カルチュラルスタディーズ1983：理論史』(Cultural Studies 1983: A Theoretical History, 2016) として出版された。

ホールは、常識とは、所与の時代に許容される文化と政治によって決められた概念であり、文化研究とは「知的な追求」でなく、「政治的プロジェクト」であると考え、文化研究と政治的抗議活動との相互関係を強調した[8]。ホールによると、歴史と理論とは連動しているが、完全に同期しているわけではなく、思想は常に特定の歴史的な場所で生まれ、それが思想にある種の影響を与えるとした。さらに、カルチュラルスタディーズは大きな歴史的変化 (a major historical shift) が起こったときに現れたと述べ、その際に古い理論は使えず、代わりに現れた新しい理論こそが重大な政治的局面を読み解くことができると述べた。ロンドン・スクール・オブ・エコノミクス (London School of Economics and Political Science: LSE) のLSEブックレビュー編集者ローズ・デラー (Rose Deller) は、『カルチュラルスタディーズ1983』の書評において、文化研究の基礎を築き、研究を通して政治的発信の重要性を訴え続けたホールの先見性や現代性に触れ、時代を超越した研究書であると述べている[9]。

カルチュラルスタディーズは1990年4月、イリノイ大学での国際会議「カルチュラルスタディーズ―現代と未来―」に参加した約900人の参加者を通して世界に拡散した。以来、単にホールらの理論の導入や移植ではなく、各国で独自のテーマに取り組みながら発展してきた。日本においてもイギリスのカルチュラルスタディーズ理論家による講演会が開催され、アカデミックに広く認知されるようになった。「いつも片足をアカデミーの外側におく」というホールの言葉は、フィールドワークの重要性とともに、社会学だけでなく、すべての学問の知的活力の源泉が社会との接点にあることを教えてくれる。

## 3. ステレオタイプ

　私たちはだれしも完全に偏見（バイアス）から逃れることはできない。生存するために、第一印象や既知の事実や情報、知識、過去の経験などに基づいて人物や状況などを判断することは誤りとはいえない。しかし、自分がもっている偏見を意識することはより良い判断や意思決定につながる。バイアス（bias）は「偏った見方、（心の）傾向、性癖」を意味し、個人やグループに対する肯定的もしくは否定的な感情を抱く心の動きである。これは学習によって獲得され、各人の人種、ジェンダー、社会経済的地位、エスニシティ、学歴などの変数に大きく依存するといわれている。健康だと思うものを食べ続ける、危険だと思う場所に近寄らないなど、ポジティヴで有益なバイアスもあるが、論理的な思考や客観的な根拠に基づかない意思決定は軽率な判断や差別的な言動につながる恐れがある。私たちがバイアスをもつメカニズムの説明の一つが「内集団 vs. 外集団」という概念である。人は幼い頃から知らず知らずのうちに自分と似ている人々を「内集団」、異なる人を「外集団」と判断し、前者に共感と安心感をもつ傾向にある。このことは人間関係を敵（彼ら）と味方（私たち）という二項対立で見る傾向につながる[10]。

　バイアスには意識的なものと無意識的なものがある。意識的なバイアスは概して過激主義的で、身体的・言語的ハラスメントなどの否定的な言動につながる。一方、無害であるように見える無意識的なバイアス（アンコンシャスバイアス）の代表的なものが「ステレオタイプ）」（stereotype）である。アメリカ

心理学会（American Psychological Association: APA）によると、ステレオタイプとは、「ある集団や社会的カテゴリーの構成員の資質や特性に関する認知的一般化（例えば信念や期待など）」（APA）を指す[11]。辞書では、「固定観念、紋切り型態度：一定の社会的対象に関してある集団の中で共通に受け入れられている単純化された固定的概念・イメージ」（新英和中辞典）と定義されている。ステレオタイプは、印刷機の金属版「ステロ版、鉛版」に由来する。この金属の版にインクをつけて紙に印刷する。何枚でも同じものが刷れることから、固定概念や単純化された態度を指すようになった。同様の言葉に「クリシェ」（cliché という言葉は stereotype を意味するフランス語）がある。ありきたりな決まり文句や常套句、月並みな表現を指す。

　ステレオタイプは、人種、エスニシティ、ジェンダー、宗教、性的嗜好、社会経済的背景、教育的背景などに関するものが散見される。ステレオタイプは、一見、ポジティヴにみえても単なる偏見であることに注意したい。文化の違いにかかわらずしばしば見られるステレオタイプの例としては、「女性より男性のほうが強い／賢い」「女子は運動が苦手」「ティーン・エイジャーは反抗的」「アジア人はみな数学が得意」などがある。

　なかでも、最初の二つの例にみられるように、ジェンダーに関しては、私たちの中に根強い偏見があることがわかっている。無意識のジェンダーバイアスを証明した研究が「ハイディ・ハワード実験」（The Heidi/Howard study）である[12]。ハーヴァード大学教授のシェリル・サンドバーグ（Sheryl Sandberg）は、実験参加者であるコロンビア・ビジネススクールのビジネス専攻の学生を二つのグループに分け、一方のグループには、「ハイディ」（Heidi）という名の起業家のケーススタディが配布され、彼女の「外向的な性格」と彼女がもつ強力なネットワークについて詳細な説明を行った。他方のグループにはハイディを「ハワード」（Howard）に変えた同じ資料を配布した。その後、両グループに起業家に対する印象を尋ねたところ、学生はハイディとハワードを同等に尊敬していたが、好感度はハワードの方が高かったという。この違いを生じさせた変数はジェンダーのみであり、学生の反応の違いはビジネスの成功とジェンダー観との間に見えない相関関係があることを示している。すなわち、学生は同じ経歴であってもハイディは利己的で攻撃的に違いないと考え、同僚や上司とし

3. ステレオタイプ 131

図10.3 シリコンバレーの起業家・
投資家ハイディ・ロイゼン

て好ましくないと判断したが、ハワードは有能で魅力的な人物と考え、ともに働きたいと望んだという。ハイディとハワードの研究は、男性は成功すればするほど好感度が高くなるが、女性は成功すればするほど嫌われるという結果を示している。この研究の素材となったのは、実在のキャリア女性のハイディ・ロイゼン（Heidi Roizen）である。ロイゼンはシリコンバレーのベンチャーキャピタリストで企業取締役、ソフトウェア会社の元CEOであり、スタンフォード大学工学部で教鞭をとっている[13]。

　また、エスニシティも主要なステレオタイプの源泉となりうる。インターネットを検索すると、日本人に関するステレオタイプが多くヒットする。例えば「日本人は毎日寿司を食べる」「日本人女性は従順でおとなしい」「日本人は礼儀正しい」「日本人はマンガ、アニメ、コスプレが好き」「日本人は勤勉」「日本人は本音を隠す」といったものである[14]。同様にアメリカ人やドイツ人、アフリカ人など、特定の国や地域の人々に対する誤った先入観もある。

　コミュニケーションは、他者との関係性を構築する重要な行動である。無意識のステレオタイプやバイアスは相手に不快感を与え、人間関係を悪化させてしまう可能性がある。例えば、内在化されたステレオタイプとして、「（〇〇さんは）—なのに……」という表現がある。「外国人なのに日本の大学で勉強しているのですね」「女性なのに社長さんなんですか？」「女の子なのになぜ水色の

ランドセルなのですか？」といった何気ない言葉の中に潜む偏見は自らがもつステレオタイプを明らかにし、知らず知らずのうちに相手を傷つけている可能性がある。

　自覚したうえでなされる他人の意識的なバイアスから身を守ることは困難だが、自らの無意識的なバイアスは気づくことで制御することができる。発話するとき、執筆するとき、自分の表現に思い込みや偏見はないか、意識的に確認することで無くすことが可能となる。その際の判断基準は、発言内容に「偶有性」があるかどうかである。偶有性とは「ある事物を考える場合に、本質的ではなく偶然的な性質」（広辞苑）である。例えば、人間一般を考える場合、その人物やグループの人種やジェンダー、年齢、エスニシティ、社会経済的身分などは「変数」（属性）であり、「付帯性」と言い換えることができる。先述の例でいえば、その学生が外国人であることも、その社長が女性であることも、水色を好きなのが女の子であることも偶然的な事項であり、そうではない（なかった）可能性もある、と考えることでステレオタイプ的な言動を回避することができる。

## 4. 認知バイアス

　ミズーリ州にあるセントルイス・ワシントン大学の教員ローズ・ミヤツ (Rose Miyatsu) によると、心理学・脳科学を教えるクララ・ウィルキンス (Clara Wilkins) は、ABCというキーワードを使って偏見（バイアス）を教えているという。Aとは「感情的要素」(affective component)、Cとは「認知的要素」(cognitive component)、そして中央のBは、実際の行動である「行動的要素」(behavioral component) である。ウィルキンスは、バイアスを構成するこの三つの要素を意識することで有害なバイアスを減らすことができると説明する[15]。

　ステレオタイプが前出のAであるとすると、Cの代表的な偏見が「認知バイアス」(cognitive biases) である（ほかに cognitive distortions を挙げる者もいる）。認知バイアスも無意識のバイアスの一種といえるが、前項のステレオタイプとはその生成過程が異なっている。認知バイアスは、人々が身の回りの情報を解

釈・処理している際に思考において起こる体系的エラーで、各人の判断や意思決定に影響する。人間の脳は強力だが、大量の複雑な情報を処理する際にその限界を超える場合もある。認知バイアスは、あまりにも大量の情報に接したとき、情報処理を単純化しようという脳の働きの結果として生じる。認知バイアスは、「記憶」や「注意力」に関係したものが多く、これまで、100以上の種類が特定され、現在も新たな報告がなされている。

認知バイアス理論を提唱したのはイスラエル出身の心理学者のエイモス・トヴェルスキー（Amos Tversky）とダニエル・カーネマン（Daniel Kahneman）であった。トヴェルスキーとカーネマンは、この研究によって「行動経済学」という分野を創造し、「人間は不合理で衝動的な行動をとる」ことを前提とした経済学の必要性を訴えた。2002年、カーネマンはノーベル経済学賞を受賞した。

1960年代後半、トヴェルスキーとカーネマンは、心理学研究所において人は経験をどのように記憶するのかという実験を重ねた。結腸内視鏡検査のあいだ、痛みを経験した患者に対して、痛みとその記憶（精神的ショック）の関係を調べたところ、両者に比例関係はなかった。一方、検査の最後に痛みが増したとき、特に精神的ショック（痛みの記憶）が大きいことがわかった。さらに、コンサートの最後に不快な金属音を聞いたとき、観客のコンサートの記憶そのものが不快なものとなったという結果を得た。このように、人間の脳（認知：cognition）では、感情や動機、情報処理能力、社会的圧力などによって「不合理な判断」がなされ、ある経験の記憶は実際の経験とは異なったものとなると主張し、このような思考のショートカットを「認知バイアス」と呼んだ（脳が部分的につなぎ合わせて物語を作り上げる認知プロセスともいえる）。

認知バイアスは、論理的誤謬（logical fallacy）とは異なる。後者は論理的思考における誤謬が原因だが、前者は思考プロセスでのエラーであり、記憶力や注意力、帰属（帰因）、その他の知的エラーによって生じる。主な例として、「自分の意見を裏付けるニュースのみに注意を払う（すべて真実だと考える）」「自分の思い通りにいかないとき、外的要因のせいにする」「他人の成功は運だと考えるが、自分の功績は自分自身の手柄だと思い込む」「他人も自分の考えや信念を共有していると考える」「ある話題について多少調べた後、それにつ

いてすべてを知っていると考える」などが挙げられる。上記に加え、判断の際、自分は客観的かつ論理的で、すべての情報を入手・評価する能力があると考えるのも認知バイアスであり、このようなバイアスはしばしば好ましくない意思決定や判断を招く。以下に、代表的な認知バイアスを挙げる。

「主体・観察者バイアス」(Actor-Observer Bias) とは自分の行動を外的要因、他人の行動を内的要因に帰するバイアスで、例えば高いコレステロール値について、自分の場合は遺伝だが、他人は乱れた食生活が原因である、といった思考がこれに当たる。「投錨（アンカー）バイアス」(Anchoring Bias:「アンカリング」ともいう) とは最初にインプットされた情報で判断することで、「ある車種の平均価格を知ると、それ以下は安いと考えること」「値札が高い品は高級品だと考えること（シーバスリーガル効果）」がこれに当たる。「非注意性盲目」(Inattentional blindness) とは、一部のみに注意を払い、その他を無視するバイアスで、ハーヴァード大学の「見えないゴリラの実験」(Invisible Gorilla Experiment, 1999) が有名である[16]。「利用可能性ヒューリスティック」(Availability Heuristic) とは自分がよく見てきたもの、印象に残っているもの、アクセスしやすい情報を基準にして意思決定や判断を行うことで、例えば2～3度引き受けただけで雑用はいつも自分に回ってくると感じることなどを指す。この「ヒューリスティック」とは「経験則の、経験知の」「試行錯誤的な」という意味である。「確証バイアス」(Confirmation Bias) とは、自分の信念を裏付ける情報を信じ、そうでない情報を疑うことで、SNSで飛び交う根拠のない情報であっても、一度信じるとそれに合致する情報ばかり調べることなどがこれに当たる。「フォールス・コンセンサス（偽の合意）バイアス」(False Consensus Bias) は他人が自分の意見に賛同していると思い込むことで、スタンドフォード大学心理学教授リー・ロス（Lee Ross）による「サンドウィッチマンの実験」が有名である。サンドウィッチマンの仮装をしてキャンパスを歩き回るように学生に依頼し、「ほかの学生にも依頼したら承知すると思うか」と尋ねたところ、仮装を引き受けた者の6割は「はい」と答え、拒絶した者の7割が「いいえ」と答えたという。すなわち、ともに自分は多数派であると考えていることが明らかとなった[17]。「機能的固着バイアス」(Functional Fixed Bias) とはモノや人物が固定的な役割や能力しかもたないと思いこむことで、部下がリーダ

リンダ問題：以下の文章を読んで問いに答えましょう。

リンダは31歳で独身、率直でとても聡明な女性です。彼女は大学で哲学を専攻しました。学生時代には差別や社会正義といった問題に深い関心をもち、反核デモにも参加しました。
問：どちらがより可能性が高いでしょう。
1. リンダは銀行員です。
2. リンダは銀行員でフェミニスト運動に関わっています。

図10.4　トヴェルスキーとカーネマンによるリンダ問題（一部改変）

ーシップをもつと信じないことなどがその例である。「ハロー効果」(Halo Effect: halo とは「後光」の意)とは、人物の印象（特に外見）によって性格や能力を判断することで、外見的魅力が論文の評価に影響を与える事例の報告もある[18]。「現状維持バイアス」(Status Quo Bias) とは、何かを変化させることで現状がよくなる可能性があっても損失の可能性を考慮して、現状を保持しようとする傾向で、「コインを投げて表が出ると1500円がもらえるが、裏が出ると1000円支払う」という条件において被験者は利潤と損失を比較して後者が重大と感じる、すなわち損失を回避する傾向があるという研究が報告された。この利得より損失を重大視する傾向は「プロスペクト理論」(Prospect Theory) によって証明されている[19]。「合接の誤謬（連言錯誤）」(Conjunction Fallacy) とは、一般的な状況よりも特殊な状況のほうが蓋然性（発生確率）は高いと誤判断することで、このバイアスを証明した「リンダ問題」の実験がよく知られている[20]。リンダ問題はトヴェルスキーとカーネマンが連言錯誤を調べる研究（1983年）で使用した被験者への課題である（図10.4）。この問題の解答はど

ちらだろうか。実はこれは数学の確率問題で、連接の確率であるA&B（「銀行員」かつ「フェミニスト」）はその条件の一つであるAの確率（「銀行員」であること）を超えることはできないため、正答は1である。このテストを名門大学の学生に行ったところ、85～90％が間違った選択肢の2を選んだ。考察において、トヴェルスキーとカーネマンは不確実性のもとでの判断はしばしば直感的なヒューリスティックによって媒介されるため、このような合接の誤謬が起きると分析した。同様の錯誤は単語頻度の推定や性格判断、予後、リスク下の判断、犯罪行為の疑い、政治予測など、さまざまな文脈で観察される。「生存者バイアス」（Survivorship Bias）とは、失敗した事例でなく、成功した事例のみに注目し、それを基準として判断することで、起業して成功した元会社員の事例や、満足度90％の会員サービス（不満をもつ脱会者のデータは含まないため、満足度は必然的に高くなる）の事例などが挙げられる。最後に、「ダニング＝クルーガー効果」（Dunning-Kruger Effect）とは知識のない人ほど自分には能力があると過大評価してしまうことで、このような事例は枚挙に暇がない[21]。

　ヒューリスティックが認知バイアスの主な原因という研究者もいる。認知バイアスの原因として挙げられるのが「二重過程理論」（Dual Process Theory）である。20世紀半ば、カール・ホヴランド（Carl I. Hovland）らの説得に関する研究をきっかけに、説得や意思決定の思考プロセスに関する多くの研究が発表された[22]。最も有力なものがシェリー・チェイキン（Shelly Chaiken）らが提唱した二重過程モデル（Heuristic Systematic Model: HSM）である。HSMでは受け手がメッセージ内容に対する詳細な情報処理をせず、経験や観察によって判断する「ヒューリスティック」（直観的な思考）とメッセージ内の情報を吟味したうえで判断を下す「システマティック」（思慮的な思考）の二つの心的プロセスがあり、認知的努力を最小限にしようとする脳の生来の機能から日常生活では前者が優勢となると述べた[23]。

　認知バイアスを防ぐ方法としては、「自分のバイアスを知ること」「自分の決定に影響している要因について考えること」「自分自身のバイアスに挑戦すること」「直観的でなく思慮的な思考で判断すること」などが推奨される。

## 【コラム】権力との対話としての世論

　世論（public opinion）とは、共同体の大部分によって表現される、特定の話題についての個人の意見、態度、信念の総体である。世論調査は政治だけでなく、文化、ファッション、アート、消費行動、マーケティングや広報など、さまざまな分野で利用されている。1922年、ウォルター・リップマン（Walter Lippmann）は、その著書『世論』（*Public Opinion*）の中で「疑似環境」という考え方を提示した。人々は直接的な経験や問題に対する理解より、メディアによって構築された人工的な現実の表象「疑似環境」に基づいて意見を述べ、それが「世論」を形成し、結果として民主主義に影響を与えると述べ、世論に対するメディアの役割を分析した[24]。

　世論はさまざまな影響を受ける。リップマンが指摘したように、まず世論に大きな影響を及ぼすのが、新聞、ニュース、ラジオ・テレビなどのメディアである。現代であればこれにウェブやSNSが加わるだろう。これらのメディアは自ら論点（agenda）を作り出し、人々の意見の形成を促す役割を果たす。ほかに、大きな要因として挙げられるのは、その個人を取り巻く環境である。個人の意見は、家族や友人、近隣、職場、宗教的共同体、学校など、環境に負うところが大きい。リベラルな意見をもっていたとしても保守的な家族や友人に囲まれていると保守的な考えになる、伝統的な価値観をもった人物が転校先の学校でその校風に合う先進的な意見をもつ生徒になる、といった事例がある。

　さらに、世論は利益団体、オピニオンリーダーなどによる発信の影響を受けることがある。利益団体が自らの主張を裏付けるようなデータを収集・公表したとしても、それらが信頼できる方法で得られたデータかどうか、大衆には判断できない。政治家や活動家などのオピニオンリーダーがシンボルを創造したり、スローガンを作ったりして世論を誘導することもある。20世紀初頭のアメリカでは、「すべての戦争を終わらせるための戦争」「民主主義を守るための戦い」という大統領の言葉に説得されたため、世論は反戦から参戦へと動いた。「冷戦」（Cold War）という言葉は、トルーマン大統領の相談役でありサウスカロライナ州下院議員であったバーナ

図10.5 アル・ゴア元米副大統領によるドキュメンタリー映画『不都合な真実』のポスター

ード・バルーク（Bernard Baruch）の1947年のスピーチに起源をもつ。この言葉は米ソの激しいイデオロギー戦争を表す言葉として、人心を摑み、歴史用語となった[25]。

　世論はニュース、自然災害、事故、その他の要因で形成されることもある。例えば、近年、関心の高い環境問題についてはレイチェル・カーソン『沈黙の春』（1962年）、チェルノブイリ原発事故（1986年）、元米国副大統領アル・ゴアが作成した映画『不都合な真実』のアカデミー賞受賞（2006年）、京都議定書（気候変動に関する国際連合枠組条約、1997年）制定などの影響によって環境問題への世論が高まった結果とみることができる。

　世論の重要な役割としてしばしば挙げられるのは権力の監視である。マスメディアで報道される世論は権力へのチェック機能を果たす。特に、政権支持率は時の政府の政策に対する市民の裁定を示し、政権を退陣に追い込むこともある。政治家は世論の結果を政策に反映させることもあるが、政治家の中には大衆に「おもねる」べきではないと考える者も少なくない。19世紀のアメリカを視察したフランスのアレクシ・ド・トクヴィル（Alexis de Tocqueville）は「多数派の専制」（tyranny of the majority）について警告を発した[26]。政治家は、世論（調査）で人々の現在の関心を知るとともに、自身の政策を裏付けるためにもこれらのデータを用いる。地方行政レベルでは、制度的な障壁や官僚の反対などが存在しないため、世論（住民投票）で示された結果が政策に反映されることが多い。

　世論調査の起源は 20 世紀初頭の市場調査（Nielsen）であった。1930 年代には雑誌購買層、ラジオ番組リスナー層を調査し、これらの意見や数値がマーケティングに用いられるようになった。アメリカの統計学者のジョージ・ギャラップ（George Gallup）は 1935 年、政治・社会データの収集・分析を行うアメリカ世論研究所（American Institute of Public Opinion）を設立した。以来、ギャラップ社（Gallup, Inc.）はアメリカで世論調査の機能を担っている。権力と対話することで、世論は権力を監視している。

# 第11章
# アイデンティティの変容と他者化
―イントラパーソナルコミュニケーション―

> イントラパーソナルコミュニケーションとは自分自身とのコミュニケーション、すなわち内的対話である。自分の考え、感情、行動を理解するため、人が一生を通じて行う継続的なプロセスである。意識的・潜在意識的な思考の両方が関与し、人格形成に重要な役割を果たすといわれる[1]。本章では、アイデンティティを生み出す要素を概観し、アイデンティティを変容させるような極限の状況に置かれた人々の事例から内的対話の意味と意義を探る。

## 1. アイデンティティの根源

　自己との内的対話において、「自分は何者なのか」という問いは避けては通れない。だが、その答えは一つではない。この問いの答えは「アイデンティティ」(identity) と呼ばれる概念である。アイデンティティとは、「自己が他と区別されて、ほかならぬ自分であると感じられるときの、その感覚や意識をいう語」(広辞苑) であり、「自己同一性」ともいう。スタンフォード大学政治学教授のジェイムズ・フィアロン (James D. Fearon) は、アイデンティティを「社会的カテゴリー」(social categories)、あるいは「個人の自尊心、自己尊厳の根源」(an individual's self-respect or dignity) と定義する[2]。アメリカ心理学会 (APA) は、アイデンティティを、「身体的、心理的、対人特徴が統合されたもので、どの他人とも共有されないもの」および「さまざまな所属 (エスニシティなど) および社会的役割によって定義される個人の自己意識」と定義し、自分の身体感覚、自分の身体イメージ、および自分の記憶、目標、価値観、期

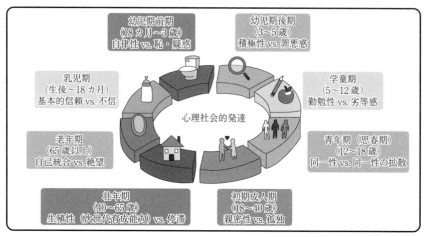

図 11.1　エリクソンの心理社会的発達理論

待、および信念が自己に属するという、連続性の感覚を含むものと説明している[3]。

　ドイツ出身の精神分析家で「アイデンティティ」の概念を提唱したエリク・エリクソン（Eric Erikson）は、人は生涯を通じて八つの段階を経て発展するとした「心理社会的発達理論」（Erikson's Stages of Psychosocial Development）を発表した。エリクソンによると、自我の第5段階である、およそ12歳から18歳までの青年期（思春期）（Adolescence）において人は「アイデンティティと役割の混乱」（Identity vs. Role Confusion）を経験するという[4]。自立を模索し、自己意識を発達させるこの時期は「自分が誰なのか」を問い、自身の目標、価値観、信念についてより深く考察することを特徴とする。

　アメリカの歴史家サミュエル・ハンティントン（Samuel P. Huntington）は無限にあるアイデンティティの源泉を以下の六つに分類する。第一に、年齢、祖先、ジェンダー、親族（血縁関係）、エスニシティ（拡大親族）、人種といった「属性」（ascriptive）、第二に一族、部族、エスニシティ（生活様式）、言語、国籍、宗教、文明などの「文化」（cultural）、第三に、近隣、村、町、市、地方、州、地域、国、地理学上の地域、大陸、半球といった「領土（地理）」（territorial）、第四に、党派、派閥、指導者、利益団体、運動、政党、イデオロギー、国家と

## 1. アイデンティティの根源

いった「政治」(political)、第五に、仕事、職業、知的専門職、作業グループ、雇用者、産業、経済部門、労働組合、階級などの「経済」(economic)、そして、第六に、友人、クラブ、チーム、同僚、レジャーグループ、身分などの「社会」(social) である[5]。ナショナルアイデンティティとは、領土的な要素のほか、一つないし複数の属性（人種やエスニシティ）、文化（宗教や言語）、政治（国家やイデオロギー）、経済（産業）、社会（ネットワーク）を含む。各人は複数のアイデンティティをもち、それぞれの強度は範囲と反比例する。例えば、私たちは国家より地方、地方より近隣への帰属意識が強い傾向がある。近年、ジェンダーアイデンティティも多様化している。「現在のジェンダーアイデンティティが生まれた時に割り当てられた性と一致する人」を「シスジェンダー」(cisgender)、「一致しない人」を「トランスジェンダー」(transgender) と呼ぶ（CDCによる定義）。しかしながらこれらの語は性的指向を含むものではない。

ハンティントンはアメリカという国家の特異性を市民宗教に見出し、この市民宗教をアメリカ人のアイデンティティの中に位置づけた。アメリカ人は政治と宗教を和解させ、市民宗教が国家への忠誠心やナショナリズムの根源となっているという。ハンティントンは、アメリカの市民宗教の要素として次の四つを挙げた[6]。まず、アメリカの制度は宗教的基盤のうえに成り立っているという点である。独立宣言の起草者は、共和国政治の基盤を、信仰と倫理観とした。アイゼンハワー大統領も、神の存在を認めることがアメリカニズムの「最も基本的な意思の表明」であると述べている。第二に、アメリカ人は神に選ばれた人民であるという選民思想である。建国者が選んだ三つのラテン語の語句のうち二つがこの使命感を表している。それは「神は我々の取り組みを支持している」(*Annuit Cœptis*)、「時代の新しい秩序」(*Novus ordo seclorum*) である（三つめは米国硬貨に彫られている「多から一」[*E pluribus unum*]）。第三に、アメリカの演説や式典に見られる宗教的要素である。アメリカ大統領の就任式は聖書に手を当てて就任を宣言することはその一例である。第四にアメリカでは国家的な儀式と活動そのものが宗教的である点である。「無宗教」として知られる私たち日本人がアメリカ人と対峙するとき、相手の宗教的背景にかかわらず、そのアイデンティティに対する市民宗教の影響を意識する必要がある[7]。

## 2. アイデンティティの危機(『夜と霧』)

イントラパーソナルコミュニケーションは時に生命を救う。その事例として参照できるのはアイデンティティの危機に直面したオーストリアの精神科医ヴィクトール・フランクル(Viktor Frankl)の体験である。その内省は書籍『夜と霧』に綴られている(初版はドイツ語、1946年発行)。『夜と霧』はオーストリアで精神科医として活躍していたフランクルが第二次世界大戦中、ユダヤ人強制収容所に収容され、生死と向きあった3年間の記録である。この記録には、非人道的な状況下で人々は生きるためにどのような戦いをしたのかが描かれている。ユダヤ人強制収容は公権力による無実の罪での収容であり、そこでは収容者(ナチス親衛隊員:SS)と被収容者との間のコミュニケーションは成立しなかった。被収容者は処刑される日を恐れながら自己と対話する以外に方法はなかった。精神科医であるフランクルは極限状態での生を専門的に観察・解明している。書籍は1946年、ドイツ語で『強制収容所を体験した心理学者』という題名で発行された。1959年、『死の収容所から実存主義へ』(*From Death-Camp to Existentialism*)と改題され、アメリカで出版されたが、売れ行きは芳しくなかった(Existentialismとは各個人が主体的存在者として自由な選択と責務を担う実存であるとする考え方)。その後、再び『人間の意味の探求』(*Man's Search for Meaning*)に改題されると、アメリカをはじめ全世界でベストセラーとなった。日本では『夜と霧』というタイトルで翻訳されている。「夜と霧」(ドイツ語では*Nacht und Nebel*、英語では*Night and Fog*)は、闇夜に紛れて抵抗者や反逆者を誘拐・抹殺したナチスの法律(1941年)に由来する。この法による逮捕者は裁判を経ずに処刑されたり、強制収容所に送られたりした。収容所ではNNというマークをつけられた。NNをつけられた被収容者は拷問や過酷な強制労働を強いられ、その処刑率は特に高かった。フランス、ベルギー、オランダ、ノルウェー出身のユダヤ人が多かったという[8]。

フランクルは1905年、ウィーンのユダヤ人の中流家庭に生まれた[9]。ウィーン大学で医学を学び、1931年、精神科医としてキャリアを歩みだした。その後、女性のための自殺防止施設の医師となり、毎年約3000人の希死(自殺)

## 2. アイデンティティの危機（『夜と霧』）

図 11.2　ヴィクトール・フランクル（1965 年）

念慮をもった女性を治療した。1938 年にはナチスにより「アーリア人」（非ユダヤ）患者の診療を禁止された。1944 年、妻とともに、アウシュビッツ強制収容所に送られた後、ほかのいくつかの収容所に移送された。1945 年、テュルクハイム（Türkheim）の収容所にいるとき、第二次世界大戦に参戦したアメリカの兵士によって解放された。翌年、ドイツ語で回想録を出版するとともに、1948 年には哲学で博士号を取得した。その後、アメリカの複数の大学で教鞭をとり、1997 年に死去している。

　ナチスによるユダヤ人大虐殺（ホロコースト）の記録である本書において、精神科医は自らが体験した生と死の境界線を描き出す[10]。書籍によると、収容された者はアイデンティティを剥奪され、番号で管理されていた（フランクルは 119104）。本書において、フランクルは「状況を変えることができないのなら自分自身を変えることに挑戦しなければならない」と述べる。フランクルは以下のような段階で人は死に向かうと述べている。最初に、被収容者が経験するのは「恩赦妄想」である。これは死刑宣告者が処刑前の土壇場で恩赦されると空想することを指す。収容者（ナチス）も同じ人間であり、そこまで残酷なことはしないだろうという当初の楽観は次第に裏切られる。次に経験するのは「現実逃避」である。被収容者は過酷な現実に絶望し、「逃避」によって自己防

衛しようとする。アウシュビッツでは、闇で取引されていたブランデーに高値がついたという。泥酔による現実逃避を意図したものである。さらに、被収容者は「感情の麻痺（アパシー）」(apathy) を経験する。次第に仲間の死に動じなくなり、死者の物品を奪うことも可能となる。過酷な現実は心を麻痺させ、人を「悪人」にするという。最後に、被収容者が経験するのは「精神の死」である。残虐性から人間不信（自らをも信じられなくなる）になり、未来への意思や生きる意欲を失った者は、身体的な抵抗力も低下し、死へと至るという。実際、精神の死を経験した者の多くが亡くなってしまったと語る。

　絶望的な状況にあったフランクルを救ったのは内省（イントラパーソナルコミュニケーション）であった。精神科医として、彼は自らを生に執着させたいくつかの過去の「記憶」を挙げる。過去は生に導く不可侵の記憶であり、その記憶は日常では意識しないが、非日常では存在感を放つという。生への執着を呼び起こす過去の記憶として彼は「経験」「所有物」「故郷」「家族」を挙げる。まず、彼を救ったのが「経験」、医師としての過去の経験である。精神科医としての経験は、専門的助言を与えたカポー（監視役の被収容者）からの援助・優遇につながった。次に、「所有物」である。所有物は過去を具現化した象徴であり、生への衝動を呼び起こすという。収容時、彼は、結婚指輪や写真・お守り・形見など、すべての持ち物を没収されたが、没収後も愛着をもったモノの記憶は消えなかった。彼の場合、奪われた原稿の記憶が彼を支えたという。その原稿の完成を目標に生きる意欲を新たにした。さらに、「故郷」の記憶も生へと誘ったという。故郷への思いは消えず、移送中に故郷を通りすぎたが、見えなかったことで、望郷の念は一層強くなった。最後に「家族」の記憶が彼を支えたという。被収容者の精神を救ったのは「内面的な深まり」であり、家族への思いであったという。被収容者は家族に思いを馳せて正気を保った。フランクルは空を仰ぎ、（心の中で）恋い慕う妻と会話したと綴っている。

　どのような状況に置かれても人間は選択によって状況を変える力をもつとフランクルは言う。一つの選択が生きようという感情を支え、精神の死を防ぐ。例えば収容所で人々の命を救ったのは煙草やパンだった。労働報酬として支給される煙草は食糧に交換することもできた。ある者は食糧に変えたが、煙草で人生最後の日々を楽しもうとする者もいた。一日一回支給されるパンには食べ

る方法が二つあった。すぐに食べる方法と後で食べる方法である。フランクルは後者を選び、最も絶望する時間である朝に食べた。煙草やパンで運命は変わったという。また、病人に見える被収容者はガス室送りになったことから彼と仲間は髭をそり、姿勢よく歩くことを心掛け、ガス室送りを逃れた。日常の小さな「選択」は未来に大きく影響を与えたという。

　日々、生と死に向き合う極限の状況下で生きるために必要なのは「目的」だったと彼はいう。フランクルの目的とは、この収容所で経験して学んだ精神医学の知見について講演することだった。その様子を心に描いたとき、心には光が差した。未来図を描いたことで過酷な現在に対して一定の距離を置くことができた。彼にとって、現在はその目的を実現するための時間・材料にすぎず、興味の対象となった。目的を見出せた者は生きる意欲が湧いた。未来に目的をもつことは現実を生きる対処行動となり、生き延びる意志になった。必要なのは目的であって「希望」ではないという点に注意したい。目的は自ら望んだ未来に対してそれを成功させるために自発的に行動を起こし、実際に実現するよう促すものである。目的は強い意志に支えられているが、希望を支えるのは運である。ゆえに希望は絶望と紙一重であると、フランクルはいう。

　フランクルの書は絶望的な状況の中で人はいかに生きるべきかという普遍的な問いに対する一つの答えを提供している。自己対話によって彼は自分を変え、生きる意味を探し、人生の目的をもつことに挑戦し、絶望に打ち勝った。彼の教えは1960年代のアメリカ人だけでなく、混迷する現代を生きるすべての人々に重要な示唆を与えてくれる。

## 3. アイデンティティの崩壊（スタンフォード監獄実験）

　人はどこまで残酷になれるのか。生か死かの究極の選択を迫られる戦争では自らの生命を守るという自己防衛本能が機能する可能性があるが、それがないとすれば、人はどの程度、他人に対して残虐行為を行うことができるのか、それは自らの倫理観との対話となる。イエール大学心理学者スタンリー・ミルグラム（Stanley Milgram）は、軍事裁判でナチスの残党であったアドルフ・アイヒマン（Adolf Eichmann）が、ヒトラーに命じられたために虐殺を行ったと証

言したことに疑問を抱き、人は命じられただけで良心の呵責もなく、虐殺者になりうるのかを確かめようと考えた。その実験が、1961年に行われた「ミルグラム服従実験」(Milgram obedience study) である[11]。ミルグラム実験(「アイヒマン実験」ともいう) は、権力者が命じただけで人は他者を傷つけるのかという、人間の受動的な残虐性に光を当てた研究である。ミルグラムは広告で実験への協力者を募集した。実験参加者は20代～50代の40人の男性で、職人から専門職までさまざまな職業をもつ人々であった。参加者には1日につき4.5ドルが支払われた。実験では参加者は教師と生徒に分けられ、生徒が間違えると教師が電流を流すというものであった (実際には生徒役はミルグラムの部下)。15～450ボルトの30段階のスイッチがあり、教師役が罰を与えることをためらっても、実験者は続けるように命じた。その結果、生徒役の激痛の声や叫び声を聞いても (生徒役は演技していた)、教師役の全員が300ボルトまでの電流を与え、教師役の65%が最高レベルの450ボルトの電流の罰を生徒役に与えた。ミルグラムはこの結果を踏まえ、道徳と権力が対峙したとき、後者が勝つことが多いと述べ、人は「正当な」権威をもつと考える権力者の命令に従い、その権力者がその責任を取ると仮定して行動する、と結論付けた。権力の抑圧は人に内省なき従属を強制し、善悪の判断を麻痺させ、罪悪感をも喪失 (減少) させる過程が示された。この研究は人の権力への「服従」の心理に関する新しい知見を提示したものの、実験における欺瞞 (虚偽説明) や参加者への過度のストレス付与など、研究倫理に関する広範な議論を引き起こした[12]。実際、参加者の中にはストレスに苦悩する人やひきつけを起こす人がいた (後に実験の詳細や意図を説明して、フォローアップを行うなど倫理的な配慮がなされた)。

　ミルグラム実験から10年後、もう一つの禁断の心理実験「スタンフォード監獄実験」(The Stanford Prison Experiment, 1971) が行われた。この実験においても実験参加者は倫理的葛藤を強いられた。この実験は、スタンフォード大学心理学教授フィリップ・ジンバルドー (Philip G. Zimbardo) を主任研究者とする研究チームによるもので、社会的状況や地位はどの程度、私たちの言動や人間性、人間関係、コミュニケーションに影響を与えるのかを調べたシミュレーション実験であった。1971年8月、ジンバルドーは、夏季休業中の大学校舎を利用して、学生を対象とする大掛かりな心理学実験を実施することを決め、

## 3. アイデンティティの崩壊（スタンフォード監獄実験）

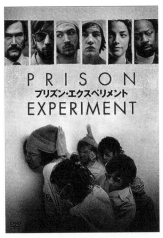

図 11.3　禁断の心理学実験を描いた映画『プリズン・エクスペリメント』(The Stanford Prison Experiment, 2015)

大学から研究への承認を得た。実験は、大学生を看守役と囚人役に分けて言動や人間関係がどのように変わるかを調査するものであった[13]。最初に、日給15ドルの報酬で集めた学生75人に健康調査や心理テストを行い、精神的・身体的に健康な24人の男子学生を選抜した。その後、学生をランダムに看守役と囚人役に分け、2人をリザーブ要員とした。1人が脱落した後、看守11名、囚人10人で実験を開始した。実験では、囚人は服を脱がされ、下着をつけずに「ドレス」と呼ばれる囚人服を着せられた。看守はさらに囚人の足に鎖をつけ、囚人番号の入った帽子をかぶせた（看守は囚人を番号で呼んだ）。看守は制服を身に着け、サングラスと警棒を与えられた。これらの実験はすべて映像で記録された。ジンバルドーは、両者に特に指示やルールを与えることはなかったという。

　実験が始まると、権力を与えられた看守は当初、どの程度のことが許されるかを試すために、囚人にさまざまな嫌がらせをした。研究者からのフィードバックや指示がなかったため、一部の看守は暴力や虐待を始めた。ほかの看守は仲間が暴走するのを見守り、囚人は団結し、抵抗した。実験は次第に混沌を極

め、囚人には錯乱したり苦悩を訴えたりする者が現れ、実験から離脱したいと申し出る者が相次いだ。ジンバルドーを告訴すると脅す者が現れるに至り、実験は中止された。2週間の予定だった実験はわずか6日後に終わった。この実験は物議を醸し、心理実験に対する倫理性が問われるなど、アメリカ社会を巻き込んでこの実験の是非が論じられた。この実験は映画化されている。

　実験は、与えられた環境によって人間のアイデンティティは崩壊しうる、ということを示唆している。実験参加者全員がこれは心理実験であり、自分たちは与えられた役を演じているにすぎないと知っていたが、次第に囚人役の学生は、自らを収監されている囚人であると考えるようになり、看守役の学生は、自分たちは監獄を運営・管理する看守であると信じるようになった。後に、ジンバルドーは環境に影響されて、一般人や善人が悪事を行ったり、悪人になったりすることを「ルシファー効果」(lucifer effect) と名付けた[14]。

　この実験は、人間はいかに環境に弱い生き物であるかを示唆している。シミュレーション化された状況の中で、内省の機会が奪われ、大学生という自らのアイデンティティは消失した。

## 4. アイデンティティの変容（ストックホルム症候群）

　誘拐や虐待といった、身体的・精神的に過酷な状況はどのように人々のアイデンティティを変容させるのか。また、これらの人々はどのようにして変容したアイデンティティと向き合い、そのトラウマを克服しようとするのか。これらの経験を経た人々が見せる心理的対処法の一つが「ストックホルム症候群」(Stockholm syndrome) といわれるものである。ストックホルム症候群とは、被害者が加害者に肯定的な感情を抱くことであり、1973年のスウェーデン・ストックホルムでの銀行強盗事件に由来する。強盗が人質とともに立て籠ったこの事件において、犯人に共感した人質が警察に立ち向かった。その後、人質の一人の女性が強盗の一人に感情移入するあまり、別の男性との婚約を破棄したと伝えられている[15]。専門家によると、ストックホルム症候群とは、通常、誘拐、家庭内虐待、人身売買などの極度のトラウマの際に一部の人が経験する心理的防御または対処メカニズムという。加害者への過度の共感以外の症状と

しては、心的外傷後ストレス障害（PTSD）と同様に、フラッシュバックや不信感、不安感、焦燥感、集中力の低下などがみられる。

ストックホルム症候群として最も有名な事件は、ストックホルム銀行強盗事件の翌年に起きた、アメリカのパトリシア・ハースト事件（Patricia Hearst Case）である。この事件では、新聞社社長の娘である19歳のパトリシアがテロ組織によって誘拐された翌年「テロリスト」になって逮捕されるという衝撃的な結果となった。この事件の詳細が報道されると、「洗脳」や「マインドコントロール」という概念が広まった[16]。21世紀初頭、再びストックホルム症候群への注目を集めたのが、オーストリアの少女誘拐・長期監禁事件である、ナターシャ・カンプッシュ事件（Natascha Kampusch Case）である。この事件における、10歳の少女の約8年間の自我を守る戦いから、ストックホルム症候群の原因や経過について考察する。

カンプッシュは10歳で誘拐され、約8年半、監禁された後、脱出に成功した[17]。女優を夢見ていた少女の幸せな日常生活が奪われたのは1998年のある日の登校途中だった。2006年に救出後、カンプッシュは2010年に手記（*3096 Days*：ドイツ語版は*3096 Tage*）を発行した。手記によると、誘拐犯のウォルフガング・プリクロピル（Wolfgang Přiklopil）は幼い少女を自分の思い通りに育てて妻にしようという野望を抱く夢想家であった。誘拐は計画的なものだった。彼は自宅のガレージに地下室を作り、少女をそこに閉じ込めた。彼女の初潮を機に彼はカンプッシュへの性的支配を始め、少女を性的にも自分好みに育てようとした。

監禁中、カンプッシュは犯人を冷静に観察した[18]。犯人はパラノイアで、拒食症で、マザコンで、病的なほどの潔癖症で、女性恐怖症で精神疾患を患っているように見えた。彼は冷徹に彼女の心身を支配しようとした。日常的な罵詈雑言、暴力、飢え、レイプはカンプッシュの自己尊厳を奪った。特に飢えが彼女を苦しめた。「私はあまりの空腹さのために魚一切れのために殺人さえ犯すことができただろう」と綴っている。地下室を出たときは、逃亡を防ぐため、裸で過ごすことを強制された。虐待は心身を蝕み、逃亡する気力を奪った。

カンプッシュはどのように絶望の日々に耐えたのか。自分自身との対話であり、内省であった。彼女は、監禁中の自らの変化―退行、反抗、うつ、諦観、

図 11.4　カンプッシュによる 3,096 日間の監禁生活を綴った手記（3096 Days）

自殺願望―を認識する一方、母親への慕情、自己信頼、別人格の創造によって監禁生活を耐え抜こうとした。特に困難な状況に陥ったときは、カンプッシュは自分の心身（inner self, outer self）を切り離し、無感情に自分を客観的に眺めようとした。12 歳のとき、体力的に抵抗することができる 18 歳になったら必ず逃亡すると自分に誓いを立て、これを実行に移した。

　手記はカンプッシュの犯人への複雑な感情を明らかにしている。彼女は成長するにつれて、虐待や精神的束縛で自分を支配した犯人を憎む一方、彼のトラウマや孤独にも同情した。逃亡前、自分を「疑似家族」と考え、やがて自分と理想の家庭を築こうという夢を語るプリクロピルを哀れに感じたという。解放後、犯人への相反する感情は「ストックホルム症候群」と呼ばれたが、彼女は明確に否定した。カンプッシュはどんな人間も怪物ではなく、彼が極悪非道だったと思わないと説明した。臨床心理学者のノエル・ハンター（Noël Hunter）は、ストックホルム症候群には、加害者への親密な愛着を育むことで、被害者の生存が可能になる、心理的防御作用があると説明している[19]。幼いカンプッシュにとって犯人は親代わりだった。プリクロピルは彼女を搾取・虐待したが、

同時に養育した。衣食住を与え、生理用品を買い与え、読み書きを教えた。手記には、彼女が誘拐犯に抱きしめてほしいと頼む場面がある。カンプッシュは手記に、幼い自分は「人肌の慰め、人間の温かさの感覚を必要としていた」と綴っている。それでも犯罪によって結ばれた絆は続かなかった。18歳のカンプッシュが逃亡を果たしたとき、プリクロピルは絶望して死を選び、彼女は過去と決別するため、自分自身を取り戻すため、監禁された3096日を語り始めた。

自己との対話によってカンプッシュは8年半の月日を耐え抜いた。アメリカ精神医学会（American Psychiatric Association: APA）の「精神疾患の診断・統計マニュアル」（DSM-5-TR）では、ストックホルム症候群は精神的健康状態ではなく、精神的および感情的な反応であるとされている[20]。

## 【コラム】アイデンティティポリティクス

20世紀後半のアメリカで注目された政治運動が「アイデンティティポリティクス（政治）」（Identity Politics）である。この運動はある社会的なグループが共有する不当な経験に基づいて理論化されたさまざまな政治的活動を指す[21]。信条やマニフェスト、政党などに応じてではなく、さまざまなアイデンティティによる政治的な組織体が、より広範囲な文脈の中で、周辺化された特定のグループや人々の政治的権利を確保することを目指す運動である。20世紀後半には第二波フェミニズム、公民権運動、LGBT（LGBTQIA2S+ともいう）解放運動、ネイティヴアメリカン運動などが起こり、それぞれのグループが権利を求めて活動した。各グループが訴えたのは、正当な評価の要求から社会正義まで、さまざまであったが、以後、世界中で先住民が同様の方法で自己決定権を求めるようになった。グループ内のメンバーのバックグラウンドは同一ではないが、メンバーは自ら語った個人のアイデンティティを普遍化する傾向にある。グループ内の一部の人々が自らのアイデンティティをほかのメンバーに押し付けることから、「別の抑圧」と揶揄する学者もいる。敵対的、攻撃的な政治運動がこの名のもとに展開されることに懸念を示す識者もいる。政治学者のフランシス・フクヤマ（Francis Fukuyama）はアイデンティティポリティクスを「怒

りの政治学」と呼ぶ[22]。

アイデンティティポリティクスの最近の事例としては、Me, too 運動や Black Lives Matter があるが、歴史的に問題となってきたのが「アファーマティブアクション」（Affirmative Action: AA）である。AA とは「積極的格差是正措置」や「肯定的措置」と呼ばれる政策で、ジョン・F・ケネディ大統領が提唱し、リンドン・ジョンソン大統領により具体化された、マイノリティへの差別を是正するために積極的な行動をとるよう促した 1965 年指針である。政府機関への雇用に人種、宗教、出自による差別を禁じたことがきっかけで連邦政府資金を受け取る全組織を対象として法制化された。AA は、雇用、高等教育機関への入学、政府契約の授与、その他社会的便益にマイノリティおよび女性を優先させる政策、プログラム、手続きから成る。

AA の導入をきっかけにビジネスや教育の分野で人種別割り当てが進んだ一方で、20 世紀末以降、特に大学入学選考基準（人種割り当て）を争点とする逆差別訴訟が相次いでいる。2016 年、インド系アメリカ人のヴィジェイ・ジョジョ・チョカル＝インガム（Vijay Jojo Chokal-Ingam）が自らを「黒人」と偽って医学部受験に成功したことを告白したノンフィクション『ほとんど黒人—黒人のふりをして医学部に合格した本当の話—』(*Almost Black: The True Story of How I Got into Medical School by Pretending to Be Black*) が発行された[23]。「人種」の虚偽申告で大学入学試験の合否が変わるという事実は AA の是非に関する議論を再燃させた。これまで法廷闘争では AA の合憲性は覆ってはいないが、極端な優遇は見直され、割り当て対象の人種が増えるなど、制度はますます複雑になっている（2024 年 7 月現在）。例えばカリフォルニア州やミシガン州などでは人種を大学合格基準にしない規定を設けたほか、白人に分類されていたメキシコ系をヒスパニック系として独立させた事例などがある。

公正な政治を実現するためには、マイノリティグループによるアイデンティティポリティクスだけでなく、公権力側からの対話の働きかけも必要となる。コミュニケーションなくして、共感や相互理解は得られない。

# 第12章
# メディアの進化
―デジタル社会の光と影―

> 進化するメディアは私たちのライフスタイルを加速度的に書き換えてきた。活版印刷術によってエリートが独占していた教育は大衆に開放され、技術改革で生まれたラジオやテレビは世界を「地球村」に変えた。現代、第4次産業革命（4IR）とも呼ばれるデジタルによる社会構造改革「インダストリー4.0」が進行している。デジタル社会では思わぬ問題や葛藤が現実のものとなっている。本章では、デジタル社会をつなぐメディアの現状や課題を明らかにする。

## 1. マスメディア

　1948年、アメリカの政治学者ハロルド・ラスウェルは、メディアの機能について、監視機能、コンセンサス（または相関）機能、および社会化（または伝達）機能の三つを挙げた[1]。その後、チャールズ・ライト（Charles R. Wright）は4番目の機能であるエンターテイメント（娯楽）を追加した[2]。「メディア」（media）という語は英語の「媒体」（mediumの複数形）を指し、狭義では、「マスメディア」（mass media）、広義では、特定のコミュニケーション媒体あるいは特定の種類のメディアコンテンツを意味する。マスメディアは多くの人々が情報やニュース、そのほかのコンテンツを受け取る方法で、プリント（書籍や新聞・雑誌）、放送（テレビやラジオ）、デジタル（WebやSNS）などがある。このほか、人々に情報を伝え、影響を与えるシステムや機器、データを保存する記録媒体（HD、CD/DVD/Blu-ray Disc、CD-ROM、USBなど）や送信するケーブル・無線、情報を伝播するビデオ、サウンドなどもメディアと呼ばれる。プ

リント、放送、デジタルなどのマスメディアの技術革新は人々のライフスタイルや考え方を大きく変えてきた。

　プリント（印刷物）は最も歴史が古いマスメディアで、15世紀のドイツにおいて、ヨハネス・グーテンベルク（Johannes Gutenberg）により発明された活版印刷術を起源とする。1455年頃、グーテンベルクが設計・開発した印刷機によって大量生産された「四十二行聖書」（the 42-line Bible）が発行された。これは「グーテンベルク聖書」と呼ばれている[3]。活版印刷術は、ワイン醸造機や製紙・製本機の仕組みを応用した印刷機で、鋳造金型、金属合金、油性の印刷インクなどによって印刷を可能とした。これは、当時、中国や朝鮮の印刷術やヨーロッパで使われていたスタンプ印刷、木版印刷にはなかった画期的な技術であった。活版印刷術は、それまで写本でしか手に入らなかった書籍を大量に印刷することによって、ヨーロッパの人々の識字率を上げ、教育水準を飛躍的に向上させた。以後500年間、活字印刷の基本技術として活用されたこの技術は、世界で最初の「情報革命」を起こした。

　20世紀初頭にラジオ、その後、テレビ（TV）が発明され、各国で急速に普及した。ラジオ、テレビなどの放送技術は、19-20世紀転換期に一連の技術革新により可能となった。ラジオは、音声メッセージを伝送する無線周波数の電磁波を送受信するシステムで、「ラジオの父」とも呼ばれるイタリア人技術者グリエルモ・マルコーニ（Guglielmo Marconi）によって発明された（諸説あり）[4]。1920年代初頭、ラジオは各国で急速に普及した。テレビは映像・音声を電気信号に変換し、無線などで送信し、画面上に電子的に表示するシステムで、1928年にチャールズ・ジェンキンス（Charles Jenkins）がアメリカで初の商業テレビ放送を行い、イギリスでは、1936年にBBCがテレビの定期放送を開始した。1930年代にはRCA社がテレビ（受像機）を発売し、徐々にテレビは普及し始めた。その後、技術革新は進み、1940年代後半にはケーブルテレビ、1950年代にはカラーテレビ、1960年代には録画再生機、1990年代には、テレビ機能とコンピュータ機能を融合させたデジタルハイビジョン（HDTV）システムが登場した。テレビやラジオは、視聴者に大量の情報を瞬時に伝達し、教育や娯楽を提供した。また、これらの媒体での広告・宣伝は、企業やその他の組織のビジネスや運営に欠かせないものとなった[5]。

1. マスメディア　　　　　　　　　　157

図12.1　ヒューゴ・ガーンズバック（Hugo Gernsback）によるラジオ雑誌 Radio News（1919年7月～1959年4月）

　デジタルメディアは20世紀後半に急速に進化した。デジタルメディアとは、デジタルデータ（0と1のバイナリ信号）をデジタルケーブル、衛星、コンピュータネットワークなどを通じて送信し、その信号をオーディオ、ビデオ、グラフィック、テキストなどに変換するシステムで、コンピュータ、タブレット、携帯電話などのデバイスを通じてやり取りされる。従来の（放送）メディアとデジタルメディアの最も大きな違いは、利用者が時間と場所を選ばずに情報コンテンツにアクセスできる点にある。インターネット検索やオンデマンドでの映像や音楽のストリーミングサービスなど、人々はそれぞれのライフスタイルに合わせて情報を収集したり、視聴したりできる。また、印刷メディアや放送メディア（テレビやラジオなど）は一方的な伝達で、視聴者は配信されたニュースや情報についてコメントすることはできないが、デジタルメディアでは視聴者やユーザーなどによる書き込みが可能であり、互いに情報交換もできる[6]。
　情報と技術の進歩により、世界は「地球村」（The Global Village）となった。この言葉は、1962年にマーシャル・マクルーハン（Marshall McLuhan）がその著書『グーテンベルクの銀河系』（*The Galaxy of Gutenberg*）で初めて使ったも

ので、世界を「コンピュータやテレビなどにより相互接続され、相互依存するコミュニティ」とみる概念をいう[7]。マクルーハンが「メディアはメッセージである」（The medium is the message.）と述べたように、メディアが伝える内容よりもメディアの形態そのものが人々の認識や理解に大きな影響を及ぼしている[8]。マクルーハンはメディアを「人間の延長」と呼んだ。「人間の拡張としてのメディア」という概念はメディアと人間との関係を端的に表現している。例えば、車輪が足の延長であり、本は目の延長であり、衣服は皮膚の延長であるように、印刷機の発明は人間のコミュニケーションの範囲を広げて知識の普及を促進し、テレビは視覚と聴覚を拡張し、知覚とコミュニケーションのパターンを変えたとマクルーハンはいう。

20世紀末に登場したデジタルメディアは、ラジオ・テレビ以上に、人間の「拡張」に貢献している。2006年までにインターネットは世界的なメディアとなった。1995年には世界人口のわずか3％が利用していたコミュニケーションツールが2005年には15％を超える10億人近くのユーザーを得るにいたった。2024年4月時点で世界のインターネット利用者数は54.4億人を超えた。これは世界総人口の67.1％にあたる。また、世界人口の62.6％に当たる約50.7億人がSNSユーザーである[9]。

インターネットが日常生活に不可欠なツールとなった現代、メディアという語は印刷物や放送より、ウェブサイト、ブログ、ビデオ、デジタルラジオ、ポッドキャスト、オーディオブック、バーチャルリアリティ、デジタルアート、さらにはインスタントメッセージ、ビデオコール、電子メール、ソーシャルメディア（ソーシャルネットワークサービス）、そしてモバイルフォンなど、デジタルメディアやそのツールを連想させる言葉になった。ホログラフィック技術や人工知能（Artificial Intelligence: AI）技術が進化し、日常生活に組み込まれると、デジタルメディアへの依存はさらに高まることが予想される。

## 2. ジャーナリズム

2021年のノーベル平和賞に選ばれたのはフィリピンのインターネットメディア「ラップラー」（Rappler）代表のマリア・レッサ（Maria Ressa）と、ロシア

## 2. ジャーナリズム

図12.2　法廷でゼンガーを弁護するアンドリュー・ハミルトン
（米国議会図書館所蔵）

の新聞「ノーバヤ・ガゼータ」（Novaya Gazeta）編集長のドミトリー・ムラートフ（Dmitry Muratov）であった。2人はそれぞれフィリピン政府、ロシア政府による弾圧と戦い、「報道の自由」を訴えながら政権批判を行ってきたジャーナリストである。ジャーナリズム（journalism/the press）とは、「新聞・雑誌・ラジオ・テレビなどにより時事的な問題の報道・解説・批評などを伝達する活動の総称、またはその機関」で、その社会的重要性や影響力から立法・司法・行政の三権に次ぐ「第4の権力」といわれる。この語はイギリスの歴史家・哲学者トマス・カーライル（Thomas Carlyle）が、政治家エドモンド・バーク（Edmund Burke）の言葉を引用して、ジャーナリズムを議会を代表する聖職者・貴族・平民に次ぐ「第4の府」（The Fourth Estate）として表現したのが起源といわれる。

　ジャーナリズムは「民主主義を監視する番犬」（Democracy's Watch Dog)」ともいわれ、これまで「報道・言論の自由」（freedom of the press/speech）をめぐって公権力との戦いを続けてきた。アメリカの事件・裁判からジャーナリズムが担う社会的使命と報道倫理について考察する。

　アメリカにおいて報道の自由をめぐる最も重要な裁判は植民地時代の「ゼンガー事件」（1735年）である。『ニューヨーク・ウィークリー・ジャーナル』

(New York Weekly Journal) の記者ジョン・ピーター・ゼンガー (John Peter Zenger) が政府を批判する記事を執筆したところ、名誉棄損罪で告訴された[10]。当時、植民地はイギリス統治下にあり、英国慣習法 (common law) が採用されていた。イギリスの法では記事の内容がたとえ事実であっても名誉棄損罪が成立するとされたが、弁護士アンドリュー・ハミルトン (Andrew Hamilton) は陪審に対し、政府を批判する真実の報道に対して、ゼンガーは処罰されるべきではないと主張し、陪審はこれに賛同し、ゼンガーは無罪となった[11]。この裁判はジャーナリズムが政権批判できるという判例となり、約半世紀後、信教・言論・報道・集会の自由を保障するアメリカ合衆国憲法修正第1条 (1789年) 制定への布石となった。

　ゼンガー事件以来、アメリカのジャーナリズムは政府や企業の不正や汚職を暴いてきた。20世紀初頭には、不正暴露ジャーナリズム (muckraking journalism) が注目を集めた[12]。女性ジャーナリストのアイダ・ターベル (Ida Tarbell) は、雑誌連載記事をまとめた著書『スタンダード石油（社）の歴史』(The History of the Standard Oil Company) において、不安定な業界を組織化し、安定させたロックフェラーの功績を称賛しながらも、ロックフェラーやスタンダード石油社が行ってきた数々の違法行為を暴露・非難し、セオドア・ローズヴェルト大統領によるトラスト解体政策に貢献した。調査報道史におけるこの画期的な作品は1999年、20世紀アメリカのジャーナリズムのトップ100の中で第5位に選ばれるという高い評価を得ている[13]。1904年、アプトン・シンクレア (Upton Sinclair) はその小説『ジャングル』(The Jungle) において、シカゴの食肉処理工場の不衛生な慣行を暴露し、政府による食品医薬品法や食肉検査法の制定を促した[14]。

　政府と報道機関との法廷闘争が注目された20世紀後半の事件として、ペンタゴンペーパーズ事件 (Pentagon Papers, 1971) が挙げられる。これは、ヴェトナム戦争中の1971年6月13日、軍事アナリストのダニエル・エルズバーグ (Daniel Ellsberg) がアメリカの若者の戦死を憂慮し、ヴェトナム戦争を記録した、7000ページにも及ぶ政府の最高機密文書「ペンタゴンペーパーズ」(Pentagon Papers: Report of the Office of the Secretary of Defense Vietnam Task Force, 1945-1968) を新聞社にリークした事件である（ペンタゴンとは「米国国防

総省」を指す)15)。歴代政権のインドシナ政策や政治的前提、戦略目標のほか、政府による秘密工作や軍事作戦などを暴いたこの報道は世論を紛糾させ、反戦運動や政権批判を招いた。機密文書の報道に激怒したニクソン大統領が新聞社を告訴したが (New York Times Co. v. United States)、憲法修正第1条・報道の自由を理由に最高裁は新聞社に無罪判決を下した16)。

　政府や企業と同様に、報道機関やジャーナリストもまた世論操作や捏造、私利私欲の悪循環に陥っているという指摘もある17)。20世紀末にはジャーナリズム批判の書が相次いで発行された。ポール・ウィーヴァー (Paul H. Weaver) の『ニュースと嘘の文化—ジャーナリズムの実際の仕組み—』(News and the Culture of Lying: How Journalism Really Works, 1994) や、モート・ローゼンブラム (Mort Rosenblum) の『誰がニュースを盗んだのか？—私たちが世界で起きていることを把握できない理由—』(Who Stole the News?: Why We Can't Keep Up with What Happens in the World, 1993)、シンシア・クロッセン (Cynthia Crossen) の『汚染された真実—アメリカにおける事実の操作—』(Tainted Truth: The Manipulation of Fact in America, 1994) などである。一部が指摘するように、スクープがもたらす利益や名声が報道機関やジャーナリストによる記事の捏造や歪曲、誇張などの動機の一つとなっていることは事実である。しかしながら、メディアは市民の目となり、耳となり、暗黒の中にいる市民を導く役割もある。権力を監視する番犬としてのメディアは民主主義に不可欠の機能である。

## 3. メディアの暴走

　2002年9月、メディアの暴走を印象付ける事件が起きた。ニューヨーク・タイムズ紙記者のジュディス・ミラー (Judith Miller) は、イラクのサダム・フセインが「大量破壊兵器」(weapons of mass destruction: WMD) を保持している、もしくは保持する計画があるという記事を掲載した。この記事はブッシュ政権（当時）によるイラク戦争の契機になった。米兵4500人が死亡したこの戦争後、イラクにWMDがないことが判明すると、ミラーは「大量破壊兵器女」と非難され、新聞社を解雇された。ミラーが後に「不確かな情報源への過

剰な信頼が招いた誤りであった」(*The Story*) と語ったことで、報道倫理の問題への関心が集まった。一方、ミラーの暴走は、イラクのフセイン政権打倒をもくろむ政府による情報操作であった可能性も指摘されている。安全保障に関わる軍事機密の漏洩防止やおとり捜査のため、公権力が報道制限したり、情報操作したり、司法が情報源の隠蔽に肯定的な裁定を下したりすることもある。このような場合、国民の知る権利や報道の自由は平和や治安維持・安全保障と相殺されることになる。

　「何かが無料であればあなたが製品です」(If something is free, you are the product.)。映画『監視資本主義：デジタル社会がもたらす光と影』(*The Social Dilemma*, 2020) の製作者はこう警告する。Web サイトがユーザーに無料でコンテンツを配信している場合、その Web サイトは利益を得るため、ユーザー情報を他者に販売している可能性があるという。例えばユーザーは SNS を無料で利用できるが、運営会社はサイト開発・運営維持費の数百万ドルを回収する必要があるため、広告主にユーザーの個人情報を販売したり、広告主が特定のユーザーに広告を送る仕組みを作ったりすることで収益を得ている。もちろん非営利団体はこの限りではないが、営利団体は収集した個人情報を何らかの形で利用している可能性はある。無料のインターネットサービスを利用する際はこの点を意識しておく必要がある。

　アメリカ市民が、自分の個人情報が密かに収集され、分析に付されているという事実を初めて認識したのは 2013 年に起きたアメリカ政府・国家安全保障局 (National Security Agency: NSA) による大量監視システム「プリズム」(PRISM) 事件である。プリズムは、9.11 後に成立した「米国保護法」(Protect America Act of 2007) により生まれた。2013 年、29 歳の NSA 契約職員エドワード・スノーデン (Edward Snowden) は市民としての義務から極秘情報であるテロ監視プログラム「プリズム」の存在を報道機関にリークした[18]。彼は 41 枚のスライドとともに、アメリカ政府が Google、Yahoo、Facebook (Meta)、Microsoft、Apple など九つの IT 企業から利用者のデータ（メール、SMS、ファイル、画像など）の提供を受けていることを暴露した。政府は当初、米国外の非米国人の監視のみに使用していると述べたが、アメリカ人のプライベート通信への「バックドア」（システム内部へ不正侵入するため、意図的に作られる入口で、データの

## 3. メディアの暴走

図 12.3　アメリカ政府から PRISM 協力依頼があった米国 Yahoo 社

抜き取り・改ざん・破壊、通信傍受などに使用される）としてプリズムを使用していたことが判明した[19]。

　この事件によって、政府が安全保障を理由に市民のプライバシーを侵害し、特定の個人を監視・検閲していた事実が明らかとなった（各国の政府要人も監視対象だった）。「アメリカ政府は自国民をも諜報の対象とするのか」という市民の怒りは、政府に加担した企業にも向けられた。各社が政府に提出したデータは「ごく一部」「特定の人物のみ」などと弁明した。Google 社は「Google はユーザーデータのセキュリティに細心の注意を払っている。当社は法律に従ってユーザーデータを政府に開示しているが、そのような要求はすべて慎重に検討している」と述べ、Google には政府がユーザーの個人データにアクセスするためのバックドアはないと反論した[20]。後に、これらの企業は命令に従わない場合は政府から制裁を科すという連絡を受けていたことも明らかとなった[21]。Yahoo は、ユーザーの通信情報を引き渡すという要求に応じなければ、1 日あたり 25 万ドル（約 3750 万円、1 ドル = 150 円で換算）の罰金を科すと通告されていたという。急速に進む IT 化は個人情報の取り扱いに関する国際ルールの合意形成を実質的に阻んでいる。日々、IT 技術の恩恵を受ける私たち一人ひとりが一度立ち止まり、メディアとの付き合い方を再考する必要がある。

## 4. フェイクニュース

　2016年12月4日、日曜日の昼間、アメリカのワシントンD.C.にあるピザ店「コメットピンポン」(Comet Ping Pong) で銃乱射事件が発生した。幸い死傷者はいなかったが、捕らえられた犯人の犯行動機は衝撃的なものだった[22]。供述によると、このピザ店が「買春」のアジトであるというSNS上の情報を見た28歳の男性は、囚われている子どもたちを解放するために襲撃したという。事件の約1カ月前から、このピザ店は民主党大統領候補のヒラリー・クリントン元国務長官とその陣営メンバーが関与する小児性愛者セックスリングの拠点であるという虚偽のツイートがネット上で広く拡散していた。同時期、ピザ店の経営者らは報道が真実であると信じた右翼活動家らから脅迫を受けるようになった。その後、状況はますますエスカレートし、この店が児童買春の現場であるという投稿にまで発展した。大統領選挙の投票前日には「#Pizzagate」というハッシュタグも登場した。これは、クリントン大統領候補を誹謗中傷する目的のフェイクニュースであったことがわかっている[23]。

　現代、問題となっているのが、このようなネット上の「フェイクニュース」(fake news) である。特に、誰もが投稿できるSNSでは利用する個人・団体がさまざまな動機でフェイクニュースを拡散させている。ユニセフは主に七つのタイプの「誤報と偽情報」(mis and disinformation) を特定している。それらは「風刺やパロディ」（ユーモアによって拡散されたもの）、「偽コンテンツ」（情報が誤った背景情報とともに共有されること）、「改ざんコンテンツ」（何らかの方法で改変または変更された実際の情報、画像、またはビデオ）、「誤接続」（視聴を増やすため、実際のコンテンツと一致しない見出し、ビジュアル、またはキャプションをつけたコンテンツ）、「詐欺コンテンツ」（個人、グループ、または組織が別の人物または情報源であるふりをしたもの、なりすまし）、「捏造コンテンツ」（真実とは何の関係もなく作成された偽情報）、「誤解を招くコンテンツ」（誤解するよう意図的に特定の方法で出来事、問題、または人物を組み立てたもの）で、これらはどれも自ら合理的な判断ができない子どもにとって有害な情報になる[24]。

　アメリカではフェイクニュースは21世紀初頭から存在したが、一部のユーザ

ーに限られた問題であり、主要メディアがこの問題を取り上げることはなかった。研究者がフェイクニュースのもつ破壊的な影響力に注目し始めたのは 2010 年であった。民主党議員テッド・ケネディの死に伴うマサチューセッツ州上院議員選挙前、何者かが 2010 年 1 月 15 日 18 時 43 分から 18 時 56 分の間に九つのツイッター（Twitter、現 X）アカウント（CoakleySaidWhat、CoakleyCatholic など）を作成し、数時間の沈黙の後、138 分間に 573 のユーザーに宛てて 929 のツイートを送信した[25]。すべてのツイートに、同じウェブサイトの URL（2010 年 1 月 15 日登録）が含まれており、マーサ・コークリー（Martha Coakley）のスピーチの動画と音声が文脈を無視して表示され、彼女が救急治療室でのカトリック教徒の雇用に反対しているという虚偽の主張が展開されていた。コークリーは、当時のマサチューセッツ州司法長官であり、マサチューセッツ州上院議員特別選挙に民主党候補として立候補していた。これらの九つのアカウントは、コークリーに批判的な偽情報を数千ものボットを利用してツイッターで拡散した。ツイッター社（X 社）はこの異常に気づき、4 時間後に九つすべてのアカウントを削除したが、その前に 6 万 1732 人のユーザーがこの偽情報を視聴したことがわかった。その結果、コークリーは選挙に敗北した。これはフェイクニュースが市民の選挙行動に影響を与えた初めての選挙であり、この手法は「ツイッター爆弾」（Twitter Bomb）と呼ばれた[26]。その後もフェイクニュースによる事件は続いた。2014 年、アフリカでエボラ出血熱が流行した際、西アフリカから帰国した「国境なき医師団」ボランティア看護師のケーシー・ヒコックス（Kaci Hickox）が検疫の自宅待機を無視して外出したというフェイク情報が広まった[27]。空港での検疫で症状が見られず、帰宅を許可されたはずの彼女を「犯人扱い」する過剰なバッシングや州知事の逮捕請求は、致死率の高いエボラ出血熱への恐怖心による過剰反応であったと考えられる。2016 年の大統領選挙では、ツイッター爆弾と同じ「攻撃」が、Facebook という別のプラットフォーム上で行われたと考えられている。

　現在も、ネット上にはフェイクニュースがあふれている。しかし、コロナワクチン陰謀論、気候変動の否定、人種的劣等性、天動説（地球が宇宙の中心に静止し、ほかの天体が地球の周りを回っているという説で「地球中心説」ともいう）など、一見して虚偽だとわかる情報も多いなか、人々はなぜフェイクニュース

を信じてしまうのか。その原因としてしばしば指摘されるのがインターネットのアルゴリズム（コンピュータプログラムが特定のタスクを実行するために従う一連の命令）に組み込まれた「エコーチェンバー」（echo chamber）という機能である。エコーチェンバーとは、「自分と同じような意見や信念にしか出会わず、代替案を考える必要のない環境」（Oxford Learners' Dictionary）で、特にソーシャルメディアのアルゴリズムでは、ユーザーが興味を示す投稿を提供することでプラットフォームへの関与を維持するように設計されている。そのため、一つの情報を視聴したり、「いいね」をつけたりすると、類似の投稿を表示し続け、ユーザーの確証バイアスを強化することになる（第10章参照）。こうして、ユーザーはフェイクニュースを信じるようになり、拡散してしまうと考えられる。また、アメリカの社会政治心理学者ダンナガル・ヤング（Dannagal Young）は人間の脳はユーモアや皮肉を含む情報により強く反応する傾向があるため、フェイクニュースは正しい情報より拡散しやすいと説明する[28]。コンピュータ科学者のフィリッポ・メンツァー（Filippo Menczer）は、政治プロパガンダから始まったフェイクニュースは閲覧が増えるほど収入が増える「アテンションエコノミー」（attention economy）の中で氾濫し続けていると分析する[29]。現在、SNS運営会社や研究者はAIやプログラムを活用した対策を講じているが、効果的な規制はできていない。

　フェイクニュースを見分けるために確認すべきポイントとして、以下の8点が推奨される[30]。第一に、「情報源（発信者）」について、記事が掲載されているサイトやその人物・団体、目的、連絡先を調べる。第二に、タイトルと「本文」を比較する。煽情的な見出しによってクリック数を稼ごうとしている可能性がある。全体のストーリーを読んでから真偽を判断する。第三に、「著者」について検索する。著者は信頼できるか、実在の人物か、著者の情報は正しいかを調べる。第四に、「情報源（出典）」のリンクをクリックし、与えられた情報には実際にニュースの裏付けがあるかを確認する。第五に、「日付」を確認する。過去のニュースを加工して再掲載していないかを確かめる。第六に、「風刺・パロディ」の可能性を検討する。同じサイトや著者が過去に風刺・パロディ記事を執筆・掲載していないかを調べる。第七に、「自分自身のバイアス」が判断に影響していないかを確認する。そして、最後に、「専門家」のア

図12.4 偽ニュースを見極めるには（IFLA、井上靖代訳）

ドバイスを求める。専門家である司書や図書館員に聞くか、「ファクトチェック」(情報やニュース、言説が事実に基づいているかを調べること)のサイトで内容が事実かどうかを確認する。ファクトチェックを行い、「一次情報」(情報発信者が直接体験して得た情報や、自ら行った調査・実験で得た情報、公的な機関が出す情報など)はあるか、画像や映像は「加工解析ソフト」によって加工されたり、コラージュされたりした人工物でないかを確認することがリテラシーへの第一歩となる。

## 【コラム】メディア情報リテラシー(MIL)

「ポスト真実」という言葉に象徴されるように、オープン AI 社が Chat GPT と DALL-E をリリースした 2022 年の生成 AI のブレイクスルー以前から、真実の崩壊や人間の制御の無効化の兆候はあった。しかしながら、これらの技術が拡散するにつれ、生成 AI がもたらす重大な影響は政治・経済・教育など、社会生活の諸相にみられるようになった[31]。現在、メディアへの信頼は歴史的な低水準にある。2023 年のギャラップ社の調査によると、マスメディアが完全かつ公正で正確な方法でニュースを報道していることを「大いに信頼している」または「まあ信頼している」と答えた米国人はわずか 32％と、過去に記録した 2016 年の最低値に並んだ。また、米国成人の 29％が「あまり信頼できない」と回答し、39％が「まったく信頼できない」と回答した。アメリカ人の 10 人に 4 人近くがメディアへの信頼を完全に失っており、その割合は過去最高にあと 1 ポイントと迫っている。この数字はドナルド・トランプ大統領候補(当時)がメディアを痛烈に批判した 2016 年の調査結果よりも 12 ポイントも高い。

このような危機的状況に際し、UNESCO(国際連合教育科学文化機関)は、政府、NGO、教育、メディア、民間団体を含む多様なセクターに「デジタルシティズンシップ」(Digital Citizenship)としての責任ある行動を求め、「メディア情報リテラシー」(Media and Information Literacy: MIL)の習得を呼びかけている[32]。MIL とは、「いつどのような情報が必要なのか、その情報をどこでどのように入手すればよいのか、その情報を批判的に評価

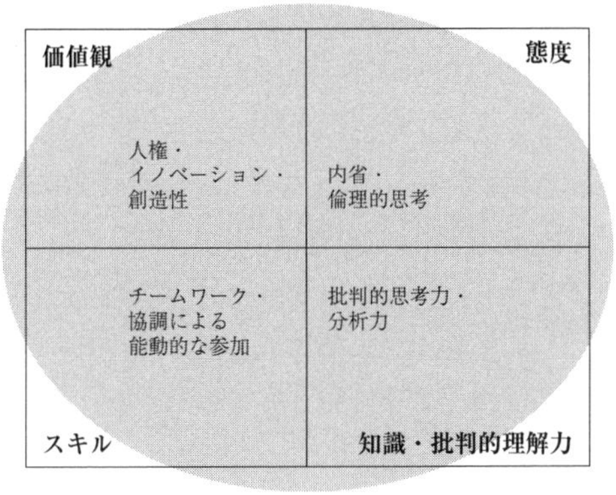

【コラム】メディア情報リテラシー（MIL）

|  価値観 | 態度 |
| --- | --- |
| 人権・イノベーション・創造性 | 内省・倫理的思考 |
| チームワーク・協調による能動的な参加 | 批判的思考力・分析力 |
| スキル | 知識・批判的理解力 |

図12.5　インクルーシブな実践に対する意識の向上：デジタルシティズンシップの中核となる能力（欧州評議会）

し、入手した情報をどのように整理すればよいのかなど、その情報の倫理的な使い方を知るために必要な知識、態度、スキルの総体」をいう[33]。この概念は、コミュニケーションや情報技術にとどまらず、職業や教育の枠を超えて、学習、批判的思考、解釈能力をも包含するものである。メディア情報リテラシーの対象には、印刷物、デジタルなど、あらゆるタイプの情報資源が含まれる。MILは、デジタルリテラシーやテクノロジーリテラシーも含む、情報リテラシーとメディアリテラシーに関連するすべての能力を含んでいる[34]。

　MILとデジタルシティズンシップは混同されることがあるが、両者は異なっている。MILとは、私たちの周囲のすべてのメディアについての考え方（批判的思考）を指すが、デジタルシティズンシップとは、私たちがどのように生活し、周囲のテクノロジーとどのように関わっているかを指す。何が真実で何が真実でないのかを識別する力は、フェイクニュースにとどまらず、情報を処理し、解釈する能力にも関係している。

　デジタルシティズンシップの中核となる能力として「価値観」「態度」「スキル」「知識・批判的な理解力」が挙げられる。価値観としては人権やイノベーション、創造性が、スキルとしてはチームワークや協調による能

動的な参加が、態度としては内省や倫理的思考が、必要な知識や（批判的）理解力としては批判的思考力や分析力が求められるという。これらの能力やスタンスは学校やクラブ、社会一般など、より対立的な状況での包摂を実現するためにも有用である。

# 第13章
# コミュニケーションの深化
―国境を超えるコンテンツ―

> デジタルネットワークは文化的コンテンツへの国境を超えたアクセスを可能にする。現代では、映画、芸術、スポーツなども人気コンテンツとして世界各国に配信される。異文化として認識されたコンテンツはやがてそれぞれの文化の中で沈殿し、本来とは異なった意味や意義を獲得していく。本論では、日々、国境を超えて送受信されるコンテンツはどのようにコミュニケーションを深化させるのか、その受容や反応のプロセスについて概観する。

## 1. 通訳・翻訳

　異文化コミュニケーションにおいて言語の違いを超えるための一つの手段が翻訳・通訳である。翻訳は「ある言語で表現された文章の内容をほかの言語になおすこと」、通訳は「互いに言語が違うために話の通じない人の間に立って、そのことばを訳して相手の方に伝えること。またその人」を指す（広辞苑）。イタリア語や英語に「翻訳者は裏切り者」（イタリア語では "*traduttore, traditore*"：英語では "translator, traitor"）という慣用表現があるように、西洋には「翻訳者は他言語を忠実に翻訳しない、信頼できない人物」というステレオタイプがある。そのステレオタイプの起源は13〜18世紀に遡る。当時、欧州南東部・西アジア・北アフリカ一帯を支配したトルコのオスマン帝国（Ottoman Empire）の皇帝は敵国の言葉を学ぶのを是とせず、代々、領内に他言語の翻訳・通訳を務める「ファナリオット」（Phanariot）というギリシア系の人々を抱えていた[1]。彼らはイスタンブールのファナル（Fanar）地区に暮らし、役人や高官として

第 13 章　コミュニケーションの深化

図 13.1　ファナリオットのマブロコルダトス家の肖像画
（Vryzakis Theodoros, c. 1850）

皇帝に仕え、貴族や富裕層として権勢を振るった。ファナリオットは他国との交渉の際に立ち会ったが、彼らは常にオスマン帝国皇帝の利益になるように通訳したことから、ヨーロッパ諸国の外交官のファナリオットに対する信頼は低かった[2]。翻訳・通訳に「不誠実」「裏切り」といったイメージが付きまとうのはこのためである。

　歴史的には翻訳をめぐる対立もある。フランス人翻訳者がダンテ・アリギエーリの『神曲』（The Divine Comedy, c. 1308-21）のフランス語版を出版しようとしたとき、イタリア人は激怒した[3]。イタリア語の言語的、哲学的な美しさを表現できるはずがないと主張するイタリア人は、翻訳は原文に対する冒とくであり、裏切りであるとさえ述べたという[4]。「逐語訳（直訳）か、意訳か」というのは翻訳をめぐるもう一つの論点である。ドイツの文豪ゲーテ（Johann Wolfgang von Goethe）は前者を支持した。彼は読者が完全な内容（スタイル、意味、構造、表現）にアクセスできるように、原文に書かれた文字通りの翻訳「行間バージョン」を推奨した[5]。ゲーテは「原文に忠実な翻訳者は、多かれ少なかれ、自らの伝統の独自性を犠牲にしなければならない。そうして、第三の代償として、味を覚えるためにほとんどの人が自分自身を教育する必要があるような、新しいアイテムが生まれるのである」と述べている[6]。「逐語訳か、意訳か」という問題は国内外の翻訳学において現代でも議論されている。

## 1. 通訳・翻訳

　翻訳は今や文学でなくコンピュータエンジニアリングの研究分野になりつつある。『ニューヨーク・タイムズ・マガジン』は、2015年6月4日、「翻訳は芸術の問題か、数学の問題か？」（Is Translation an Art or a Math Problem?）と題する記事を掲載した。寄稿者のギデオン・ルイス゠クラウス（Gideon Lewis-Kraus）は近年の機械翻訳の精度の向上は認めながらも、人間の翻訳者のみがもつ強みがあると強調する[7]。機械翻訳研究は、第二次世界大戦中のイギリスの暗号解読プログラムに感銘を受けた冷戦時代のアメリカ当局が、日々発信されるソビエト連邦（ソ連）のロシア語による論文や記事を英語に翻訳するために始まった。翻訳は数学で解決できると信じるコンピュータエンジニアは、「機械翻訳は人間の翻訳者のように気難しくなく首尾一貫していて不平を言わない」とそのメリットを強調する。あるエンジニアは、文学者もコンピュータエンジニアも翻訳という「穴のあいた船」に乗っている状況にあるなか、エンジニアは懸命に水を掻き出しているのに文学者は帆に装飾文字を書いている、とその両者の意識の違いを揶揄した。ルイス゠クラウスは、翻訳者は常に「この文章はどのような目的で使われるか？」「この言語で書くことでどのような目的が発信されるか？」という点を意識して翻訳するが、これらは機械翻訳ではまったく考慮されないと述べ、少なくとも翻訳された文章に大局的視点があるかどうかは読者には伝わると述べている[8]。ルイス゠クラウスのいうように、人間の意思が反映された文章は全体的な統一感をもち、読みやすさ（readability）につながることは否めない。

　かつては高価だった質の高い機械翻訳は、今や誰もが利用できる無料サービスとなった。機械翻訳の一つ、グーグル翻訳（Google Translate）は2010年1月にアプリがリリースされ、4年間で1億インストール、10年間で10億インストールを達成し、サポート言語は当初の2言語から、さまざまなサービスで130言語以上に拡大した[9]。機械翻訳は、試行錯誤を経て、そのなかで技術革新を重ね、画期的な成長を遂げてきた。単語を翻訳して目的言語の構文（文法）に変換する「変換（トランスファ）方式」、仮想の中間言語を介する「中間言語（ピボット）方式」、フレーズ単位・構文単位の翻訳を可能にした「ルールベース翻訳方式」、蓄積されたデータを活用する「統計（ベース）翻訳方式」などである。2016年にはグーグルが「ニューラルネットワーク機械翻訳」（Google

Neural Machine Translation: GNMT）を発表すると、GNMT が産出した流暢な訳文に人々は機械翻訳の可能性を感じた。

近年、機械翻訳の精度は大幅に向上したが、未だ苦手な分野もある。例えば、「元の単語と意味が変わる語句やイディオム」で、他言語に訳すと不快な、あるいは侮辱的な（offensive）意味となることもある。さらに、「複合語」（bookworm、deadline など）や「複合動詞」（fill out、break down、shut up など）、「多義語の単語」（bank、well など）の翻訳も苦手とする。さらに、皮肉やパロディといったニュアンスの解釈も難しい。機械（AI）は人間の翻訳者であれば容易に理解できる文脈や著者の意図を理解できない。例えば、皮肉やユーモアで、ある表現を全く逆の意味で使ったり、韻を踏んだり、言葉遊びなどでわざと異なる表現を用いたりする場合も機械翻訳は対応できない。最後に、優秀な機械翻訳であっても未だ訳抜け、訳語の不統一、重複訳などの問題がある。このような点を考慮すると、翻訳の質を上げたい場合は、機械翻訳の場合であってもプルーフリーディング（校閲）、リバイズ（修正）、レビュー（評価）を行う「ポストエディット」（機械翻訳エンジンによる翻訳を人が修正する手法）と呼ばれる人間の最終チェックの工程が必要となる。2017 年のサービス開始以来、より正確な翻訳とエラーリスクの低減を実現した AI 翻訳プラットフォーム DeepL は急速に拡大し、グーグル翻訳の牙城を切り崩しつつある[10]。競合他社の存在は企業の活力となる。ポストエディットが不要となるような完璧な機械翻訳が完成するかどうかは今後の技術革新にかかっている。

## 2. 映画とドキュメンタリー

20 世紀アメリカ映画界の巨人といわれるルーマニア系アメリカ人俳優で映画プロデューサーのジョン・ハウスマン（John Houseman）は「映画は何をどのようにコミュニケートするのか？」（How and What does a Movie Communicate?）という 1956 年の論文において、当時、娯楽として確立しつつあった映画の特徴や意義について興味深い分析を行っている[11]。ハウスマンは、人間同士のコミュニケーションのために考案された最も説得力のある道具は人間のイメージであり、生命を吹き込まれた人間のイメージを伝えるものがテレビと映

## 2. 映画とドキュメンタリー

画であると述べたうえで、テレビがコミュニケーションメディアであるのに対し、映画は演劇メディアであるとその違いを説明している。これを踏まえて「(演劇メディアである) 映画がコミュニケートできるものは何か」と彼は自問する。この問いに対してハウスマンは、現実社会では実感できない物質的な豊かさ (luxury) やエネルギー (energy) であると答える。さらに、映画は豊かさやエネルギー以外にも、善意や人権、フロンティア精神、無限の機会、そして「アメリカンドリーム」も伝えることができるだろうと結んでいる。ハウスマンの論文には当時の市民の生活水準、テレビとの競合、米ソ冷戦やアメリカ的な楽観性、そして何より映画産業へのコミットメントがうかがえる。

映画界最高の栄誉といわれるのが「映画芸術科学アカデミー」(The Academy of Motion Picture Arts & Science: AMPAS) が主催するアメリカの映画賞「アカデミー賞」(Academy Awards) である[12]。AMPAS は 36 人のアメリカ映画業界のリーダーによって 1927 年に設立された。その直後、メンバーはロサンゼルスのダウンタウンにあるホテルに集い、映画人の優れた業績を称えるための方法を話し合った。MGM のアートディレクターは、剣を握りフィルムのリールの前に立つ騎士の姿をスケッチした。リールの 5 本のスポークは五つの部門 (俳優、監督、プロデューサー、技術者、脚本家) を表し、剣は映画業界の福祉と発展のための保護を象徴していた。話し合いを重ねて完成したデザインでは、騎士の姿は流線型になり、足元にフィルムリールのデザインが施された。その像が現在のオスカー像である。AMPAS のメンバーは俳優、脚本家、監督、プロデューサー、アートディレクター、撮影監督、映画編集者、音響技術者、視覚効果アーティストなどで、アカデミーからの招待以外で会員になることはできない。

フランスで生まれた映像技術 (シネマトグラフ) が 20 世紀においてアメリカの国家的アイデンティティを代表する産業になるまでに発展した背景には、映画のハイブラウ化 (芸術化) がある。映画学の研究者ピーター・デチェルニー (Peter Decherney) は、映画関係者と知識人との互恵関係が映画をアメリカの「芸術」にしたと主張する[13]。ハリウッドの黄金時代 (1915~1960 年)、アメリカの博物館、大学、政府機関はアメリカ的価値観を擁護するために映画を利用した。例えば、コロンビア大学とハーヴァード大学では 1910~1920 年代にか

けて、アメリカ文化教育を目的に映画研究プログラムを開始した。また、ニューヨーク近代美術館、米国戦争情報局、全米芸術基金はハリウッドと協力して、ファシズムや共産主義と闘い、海外でアメリカ的価値観を広めた。他方、ハリウッドのスタジオトップたちも業界を安定させ、主流社会での地位を固め、アメリカの大衆文化で支配力を拡大するためにこれらのエリート文化機関に協力した。ハリウッドが理想的なアメリカの産業とされる背景には、これらの機関が映画を「単なる大衆向けの娯楽」から「芸術」に昇華させたことが関係している。

映画には、ハリウッドの大作に見られる、フィクションに基づいた映画、または娯楽目的で作られた「劇場映画」(「長編映画」ともいう)のほか、教育または娯楽を目的として事実に基づいた素材を題材とするノンフィクション映画である「ドキュメンタリー（映画）」(documentary)がある。前者の特徴は、架空の物語や出来事を題材とすること、娯楽を主な目的とすること、莫大なコストを要すること、プロの俳優とセットを使用すること、長期間撮影を行うこと、常にスクリプト化された対話とアクションを行うことなどが挙げられる。これに対し、後者は、実際の出来事、人々、状況を正確に表現すること、問題提起や情報提供、教育や啓発などの目的をもつこと、低予算であること、短期間の撮影であること、実在の人物や場所が登場することなどの特徴をもつ[14]。

ドキュメンタリーが扱う内容はジャーナリズムとも重なる。ドキュメンタリーという言葉は、スコットランドの教育者・映画プロデューサーのジョン・グリアソン（John Grierson）によるもので、1920年代半ばにフランス語の単語（*documentaire*）を由来とする。ドキュメンタリーは映画創成期から人気ジャンルで、ロシアでは1917年から1918年にかけてボリシェヴィキが政権に就く過程が撮影され、その映画はプロパガンダとして使用された。ドキュメンタリーは戦時中、プロパガンダに利用された。第二次世界大戦中、ドイツのナチス政府は国営化された映画産業を使ってプロパガンダ・ドキュメンタリーを製作した。アメリカの監督フランク・キャプラ（Frank Capra）はアメリカ陸軍兵士のために『なぜ私たちは戦うのか』（*Why We Fight*, 1942）シリーズを発表した。また、イギリスは『ロンドン・キャン・テイク・イット』（*London Can Take It*, 1940)、『今夜の標的』（*Target for Tonight*, 1941)、『砂漠の勝利』（*Desert Vic-*

*tory*, 1943)といったドキュメンタリーを発表し、カナダは国立映画局が国益のため教育映画を製作した[15]。

　優れたドキュメンタリーはハリウッド大作に負けない視聴者数を獲得する。アメリカの社会問題を鋭く斬り、世論を喚起する人気のドキュメンタリー製作者の一人として知られているのがマイケル・ムーア（Michael Moore）である。ムーアはミシガン州フリントの自動車産業の衰退を描いたドキュメンタリー『ロジャーと私』（*Roger and Me*）で映画監督としてのキャリアをスタートさせた。エスクァイア誌はこの映画を、「産業革命後のアメリカを研究したドキュメンタリーの決定版であり、社会の根底にある経済秩序が変化し、人々の生きる条件が一変したときに何が起こるかを、冷ややかでありながら心温まる描写で描いている」と高く評価した[16]。この作品は2003年のアカデミー賞で最優秀ドキュメンタリー賞を受賞した[17]。ムーアは自らの使命を次のように語っている。「政治的な声明を出すだけなら選挙に出るし、説教をするなら説教師になる。私が作っているのは映画であり、娯楽体験だ。そして、何人かの人が問題について考えて帰ってくれれば、それは素晴らしいことだ。一人でも活動的になれば、それは素晴らしいことだ。私は期待値を低くしている。私は自分が生きている場所を知っている。」[18]

　映像メディアは容易に国境を越えて共有される。格差や貧困、温暖化など、現代、私たちが直面する問題に国境はない。明確な主題をもって実際の映像と妥協のない議論で聴衆を教化し、説得するドキュメンタリーは、ハリウッド映画などの劇場映画と同様に、映像メディアがもつ無限の可能性を教えてくれる。

## 3. プロテストアート

　アート（芸術）によるコミュニケーションは可能なのか。より具体的にいえば、アーティストが作品によって何らかの政治的、社会的メッセージを発し、改革や運動を起こすことは可能なのだろうか。20世紀末以来、謎めいたイギリスのアーティストのバンクシー（Banksy）によって世界各国の公共の場所に描かれた社会的、政治的、あるいは風刺的なグラフィティ（graffiti：道路や建物の壁などに描かれた落書き）にこの問いの答えのヒントを見ることができる。この

ような作品を「プロテストアート」(protest art)、その試みを「アートアクティヴィズム」(art/artistic activism) と呼ぶ。アートアクティヴィズムとは、「私たちを感情的に動かす芸術の創造力と、社会変革をもたらすために必要な活動の戦略的計画を組み合わせたダイナミックな実践」と定義できる[19]。

バンクシーが扱うテーマは戦争、権威主義、テロリズムや暴力、差別、貧困や格差、自然破壊など、人間が直面するあらゆる問題である。1993年頃からグラフィティアーティストとして活躍するようになったバンクシーは、反権威主義的な、政治的・社会的メッセージ性の強い作品で知られる。例えば、2005年にはヨルダン川西岸のパレスチナ側の隔離壁に七つの壁画 (Segregation Wall, Palestine, 2005) を残し、イスラエルによるパレスチナ人支配にアンチテーゼを掲げた。このときバンクシーが残した壁画の一つには、モノトーン調に描かれた、荒れ果てた土地で遊ぶ子どもたちの姿と、その上にある穴の中に鮮やかな色彩で描かれた、南国のビーチリゾートのような風景が対比されている。国際法上違法とされる巨大な壁に隔てられたパレスチナ側とイスラエル側の生活格差やその犠牲者としての子ども（社会的弱者）というメッセージがうかがえる[20]。また、壁に立つ者を見据える子どもたちの目は人々に行動を促しているという見方もある。バンクシー自身、この壁は本質的にパレスチナを世界最大の野外の「公開刑務所」に変えているという声明を出し、壁を建設したイスラエルを非難している[21]。

バンクシーに関しては、本来反社会的、非倫理的な意味合いをもつ「落書き」が芸術かどうかに関する議論もある。フランスの哲学者ジャック・ランシエール (Jacques Rancière) は、バンクシーのグラフィティはアートとストリートを組み合わせた、定義できない芸術領域周辺に出現し、21世紀初頭、都市の公共空間におけるイメージの体系的配置に関する民主主義的議論を喚起したと述べ、ストリートアートというレッテルを貼られた作品はメディア主導の言説によって私たちに還元された、とそのアートの特異性を分析している[22]。そもそもグラフィティは著作物として保護されるべきか、所有者は誰かという点も議論が絶えない[23]。ブリストルのユースクラブのドアにバンクシーが描いた「モバイルラバーズ」(Mobile Lovers, 2014) の事例では、経営難に陥ったクラブがこれを売却して資金を得ようとしたところ、所有権が問題となった。その後、

## 3. プロテストアート

バンクシーからクラブに対して彼らの所有物（贈り物）であるという手紙が届き、作品は40万3000ポンド（約7500万円：1ポンド＝¥185で換算）で売却され、クラブは閉鎖の危機を脱した[24]。

アートアクティヴィズムにおいては、芸術が政治的抗議や社会活動の媒体として機能しうるかという、本質的な問題がある。ドイツの美術批評家ボリス・グロイス（Boris Groys）によると、プロテストアートは芸術と政治活動という二つの観点からの攻撃に晒されているという。プロテストアートは、芸術的な観点からは十分に芸術的ではないという評価がある一方、芸術を政治的抗議の媒体として使用することで必然的にこの行為が美化され、作品が見世物となり、その結果、実際的な効果が無力化されるという指摘がある[25]。グロイスは、私たちの社会では伝統的に芸術は「役に立たないもの」であり、「道徳的、政治的に悪である」という批判があったため、社会抗議を志した多くの芸術家が芸術を放棄してきたが、現代のアートアクティヴィストらはアートそのものを有用なものにしようという点がこれまでとは異なる、新しい動きであるとしたうえで「完全な美化」が達成されれば、芸術は政治活動に貢献できる媒体になりうると述べている。

20世紀の歴史においてもプロテストアートはその存在感を示してきた[26]。例えば、20世紀を代表する芸術家の一人であるパブロ・ピカソ（Pablo Ruiz Picasso）による「ゲルニカ」（Guernica, 1937）は、ドイツの戦闘機によってスペインの町ゲルニカが爆撃を受け、罪のない多数の民間人が苦しむ様子を描き、反戦絵画として平和のシンボルとなった。また、ノーマン・ロックウェル（Norman Rockwell）は、1960年、アメリカで初めて白人だけの小学校に編入した、ルイジアナ州のアフリカ系アメリカ人少女ルービー・ブリッジズ（Ruby Bridges）の登校風景を描いた絵画（The Problem We All Live With）において、少女の前後を歩く連邦保安官に白人至上主義団体KKKのモチーフを配し、南部人種差別の根深さを批判した。ジャン＝ミシェル・バスキア（Jean-Michel Basquiat）は1980年代、落書きにインスピレーションを得た作風で、人種差別や不平等、社会的不正義を批判した。なかでも、ニューヨーク市警察官によって撲殺されたマイケル・スチュアートへのオマージュ（Defacement: The Death of Michael Stewart, 1983）はバスキアの政治的な作品として知られている。

1970年代アメリカフェミニズムの女性のプロテストアートとして知られるのが、ユダヤ系アメリカ人アーティストのジュディ・シカゴ（Judy Chicago）による作品「ディナーパーティ」（The Dinner Party, 1979）である。これは、反父権制メッセージをこめた、ラディカルなフェミニスト作品である。1979年にサンフランシスコ美術館で初めて展示されたこの作品で、シカゴは正三角形のテーブルに、39人の歴史上の偉人女性を各辺に13人ずつ配置し、テーブルの白いタイルには5年間に制作にかかわった999人の名前を付記した。「ディナーパーティ」は3大陸6カ国16会場で展示され、100万人以上が鑑賞した[27]。

　作品は議論を巻き起こした。まず、キリスト教にとって不吉な数字である13という数は西洋父権制への挑戦であるとみなされた。また、鑑賞者はそのデザインの革新性に驚いた。シカゴは、女性偉人一人ひとりの前のテーブルの絵皿にすべて異なるデザインで、花や蝶を模した女性の性器を象徴するペインティングを施した。アートでは、女性器の表現は性的タブーに挑戦するものとみなされていたため、美術批評家やメディアからは「芸術ではなくて政治的作品」「知性を欠く作品」、フェミニストからは「女性を性器という記号に矮小化した」「女性の品格を下げた」といった批判がなされた。これらの批判に対して、シカゴは、作品は女性のセクシュアリティを賞賛・容認するものであり、批判者は「女性のセクシュアリティに否定的であるだけでなく、性器は猥褻という見方を内在化している」と攻撃した。

　シカゴはこの作品によって芸術領域でのジェンダー差別にも挑戦した。アメリカ美術史家リンダ・ノックリン（Linda Nochlin）は「なぜ女性の大芸術家は現れないのか」（Why Are There No Great Women Artists?）という1971年の論文において、女性が芸術という「制度」からいかに排除されてきたかを歴史的に検証している[28]。

　女性芸術家として、数々のタブーに挑戦したシカゴ作品の意義は大きいが、シカゴには多様化する生・性や人種への配慮が欠如しているという指摘もある。不滅のプロテストアートは、時代によって変化する思想や価値観、長期的視点での歴史評価の試練に耐えられるものでなければならない。

## 4. スポーツと文化

　「スポーツは社会化（socialization）の一手段である」と述べたのは、ゲマインシャフト（Gemeinschaft）とゲゼルシャフト（Gesellschaft）というカテゴリーを用いて、最初の体系的なスポーツの社会学的研究（*The Sociology of Sports*, 1921）を行ったドイツの作家で社会学者のハインツ・リッセ（Heinz Risse）であった[29]。社会化とは、個人または集団が社会的相互作用を通じて、集団または社会で期待されている規範や習慣を生涯にわたって学習する過程を指す[30]。国家による体育科教育（physical education: PE）に見られるように、スポーツによる社会化の重要性は古くから認識されていたが、スポーツでは当局や指導者が望むような効果を得られないという可能性もある。例えば、スポーツは自己鍛錬、チームワーク、リーダーシップやその他の資質を養うことを目的とするが、競技・試合参加者に「どのような犠牲を払ってでも勝ちたい」という社会にとって有害な欲望をも生む。その結果が「ドーピング」（日本アンチドーピング機構によると「スポーツにおいて禁止されている物質や方法によって競技能力を高め、意図的に自分だけが優位に立ち、勝利を得ようとする行為」をいう）や八百長・無気力試合（故意に負ける取り決めなど）などの問題につながる。不正をしてでも勝ちたいという欲望は年齢や競技規模に比例するという指摘もある。勝ち負けのあるスポーツは選手や参加者だけでなく観客の感情をも左右する。劇的な逆転による勝利の歓喜、相手チームへの憎しみ（ヘイトスピーチ）、暴徒化したファン「フーリガン」（hooligan：熱狂のあまり、暴徒化するスポーツファン、特にサッカーファンを指す）などはその一例である。また、スポーツは国家的アイデンティティと結び付きやすい。ワールドカップやオリンピックでは選手は自国の名誉のために戦い、観客は自国の選手を応援する。勝者に勲章や報奨金などを与える国家もあり、世界的なスポーツイベントの開催中は世界各地でナショナリズムの気運が高まる。

　スポーツに関する研究領域であるスポーツ社会学は社会学のなかでも1950年代まではマイナーな分野とされ、しばしば冷遇されてきた。学問領域としての周辺化はスポーツが単に「娯楽」「レクリエーション（気晴らし）」であり、

学問対象として相応しくないという偏見によるものであったが、1980年代以降の世界的なスポーツ産業の急速な拡大を背景に一つの研究分野として注目されるようになった。実際、スポーツに対する価値観は文化に依存し、それがスポーツの定義のあいまいさとなる。ある研究者はスポーツを広義に捉え、身体文化の一側面として認識された、比較的厳格で規律正しい身体活動を幅広く含むものと定義するが、ある研究者はより具体的に、ルールに支配された身体競技、つまり参加と競技のルールと条件を標準化した公式の管理団体によって管理される「組織化されたスポーツ」と定義する[30]。このためスポーツ社会学では、北京の公園で日常的に行われている太極拳や、サンパウロの広場で行われているカポエイラ、組織化された少年サッカーチーム、米国で毎年行われているスーパーボウル、オリンピックなどについての研究もある。

アメリカのスポーツビジネスは現在、50兆円規模、世界市場の3分の1を占める。この巨大スポーツ産業はいかにして生まれたのだろうか。アメリカの歴史家ベンジャミン・レイダー（Benjamin G. Rader）によると、アメリカのスポーツ史は「民俗ゲーム」「プレイヤー」「スペクテイター（観客）」という三つの時代に分けられるという[31]。第一に、植民地時代から19世紀初頭までの時代は「民俗ゲームの時代」と呼ばれている。レイダーによるとこの時代は、植民者や先住民が各共同体で民間伝承的なスポーツを楽しんでいた、近代スポーツ成立以前の時代であるという。

第二に、19世紀前半〜第一次世界大戦までの時代は「プレイヤーの時代」と呼ばれている。19世紀中葉の南北戦争以降、産業化・都市化が本格化した19世紀後半から20世紀初頭を含むこの時代には、野球やアメリカンフットボールなどのチームスポーツが「ナショナルスポーツ」として広まっていった。野球の基本形は南北戦争の英雄アブナー・ダブルデイ（Abner Doubleday）少佐が士官候補生時代に考案したという説もある（真偽は不明）。19世紀末はスポーツをめぐる社会階級が顕在化した時代であった。スポーツは釣り、狩り、馬術のように本来は階級指向性があるアクティビティーであった。個人競技と異なり、チームスポーツは中産階級の娯楽だったが、ラクビーを起源とするアメリカンフットボールは東部エリート大学で広まり、アメリカで独特の地位を得たチームスポーツとなった。

4. スポーツと文化

図13.2 アメリカンフットボール（スーパーボウルⅢ、1969年）

　第三に、1920年代から現代までは「スペクテイター（観客）の時代」と呼ばれている。19～20世紀転換期に「見せるスポーツ」が登場し、1920年代以降に普及した。フットボールのほか、ヨットレース（アメリカズカップ）など、エリートの競合を大衆が観戦する形式となった。第一次世界大戦後には野球（ベーブ・ルース）、アメリカンフットボール（レッド・グレーンジ）、テニス、ボクシングなどがヒーローを輩出し、スター選手は大衆のアイドルになった。20世紀前半、ゴルフでも本格的なプロ化が進むなど、エリートゲームとして始まったスポーツは「見せるスポーツ」となり、それとともにプレイヤーたちの階級、ジェンダーの統合が進んだ。それでも、スポーツ社会学と同様に、スポーツの制度もまた実質的に西洋、白人、男性に支配されたままであり、絶え間なく制度が刷新され、それに対して、漸進的な脱西洋化、脱英語化、脱男性化が求められていると指摘する研究者もいる[32]。

　戦間期にはスポーツの産業化が進み、後の巨大スポーツビジネスへとつながった、とレイダーはいう。すなわち、アメリカの4大プロスポーツリーグといわれる「アメリカンフットボール」（NFL）、「野球」（MLB）、「バスケットボール」（NBA）、「アイスホッケー」（NHL）である。

　現在、マスメディアとスポーツは互いに蜜月関係にある[33]。18世紀末以来、マスメディアとスポーツはそれぞれ発展を遂げながら、互いに不可欠の関係となった。マスメディアは新しいテクノロジーや市場を獲得して読者や視聴者を

増やし、スポーツは支出を惜しまない観客を魅了していった。20世紀になると、メディア各社は、スポーツ中継が多くの観客を獲得できる需要が高いコンテンツで、スポンサー獲得も期待できることを知った。さらに、スポーツは国民文化を創造し、愛国心を高揚させた。

スポーツジャーナリズムも発展した[34]。初期のスポーツニュースは、イベント告知や結果のみを報道していたが、スポーツ人気の高まりで需要が急増した。スポーツライターは試合前の特集、試合の詳細報告、終了したスポーツイベントの特集記事、スポーツ選手のスキャンダルやゴシップ記事なども執筆した。現代では、タブロイド紙だけでなく、高級紙においてもスポーツは読者を獲得できる報道の柱となり、多数のページが割かれている。オリンピックでは、巨額の放映権を競り落としたアメリカの放送局の予定（プライムタイム）に合わせて競技日程が組まれるなど、マスメディアのスポーツへの影響は計り知れない。さらに、スポーツは国民文化を創造し、愛国心を高揚させる。そのコンテンツはリアルタイムで国境を超え、世界中の人々を魅了する。

## 【コラム】オリンピズム

オリンピックの歴史は約3000年前の古代ギリシアの都市オリンピアに遡る。オリンピアで4年ごとに開催されるスポーツコンテストは、地名にちなんで「オリンピア競技会」と呼ばれるようになった。記録では、紀元前776年から西暦393年まで開催されたという。この地は紀元前10世紀頃よりオリンポスの12神の主神であるゼウスの崇拝の中心地であった。神聖な土地で開催されるこのスポーツ競技大会は、全知全能の神ゼウスをはじめ多くの神々を崇めるための宗教的、平和的な祭典であり、ギリシア・ヒューマニズムの最も崇高な理想を象徴するイベントであった[35]。19世紀末、古代ギリシアのオリンピア競技会が1500年ぶりにアテネで復活した[36]。1894年、ピエール・ド・クーベルタン（Pierre de Coubertin）の主導により、国際オリンピック委員会（International Olympic Committee）が設立され、1896年に近代最初のオリンピック競技大会（オリンピアード競技大会）がギリシアのアテネで開催された（冬季大会は1924年にフランス

のシャモニーで開催された）[37]。1914年、五つの大陸の団結とオリンピック競技大会で世界中の選手が集うことを表現する、五つの結び合う輪を描いたオリンピック旗が採用された[38]。このためオリンピックは日本語で「五輪」ともいわれる。世界最高峰の障害者スポーツ大会「パラリンピック」（Paralympic）は1948年、ロンドンのオリンピック開催に合わせて、ロンドンの北部にある退役軍人病院で始まった[39]。

　オリンピック憲章（オリンピズムの基本原則）に「政治的に中立でなければならない」という文言があるように、近代オリンピックでは、スポーツと政治は切り離されるべきであるという原則が共有されてきた[40]。しかし、世界各国に報道される五輪はしばしば政治利用されている。「ヒトラーのオリンピック」といわれるベルリン五輪（1936年）、1979年のソ連のアフガン侵攻に抗議して西側（自由主義陣営）がボイコットしたモスクワ五輪（1980年）、その報復として東側（共産主義陣営）がボイコットしたロサンゼルス五輪（1984年）などがある（アメリカの圧力で日本もモスクワ五輪をボイコットした）。一方、個人が政治目的に利用した事件として記憶に新しいのがロンドン五輪（2012年）の男子サッカー3位決定戦（日韓戦）での韓国サッカー選手による竹島領有の主張であろう。

　オリンピックの政治利用という点で五輪最大の「事件」といわれるのが、公民権運動の時代に起きたメキシコシティ五輪での「ブラックパワーサリュート」（Black Power/Clench-Fist Salute）であった。この事件は、アメリカ各地で公民権運動が激化していた1960年代後半、アメリカ人種差別への非言語の抗議メッセージをメキシコから全世界に発信する役割を果たした。ブラックパワーサリュートとは、1968年メキシコシティ五輪でメダル授与のために表彰台に上がった2人のアフリカ系アメリカ人（黒人）が行った拳を高く掲げたポーズで、人種差別に抗議する示威行為である[41]。公民権運動の指導者であったマーティン・ルーサー・キング牧師が4月に、そして人種問題の解決に積極的に関与したロバート・ケネディが6月に暗殺された1968年の、メキシコシティ五輪においてこの事件は起きた。10月16日、男子200メートル走で優勝したトミー・スミス（Tommie Smith）と3位に輝いたジョン・カルロス（John Carlos）は表彰台に立ち、アメ

第13章　コミュニケーションの深化

図13.3　メキシコシティ五輪で
表彰台に立つスミスとカルロス

カ合衆国国歌が流れ、星条旗が掲揚される間、首を垂れ、黒い手袋をした拳を空へ突き上げてアメリカの人種差別に抗議した。金メダルを獲得したスミスはブラックパワーを示すために右拳を、銅メダリストのカルロスは黒人の団結を表すために左拳を上げた。2人は首に巻いたビーズでリンチへの抵抗を、スカーフで人種的プライドを、靴を履かずに黒い靴下で貧困を訴えた。スミスとカルロス、そして2位になったオーストラリアのピーター・ノーマンの3人は前年アメリカで結成された人権侵害に抗議するアスリートや活動家の組織「人権を求めるオリンピックプロジェクト」(The Olympic Project for Human Rights: OPHR) のシンボルが描かれたピンバックボタン (バッジ) を身に着けていた[42]。このシーンは全世界に放映され、オリンピック史に残る大事件となった[43]。民主主義国家アメリカの矛盾を世界に訴えた2人は国際オリンピック委員会によりオリンピック村から即時追放され、帰国後の人生では、脅迫や不当解雇など、さまざまな苦難を味わった。OPHRのバッジを着けていたノーマンもオーストラリアに帰国後、批判され、競技から追放された。

2008年、スミスとカルロスは「スポーツを超えた」貢献をした個人に

毎年授与されるアーサー・アッシュ勇気賞（Arthur Ashe Courage Award）を受賞した。バラク・オバマ大統領（当時）は 2 人について「1968 年のオリンピックでの彼らの力強い無言の抗議は物議を醸したが、それが人々を目覚めさせ、その後のオリンピックに大きなチャンスをもたらした」と語った[44]。ブラックパワーサリュートが挑戦したオリンピズムは、現代においても政治的中立性という課題を抱えている。

## 第14章
# 異文化コミュニケーションの未来
―文化的仲介者の役割―

> 異文化コミュニケーションにおいて、互いの背景の違いを超えて信頼し合い、良い関係を築くためには文化を読み解く力、正義・不正義を良心に基づいて判断する倫理観、争いごとを収めるためのコンフリクトマネジメント力、ネゴシエーション力、和解や許しを得るための知識やスキルなどが必要となる。本章では、異文化間の文化的仲介者として必要な知識やスキルを学び、異文化コミュニケーションの未来について考察する。

## 1. ソフトパワー

　毎年、国家ブランド指数を発表しているアンホルト・イプソス（Anholt-Ipsos）によると、2023年、初めて日本が首位となった[1]。この「国家ブランド指数」（Anholt-Ipsos Nation Brands Index: NBI）とは、「文化」「観光」「輸出」「移住と投資」「人材」「ガバナンス」の六つの指標で60の国や地域に対する好感度（ブランド）を数値化したものである。前年首位だったドイツは2位、カナダは前年に続き3位を占めた。2009年から2013年まで、そして2015年と2016年に1位に君臨したアメリカは、2008年以来、国家ブランド指数トップ10にランクインしている。
　他人に対する個人の評価は、日々得られる情報によって書き換えられる。同様に、他国に対してもその好感度は日々変動する。評価や好感度の根拠はその個人のイメージでしかない。では、個人の他国に対するイメージはどのようにして醸成されるのか。そのイメージは国家が戦略的に操作しうるものなのか。このような考えを理論化したのがアメリカの国際政治学者ジョセフ・ナイ

(Joseph Nye) である。国家の公式な発表を担うスポークスパーソンのステートメントだけでなく、毎日発信されるニュースも国境を越えて、国内外の人々にある種の印象を与える。ナイは、公式・非公式にかかわらず、国家間で行われている文化的コミュニケーションの影響に注目し、その普遍的な意味を政治的に評価した。軍事力や埋蔵資源など、目に見える国家権力である「ハードパワー」(hard power) に対し、政治的権力や文化的影響力を「ソフトパワー」(soft power) と呼び、ソフトパワーを「強制的な圧力に頼ることなく、他国に影響を与えることができる国家の力」と定義した。ナイは、ソフトパワーのメリットについて、「国家がその力を他者の目に正当なものと思わせることができれば、自国の望みに対する抵抗は少なくなる。自国の文化やイデオロギーが魅力的であれば、他国は喜んで従うだろう。自国の社会と整合性のある国際規範を確立できれば、変化を余儀なくされる可能性は低くなる。他国の活動を自国の望む方向に誘導したり制限したりするような制度を支援できれば、自国はコストのかかる強制力やハードパワーの行使を免れることができる」と説明している[2]。

　ナイはハードパワーとソフトパワーを組み合わせた外交戦略を提唱し、二つのパワーの相互補完的行使によって他国から共感や支持を得るべきであると主張した。ナイはソフトパワーの三つの源泉を挙げ、間接的な効果は時間を要すると述べた。一つめは「文化」(芸術、映画、文学、企業、大学、財団、教会、抵抗運動など)、二つめは「政治的価値」(民主主義、人権、報道の自由、抵抗権の保護など)、そして三つめは「政策」(他国の利益にも配慮する政策、正当な政策、開発や人権の促進) である。すなわち、ソフトパワーとは、政治イデオロギー化した文化全般と解釈できる。例えば、アメリカのソフトパワーとして、ハリウッド映画やビルボードチャート、ロックやジャズ、スポーツ (NFL、NBAなど)、民主主義、自由、協調主義などが挙げられる。近年、中国は「独自のソフトパワーが必要」と考え、ハード・ソフト両方の「スマートパワー」外交政策を展開している。24カ国での調査 (2023年7月) によると、67％が中国の国際的貢献に対して否定的、28％が肯定的だった。「ソフトパワー」の一部とみなされる要素に関して、69％が中国の技術的成果を高く評価するが、大学、娯楽製品、生活水準について同じことをいう人は少なかった (35％)。また、ワクチン外交、

図14.1 マグレイによる記事「日本のグロスナショナルクール」(Foreign Policy, 2002)

戦狼外交 (wolf warrior diplomacy：他国に対する攻撃的、高圧的な姿勢) など、中国のスマートパワー政策に対する印象は良いとはいえない[3]。

　冷戦が終わり、社会主義諸国の力が衰えた21世紀前夜、ナイが意識していたのが日本の台頭であった[4]。2002年、ダグラス・マクグレイ (Douglas McGray) は、「日本のグロスナショナルクール (国民総クール)」というタイトルの記事において GNP (Gross National Product：国民総生産) をもじって、その国の「文化のレベルや国際影響力」を GNC (Gross National Cool) と呼び、日本の「クールな商品や文化の総計」を賞賛した[5]。マクグレイは、日々発信されるソフトパワーとしての日本文化を「クールジャパン」と呼び、世界各国の人々を魅了していると述べた。

　この「クールジャパン」はその後、日本のソフトパワー戦略の名称となった。日本政府は1989 (平成元) 年9月、成長戦略の一つとして「クールジャパン」 (日本文化を海外に売り込む国家戦略) を立案した[6]。アニメ、マンガ、ゲーム等のコンテンツ、ファッション、食、伝統文化、デザイン、ロボットや環境技術などを日本の魅力と位置づけ、政府主導で海外に発信する事業を展開している。

政府によると、クールジャパンでは、外国人が「クール」（かっこいい）ととらえる（また、その可能性のあるものを含む）日本の魅力を発信することを目標とする。また、「食」「アニメ」「ポップカルチャー」などに限らず、世界の関心の変化を反映して無限に拡大していく可能性を秘め、さまざまな分野が対象となりうると提案している。例えば、漫画、ゲームなどのコンテンツ、芸能などのエンターテインメント、ファッション（着物など）、キャラクター商品、食文化（日本食、懐石料理など）、旅館、伝統工芸、デザイン、ロボットや環境技術などが考えられる。そして、世界の人々の「共感」を得ることを通じ、日本のブランド力を高めるとともに日本への愛情を示す外国人（日本ファン）を増やすことで、日本のソフトパワー強化を狙っている。政府は「情報発信」「海外展開」「インバウンド振興」の三つの展開によって、世界の成長を取り込むことで日本の経済成長につなげるというブランド戦略を展開している。

日本の魅力ある商品・サービスの海外需要開拓に関連する支援・促進を目指して、2013年11月に法律に基づき設立された官民ファンドであるクールジャパン（CJ）機構では、官民一体となった事業が行われ、巨額の税金も投じられたが、巨額損失が発生するなど迷走している[7]。政府主導のクールジャパン戦略の主な課題として次のような理由が考えられる。官主導の情報や事業への抵抗感がある「ヲタク」の文化、日本と世界の価値観や目線の違いに対する「無理解」、IT時代に対応する「デジタル情報・コンテンツ」（DB）の不在、外国の「ビジネススタイル」に対する無知や「戦略の欠如」などである。

マクグレイの記事から数十年を経て、東アジアのトレンド発信地は日本から韓国に移った。世界各国でK-ポップが流れ、サムスン電子（Samsung Electronics）の安価で性能がよい電気製品や携帯電話が世界シェアを伸ばした。一方で、経済が低迷し、政治不信が広がる日本のソフトパワーも海外で健闘している[8]。クールジャパン戦略で想定されたブランド戦略である「情報発信」「海外展開」「インバウンド振興」は、皮肉にも民間主導のビジネス展開と、政府の金融政策の失敗が招いた円安によって実現した。

## 2. 社会正義

　社会正義（social justice）とは「不正義に挑戦し、多様性を尊重することによって、公正な社会を促進すること」で、それは、「すべての人が共通の人間性を有し、それゆえに公平な待遇、人権への支援、地域資源の公平な配分を受ける権利を有する」ときに存在する[9]。正義（justice）の歴史は古代ギリシアに遡る。「正義」「不正義」の議論は数千年前の古代ギリシア時代にはプラトンによって、中世にはトマス・アクィナスによって、近代にはイマヌエル・カントによって取り上げられた[10]。1932年10月の演説の中で、後の大統領フランクリン・D・ローズヴェルト（Franklin D. Roosevelt）は「物事を放置する」哲学の落とし穴を強調し、これは社会のより弱い立場にある人々を犠牲にする「適者生存」につながると述べた。そのうえで、ローズヴェルトは、「社会的行動による社会正義」という代替哲学を提案し、それが「人類の保護につながる」と述べた[11]。国連は、その妻であるエレノア・ローズヴェルト（Eleanor Roosevelt）を委員長とする国連人権委員会で1948年に採択した「世界人権宣言」（The Universal Declaration of Human Rights）において社会正義の概念を打ち出し、国家間や国内での緊急かつ協調的な取り組みを呼び掛けた。国連は社会正義を「国家内および国家間の平和で豊かな共存の基礎となる原則」と定義し、2月27日を「世界社会正義の日」（World Social Justice Day）と定めている。2024年の世界社会正義の日、国連は「より公平な世界の形成：社会正義を強化するための世界的な取り組み」と題した文書を発表した。その文書によると、世界中で40億人以上の人々（2024年現在）が基本的な社会的保護を利用できず、経済的困窮、健康被害、社会的排除に晒されているという[12]。そして、社会保障と社会正義をすべての人にとって具体的な現実に変えるため、不平等や格差を解消する、社会正義のための連携が必要であると呼び掛けた。

　社会的な正義とは「公正な社会の推進」を目指す指針や概念であるが、法で定められるものではない。したがって、法で裁けない不正義にどのように対処し、どのように社会正義を実現するかが焦点となる。社会正義の具体的な課題として、差別、不平等、気候変動、ホームレスなどへの対策が挙げられる。国

連で取り組む国際規模での社会正義として明記されているのは「資源の再分配」(redistribution of resources)、「周辺化されたグループの認知」(recognition of marginalized groups)、「個人やグループの社会参画」(participation of individuals and groups) である。社会的不正義の例としては、教育や仕事へのアクセスでの不平等、食料や水の供給への不安、富の偏在や経済格差、警察による暴力や差別、健康格差、リプロダクティヴライツの侵害、気候変動・汚染・環境災害の影響、土地の権利と土地へのアクセスの侵害、住宅供給とホームレス問題、参政権問題、社会的差別（人種、ジェンダー、信教、エスニシティなどに基づく差別）などがある。

　このうち、ジェンダーに関する社会的不正義を正す取り組みは進みつつある。その取り組みの一つが公職における「ジェンダークオータ（制)」である。クオータ制は、格差是正のためにマイノリティに割り当てを行うポジティヴアクションの一つで、政治や経済の分野で導入されている。ジェンダークオータ（制）とは、議会における男女格差を是正することを目的とし、性別を基準に女性または両性の比率を割り当てる制度である（内閣府）。ジェンダークオータは国家の民主主義的性格を高め、女性に正義と権利を与えると指摘されている。2000年、第43代米国大統領のジョージ・W・ブッシュはジェンダークオータに反対する意見を表明したが、世界では1990年以降、ジェンダークオータは広がっている。20世紀末よりネパール、ウガンダ、エクアドルなど、50カ国以上がこの法律を導入している。女性の議席もしくは候補者の割合義務として、アルゼンチンでは30％（1991年成立）、コスタリカでは40％（1996年成立）、パナマでは30％（1997年）、ブラジルでは25％（1997年成立）、フランスでは50％（2000年成立）、セルビアでは30％（2002年成立）、インドネシアでは30％（2003年成立）などと規定されている[13]。

　国家としてではなく、政党ベースでのジェンダークオータ制（女性割り当て）を導入する国もある。ドイツ、オランダ、イギリスなどである[14]。ジェンダー平等が進む北欧諸国のなかでもスウェーデンでは1993年以来、多くの政党が「男女議員数を同数にする」制度を導入している。この政党によるジェンダークオータは女性の政界進出を後押し、2021年にはマグダレナ・アンデション（Magdalena Andersson）が初の女性首相に就任した。

図 14.2　世界銀行発行の「女性・ビジネス・法律 2024 年報告書」

　これに対して、日本はジェンダーギャップランキングで低迷している（2024年には 146 カ国中 118 位）。その背景には、国会議員や閣僚の女性割合が低いことが挙げられる。内閣府男女共同参画局の資料（2024 年 4 月）によると、衆議院における女性議員の割合は 10.4％、参議院における女性議員の割合は 26.8％であり、国際的にみると、日本は下院や一院制議会の女性議員の割合で 186 カ国中 164 位と大きく遅れをとっている[15]。「候補者男女均等法」（2018 年施行）では、男女同数の候補者を目指すという目標はあるものの、法的拘束力はないため、政治分野におけるジェンダー格差の改善は期待できない。

## 3. コンフリクトマネジメント

　日常生活において「コンフリクト」（conflict：対立、口論、衝突、紛争など）は歓迎すべきなのか。コンフリクトとは「二者もしくはそれ以上の独立した個人や集団の目的、価値観、期待、過程、結果の認識された、あるいは現実の不一致」を指す[16]。活発な議論や対立は問題を顕在化し、解決へと向かうと好意的に受け取る人々がいる一方、いかなる議論も人間関係に禍根を残すため、避

けるべきだという人々もいる。コンフリクトに対する態度は個人的な性格だけでなく、それぞれの背景となる文化によるところが大きい。

実際、コンフリクト（衝突）は、個人的、社会的、国家的、国際的とあらゆるレベルで日々で起こっている。日常生活では世代的コンフリクトの事例も散見される。例えば、ベビーブーマー世代の次の世代にあたるX世代は自己主張や個人的な成功、物質的な豊かさを重視する一方でワークライフバランスを大切にするが、20-21世紀転換期に生をうけたZ世代は、他者の多様な価値観を尊重しながらも、自分の個性を大切にし、必要なものに最小限のお金を遣う傾向があるといわれる。この両者が上司と部下となった場合、さまざまなビジネスシーンでコンフリクトを生む可能性がある。社会ではさまざまな価値基準をめぐってコンフリクトが起きる。例えば、医療や教育のへのアクセス、政治参加について、ある人は移民や在留外国人も含めるべきだと主張し、また別の人は国籍（もしくは市民権）のある人に限るべきだと主張するかもしれない。また、国際シーンでは、敵対する国家間での貿易戦争、経済制裁、国交断絶などの対立が起こっている。

コンフリクトは単なる意見の不一致ではない[17]。コンフリクトは深刻な結果や悲劇を生む原因ともなりうる。SNSではしばしば悪口や誹謗中傷などのメッセージが投稿され、ユーザー間でのトラブルやコンフリクトが悪化する状況が起きている。個人間のコンフリクトは複雑かつ多重的で解決は困難だが、文化の違いを原因とするコンフリクトであれば、その対処法について学ぶことでコンフリクトを未然に防ぎ、対処することができる可能性がある。

文化間のコンフリクトを理解するための一方策として発表されたのが、ステラ・ティン＝トゥーミー（Stella Ting-Toomey）による「コンフリクトフェイス交渉理論」（the theory on conflict face-negotiation, 1988）である[18]。個人主義的文化を背景とする人物は、相手よりも、自らの「顔」（face：公的なイメージ、名声、体裁など）を守るため、よりダイレクトなコンフリクトマネジメントを好む。一方、集団主義的文化をもつ人々は、公開の場での対立を避け、集団的調和を保とうとする。もちろん、文化のみが指標となるとは限らない。エスニシティ、地域、家族によってコンフリクトへの考え方や対処法は異なる。家族には独特のコンフリクトマネジメントスタイルがあり、知らず知らずのうちに

それを習得していることが多いが、それが外部で通用するとは限らない。

コンフリクトの種類として価値観、宗教、家族などをめぐるコンフリクトがある。マーク・コール（Mark Cole）はコンフリクトをその原因別に五つに分類した[19]。「愛情コンフリクト」（affective conflict）は友情・愛情をめぐる対立（例えば恋人同士のライフスタイルや食生活の主義主張の違いなど）を、「利益相反コンフリクト」（a conflict of interest）は他者との利益相反に関する対立（自営業で無能な親せきを雇用するかどうかの対立など）を、「価値コンフリクト」（value conflict）はイデオロギーや個別事例に関する対立（宗教的あるいは政治的見解の相違など）を、「認知コンフリクト」（cognitive conflict）は思考や認識など互いの認知の差異に関する対立（新車を購入する際のセールストークへの賛否など）を、「目標コンフリクト」（goal conflict）は望ましい結果や最終状態についての意見の違いに関する対立（自家用車の購入か、公共交通機関の利用かの論争など）を指す。

コンフリクトの対処法は状況や程度、相手との関係性により変わることは確かだが、一般的な文化的な違いを踏まえた対策が有用となる可能性がある。ミッチェル・ハマー（Mitchell R. Hammer）は言語表現（直接的／間接的）、感情表現（感情表現的／感情抑制的）によってコンフリクトへの対処法を大きく四つに分類している（図14.3）[20]。まず、第一の直接的言語を用いる感情抑制的なグループは「ディスカッションスタイル」（discussion style：討論型）を好む傾向がある。これは、意見の相違に対処するため、各当事者はより直接的な言葉による主張を行うものの、より感情的に抑制された、あるいは統制された方法を重視するというコンフリクト解決へのアプローチである。

第二の直接的言語を用いる感情的なグループでは「エンゲージメントスタイル」（engagement style：関与型）が好まれる。このグループは対立を解決するため、感情表現豊かな態度で言葉による直接的で対立的なアプローチを重視する。このスタイルは、より激しい、言語・非言語の感情表現を通して示される関心の度合いに相手の誠実さが現れているとみなす傾向がある。

第三の間接的言語を用いる感情抑制的なグループでは、「アコモデーションスタイル」（accommodation style：調停型）と呼ばれる方法が好まれる。不一致の領域に対処するため、当事者はより間接的なアプローチをとり、より感情抑

|  | 感情抑制的 | 感情的 |
|---|---|---|
| 直接的 | **ディスカッション（討論型）**<br>直接的言語＋感情抑制的<br>感情を抑制しながらも、説明や意図を求めて解決を図る<br>アメリカ人、ヨーロッパ人、オーストラリア人、ニュージーランド人に多い | **エンゲージメント（関与型）**<br>直接的言語＋感情的<br>言語・非言語の感情表現を通して関心の度合いを示す<br>南欧人（フランス、ギリシア、イタリア、スペイン）、ロシア、中東（イスラエル）など |
| 間接的 | **アコモデーション（調停型）**<br>間接的言語＋感情抑制的<br>感情を極力抑えながら、遠回しに意見を言うことでコンフリクトに対処する<br>ネイティヴアメリカン、ラテンアメリカ人（メキシコ、コスタリカ）、アジア人ほか | **ダイナミック（動態型）**<br>間接的言語＋感情的<br>強い言葉、反復、逸話、隠喩を使うか、第三者の仲介者を介入させる<br>アラブ人、中東に多い |

図14.3 異文化コンフリクトスタイルモデル（ミッチェル・ハマー）

制的な態度でコンフリクトを解決しようとする。このスタイルでは、コンフリクトが「制御不能」に陥らないようにするため、常に曖昧で婉曲的な表現を使用する。対人関係の調和を保つため、感情的な落ち着きと余裕を保つことは不可欠とされる。

　第四の間接的言語を用いる感情的なグループでは「ダイナミックスタイル」（dynamic style：動態型）を好む傾向がある。このスタイルは、より感情的な表現で意見の相違に対処しながらも間接的な戦略を用いる。このスタイルでは、コンフリクト解決のために大げさな表現、メッセージの繰り返し、より「連想的」な議論構造、あいまいな表現、第三者の仲介などが採用される。各当事者の信頼は意見の相違や相手に対して示す感情的表現の度合いによって決まる。

　コンフリクトを解決するには一般的に次のような方法が推奨される[21]。まず、コンフリクトに関しては問題を特定し、「周辺化させない」ことが重要である。このとき、相手の考えが単純で敵対的であり、自分の説が優れていて正しいと思い込まず、両者が合意できる第三のオプションへの道を残しておくことが推奨される。次に、コンフリクトの「相手と接触を絶たない」ことが重要である。解決に導くのは互いに誠意のある対話である。何が問題だったのかを当事者に伝え、対話を通して解決することが求められる。さらに、相手との「対処法の違いを認識する」こと、「自分のスタイルを意識しておく」こと、「自分のスタ

イル以外の方法を試してみる」ことも有用である。コンフリクトやその対処に対して感情の表出を是とする人もいれば、礼儀や沈着冷静な態度を重視する人もいる。自分が好む、コンフリクト対処法を認識したうえで、そのスタイルで解決しないときは別の方法を試してみることが重要である。また、「コンフリクトの文脈を認識する」必要がある。対人コンフリクトであったとしても、その背後に社会的、経済的、政治的、歴史的原因があることも考えられる。コンフリクトの原因や背景は何かを分析し、解決に際してはそれらを考慮することが求められる。そして、最後に「許す意思をもつ」ことが重要である。復讐心や悪意を捨てて相手と向き合い、関係の修復を図ることでよりよい人間関係を築くことができる。

## 4. 許し

　和解への入り口として、許し（「赦し」ともいう）は傷の修復、痛みの超越、信頼の更新、関係の再構築において重要な役割を果たす[22]。許しとは「罪やあやまちをゆるすこと」（広辞苑）をいう。これは相手の過去の行いを受け入れ、その相手への怒りや憎しみなどを手放すことを意味する。コミュニケーション学では、「許し」という行為は互いに相克する弁証法的な矛盾を含む、複雑なプロセスであるという[23]。まず、許しは「記憶と忘却」という二つの対極のプロセスを含蓄する。コンフリクトという「逸脱」を忘れたいと思う一方で、同じ人間関係において同様のコンフリクトに陥らないためには詳細を覚えておくことも必要となる。記憶か忘却かという葛藤は許しのプロセスに影響を与える。第二に、許しは「心と頭」の対立を含む。コンフリクトに対しては強い感情をもちつつ、許すためにはより知的な、認知的なアプローチを必要とする。精神的葛藤と知的思考の間で揺れ動くことになる。第三に、許しには「信頼とリスク」も対置される。許しは人間関係の信頼の再構築のプロセスであるとともに、未来のリスクへのプロセスでもある。第四に、許しには「慈悲と正義」が含蓄される。相手に対する敵対的な感情を手放そうと努め、相手に慈悲を与えつつ、同時にそれは、相手に雪辱を果たしたい、報いを受けてほしいという気持ちを手放すことでもある。許しという行為は自身の中の正義を求める衝動とは矛盾

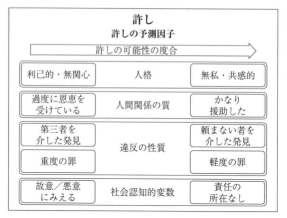

図14.4 許しの予測因子 (McCullough et al., 1998)

するものの、相手への哀れみを優先させることで自らの否定的な感情を乗り越える努力が必要となる。このように互いに対立・矛盾するいくつかの概念の葛藤や緊張を乗り越えた先に許しがある。

許しに関して、コミュニケーション学では主に「人はどのように許すのか」に焦点を当ててきたが、心理学では主に「人はなぜ、いつ許すのか」という問いを扱ってきた。心理学の研究では、親しい間柄での許しにおける先行要因について四つのカテゴリーが同定されている。それは、社会認知的または感情的変数（例：共感）、逸脱内容（例：被った危害の重大性）、関係性（例：親密さ）および性格特性（例：好感度）である[24]。また、許しに影響を及ぼす最も重要な要因として、社会認知的先行要因には、加害者に対する共感、加害行為に対する反芻（rumination：繰り返し、思い考えること）、および責任帰属が含まれる。共感と自責は許しを引き出す傾向があるのに対し、反芻は攻撃性を活性化させる[25]。反芻（および反芻の抑制）は心理的苦痛を永続させると同時に、コンフリクトによる苦痛を永続させる役割を果たす可能性がある[26]。一般に反芻思考を消すのが苦手な人は許すのがより困難であるという。一方、許す相手に対する共感（empathy）は許しがもたらす効果を媒介する。許しそのものが加害者に対してより共感的な感情を抱かせるからである。許すという行為自体の心理学的分析も進んでいる。研究では、許しへと導く予測因子として「パーソナリ

ティ」（利己的・敵対的、献身的・共感的）、「関係性」（過度に恩恵を受けた、多額の資金が投入された）、「過失の内容」（第三者による発見、重大な過失、未承諾パートナーによる発見、軽度な過失）、「社会認知的変数」（故意・悪意とみられる、責任帰属の有無）が挙げられる[27]。

　許しは人間の本質や人間関係の根幹をなす普遍的な現象であり、特定の相互作用の中では文脈化され、文化的要因の影響を受けることが明らかとなっている。2015年、中国と米国という二つの文化圏における許しと和解のプロセスに関する研究が実施された[28]。この米中の共同研究では、米国と中国の文化における感情（怒りと思いやり）、「顔」（対面、世間体など）の脅威、そしてこれらと許しとの相互作用や和解への影響を調査している。研究では、米国の中規模大学の学生224人（男性65人、女性157人、その他2人）と中国の大規模大学の学生141人（男性23人、女性117人、その他1人）の計365人を対象に15分のリッカート式質問用紙で回答させ結果を集計した。研究結果によると、許しの理由について、中国人参加者は米国人参加者よりも関係志向的な許し（関係修復のため）を多く報告したが、自己志向的な許し（自分の利益のため）については両国に違いは認められなかった。中国で関係修復のための許しが多かった理由として、回答者に女性が多かったこと、そして、女性は男性より社交的であり、人間関係を重視したことが考えられる（ただしジェンダーごとの人数が同等でなかったため確定できない）[29]。また、許す前と比較して、どちらの文化においても許した後の怒りは少なかったが、中国人は許した後の思いやりは多かった。知覚された「顔」の脅威はまず当初の感情に作用し、それが許しに影響を及ぼし、反応的な感情を抑え、それが和解に影響を及ぼしていた。このように、中国人は米国人より関係修復のために許す可能性があることや、許しや和解における感情の変化に「顔」の脅威の影響があることが明らかとなった。両文化において、怒りは許しや和解と負の関連を示したが、思いやりは正の関連を示した。

　国家レベルで許しと和解を試みた事例として、オーストラリア先住民への迫害に対して国家的な謝罪を行った「国家謝罪の日（ソーリーデイ）」（National Sorry Day）がある。1991年9月、オーストラリア議会は「先住民和解評議会」を創設する法律を可決し、2001年の連邦創立記念日までの10年間の和解プロ

セスを決定した。評議会の目的は先住民の文化や過去の迫害や人権侵害の歴史、現在の不利益に対する理解を深め、オーストラリア先住民と非先住民の間の関係を改善し、先住民の不利益に対処する国家的取り組みを促進することであった。「先住民の帰宅」(The Bringing Them Home)報告書が発行されてから1年後の1998年5月26日、オーストラリアで初めて「国家謝罪の日」が開催された。以後、毎年、5月26日を先住民（アボリジニやトレス海峡諸島民）の強制移住の原因となった過去の政策（歴史的不正義）について、先住民に謝罪を行う日と定められた。2000年には和解を求めるシドニーのハーバーブリッジウォーク（和解のためのウォーク）が開催された。その8年後の2008年2月13日、ケビン・ラッド（Kevin Rudd）首相（当時）はオーストラリア国家として先住民に対して正式に謝罪を行い、先住民もこれを受け入れた[30]。

　誰しも人生において他者と衝突したり、対立したりすることは避けられない。和解できないとき、許しという選択肢がある。許しの効用としてしばしば挙げられるのは「自分自身が癒されること」である。他者を許すことで恨みや憎しみといった負の感情から自由になり、前向きになり、創造的になり、精神の安定を得られる可能性がある。そして、許すことで他者への思いやりを取り戻すことができる。人間は誰しも過ちを犯すものであり、自分も完全な存在ではない。「過つは人の常、許すは神の心」(To err is human, to forgive divine.)というキリスト教の格言はその不完全さこそが人間性だということを教えてくれる。

## 【コラム】囚人のジレンマ（ゲーム理論）

　「囚人のジレンマ」(Prisoner's Dilemma)とは、コミュニケーションが取れない状態での二者間の非ゼロサムゲーム（各プレイヤーの利得の総和がゼロにならないゲームで、参加者全員が得したり、逆に損したりするゲーム）において、二者が陥るジレンマを指す[31]。このときプレイヤーは、相手のプレイヤーが何を選択するかがわからないまま、自身と対話して選択を行わなければならない。しばしば引用されるのが以下のような銀行強盗の共犯AとBの例である。AとBは囚人としてそれぞれ独房に入れられ、明日の朝までに自白するように迫られている。このとき、次のような条件が双

【コラム】囚人のジレンマ（ゲーム理論）

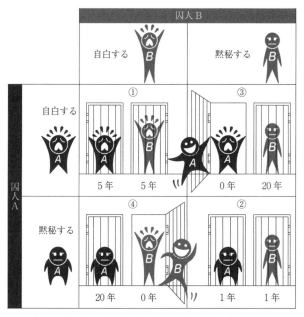

図14.5　囚人ABが陥ったジレンマを表すマトリックス

方に伝えられる。①ABとも自白すれば2人とも懲役5年となり、②ABとも黙秘すると2人とも懲役1年となる。しかしながら、③Aが自白してBが黙秘するとAは情状酌量されて釈放となるが、Bは懲役20年となり、逆に、④Aが黙秘してBが自白するとAは懲役20年となるが、Bは情状酌量されて釈放となる。Aの立場で考えると、自白すれば最長で5年（Bも自白した場合）、黙秘すれば最長20年の懲役（Bが自白した場合）となる。囚人たちが直面する「ジレンマ」とは、相手が何をしようとも、自分は自白したほうが黙秘するより良い結果となるが、2人とも自白した場合に得られる結果（懲役5年）は、2人とも黙秘した場合に得られる結果（懲役1年）よりも、それぞれにとって悪いものとなることである。

　囚人のジレンマは、ランド研究所（RAND Corporation）の2人の科学者メルヴィン・ドレッシャー（Melvin Dresher）とメリル・フラッド（Merrill Flood）によって設計されたが、「囚人のジレンマ」という名前は、プリン

ストン大学の数学者であるアルバート・W・タッカー（Albert W. Tucker）によって命名された。このジレンマは、しばしば冷戦時代、共通の利益（平和）を共有する東西陣営に喩えられる。各人は個人の利益を促進する（軍拡や侵略など）か、集団の利益を促進する（軍縮や講和など）かを選択できる。両方のプレイヤーが協力すると、達成できる成果は高くなるが、両方のプレイヤーが自分の利益を最大化しようとすれば双方にとってより悪い結果（核戦争）となる。現実社会においても、各人がこのようなジレンマに直面する事例は枚挙に暇がない。公共財の分配、企業間の価格競争、天然資源の乱獲、人間関係など、多くのケースで見られる現象である。より身近な例では、ライバル店が互いに顧客を囲い込もうとして値下げ競争を行うと、双方とも顧客も利益も失うことになる。さらに、ある農家が一人だけ生産性を上げて利益を独占したとしても、ほかの農家が追随して市場が飽和状態となると、すべての農家が利益を減じる。このように、利他的な行動が結果的に全体（双方）によい結果をもたらす状況にあるとわかっていても、個人が利己的な行為に走ってしまうことは少なくない。以上の理由から、囚人のジレンマは「個人の合理性」（個人の成果を最大化すること）と「集団の合理性」（集団の成果を最大化すること）の衝突と表現できる。換言すると、囚人のジレンマは、利己的な行為を戒め、道徳の重要性を説いたものと解釈することもできる。

囚人のジレンマは、「ゲーム理論」（Game Theory）の一定理である[32]。ゲーム理論とは、複数の当事者（プレイヤー）が相互依存する状況で決断を行う状況を分析する応用数学の理論である。相互依存性は、それぞれのプレイヤーが決断するには、ほかのプレイヤーの戦略の立案や戦略そのものを考慮することを要求する。利害関係をもつプレイヤーは自分にとって最適の決断を行うとともに、その決断の結果をも受け入れることになる。ボード／カード・ゲームにも応用できるが、この理論の応用範囲は広い。古典的な確率理論を補完・超越するゲーム理論は、現在、経済学、経営学、社会学、政治学、法学、心理学、生物学、生態学などで活用されている。

終 章
# 異文化コミュニケーションを学ぶということ

　現代において、異文化を学ぶ理由とは何か。近年、以下のような理由（責務）が指摘されている[1]。第一に、自己認識という責務がある。異文化を学ぶことは自分自身を知ることでもある。社会心理学者ピーター・アドラー（Peter Adler）は過渡的な異文化体験は最終的に「自己への旅」となるという。そして、アドラーは「逆説的だが、人間の多様性の新たな次元や異なる次元を経験すればするほど人は自身についてより多くを学ぶことができる。そのような学習は人が自我、文化、思考の境界を超えるときに起こる」と説明する[2]。このとき、「エスノセントリズム」（ethnocentrism）に陥らないようにすることが重要である。エスノセントリズムとは、自文化が他文化より優れていると考える傾向である。

　第二に、人口動態学的な責務がある。現代、国際交流、移民、インターマリッジ、宗教観の変化などで多様化が加速しているため、異文化の知識は欠かせない。どの国であっても均一（homogenous）集団から異質（heterogenous）集団へと移行しつつあり、多文化共生力は必要な資質となっている。

　第三に、経済学的な責務がある。グローバリゼーションでヒト、モノ、カネおよびサービスや労働力もボーダーレスとなった。例えば、コンピュータや部品の設計・製造・販売は北米や東南アジア、極東アジアなどの労働者の協力によって達成される国際共同プロジェクトとなっている。異文化の壁はビジネスにも影響する。例えば、アメリカでは文化の異なる中国でのビジネスに苦戦している。効率性を重視するアメリカと人間の関係性によってビジネスを行う中国では価値観が異なり、それが摩擦を生じさせている。経済大国の企業が、経済成長が著しいBRICS（ブラジル、ロシア、インド、中国、南アフリカ共和国の新興5カ国が結成した政府間組織で、新加盟国を加え、BRICS＋とも呼ばれる）や

他国で現地生産を行う際、異文化に関する知識は現地でのオペレーションにおいて武器となる。

第四に、テクノロジー的な責務がある。世界人口の約7割がインターネット接続をしている現代、テクノロジーがもたらす正負の影響を知るため、メディアを通した異文化学習が必要である。

第五に、平和的な責務がある。異なる背景をもつ人々が地球上で協調できるよう、相互理解を進める必要がある。20世紀には二度の世界大戦を経験し、現在でも世界各地で紛争や内戦が続いている。紛争の原因の一つが西洋による過去の「植民地主義」(colonialism)である。植民地主義とは「植民地を獲得し、拡大もしくは維持しようとする政策あるいは支配の方法、またはそれを支える思想」であり、伝統的な境界を無視した統括支配は、対立や内戦を生んできた（例：インド・バングラデシュ）。

第六に、倫理的責務がある。倫理（ethics）とは個人やグループの行動を統制する行動規範である。文化によって善悪の判断は異なる。倫理的な判断は文化的な価値観よりも、人間の行動の善悪の度合いにより重きを置いている。特定の状況では個人の善悪の判断がいつも「正しい」とは限らない。例えば、縁故採用や「袖の下」（賄賂など）に対する考え方は文化によって異なる。どの文化にも共通するような善悪の基準はない。見方によって善悪は異なる。倫理的配慮としては、自分の立場を認識して交流する「自己省察」(self-reflectivity)、他者について学ぶという「文化的謙虚さ」(cultural humility)、自分に偏見はないか自問する「社会正義」(social justice)の醸成が求められる。

異文化理解のためには「マルチフォーカルな視点」と異文化コミュニケーションコンピテンスが必要である。コンピテンス（competence）とは 技術や知識、能力を指す。異文化コミュニケーションコンピテンスとして、「動機づけ」(motivation)、「知識」(knowledge)、「態度」(attitude)、「行動やスキル」(behaviors and skills)の四つの要素が求められている。

まず、異なる背景をもつ人々とコミュニケーションをとろうとする「動機づけ」が必要である。一般的にパワフルなグループの人ほど異文化交流への情熱は少なく、逆にパワーをもたないグループの人ほど交流への意欲は高い。例えば、女性のマネージャーであれば男性中心の企業文化や規範修得のために交流

しようという動機をもつ。また、ラテン諸国からの留学生は欧米文化を学びたいという動機づけをもって、異文化交流の機会を求める。異文化交流を行うには、自分が快適である「コミュニケーションコンフォート領域」から出て、不安や不確定さ、恐怖と向き合う必要がある。

次に、「知識」が必要となる。言語能力は文化の境界を超える助けになる。異文化コミュニケーションのために必要な知識はさまざまな認知プロセスから成る。まず、自分自身についての知識（self-knowledge）、特に自分の長所や短所などを把握することが求められる。また、他者についての知識（other-knowledge）も必要となる。このとき、ステレオタイプを捨て去り、その人物の言動を特定の文化やグループと関連づけて判断することは避ける。さらに、言語に関する知識（linguistic knowledge）も必要となる。

そして、「態度」も重要な要素である。異文化交流では、「曖昧さへの寛容さ」「共感」「ノンジャッジメンタリズム」（個人的な見解または基準に基づいて他人を判断するのを控えること）といった態度が求められる。他者への寛容な態度を意識することで異文化コミュニケーションコンピテンスは向上する。「共感」とは他人の立場になって受け答えすることであり、共感の態度は文化の違いに負うところが大きい。例えば、「くすくす笑う」行為はアメリカ人と日本人では受け止め方が異なる。「ノンジャッジメンタルであること（特に道徳上の問題で、個人的基準に基づいた判断を避けること）」は異文化交流に必要な態度だが、実際に実践することは難しい。

さらに、「行動やスキル」も必要となる。求められる行動規範や必要となるスキルは文化によって異なる。例えば、アメリカ人は敬意を示すためにアイコンタクトをするが、ネイティヴアメリカンは敬意を示すため、あえて目を逸らす。文化特有の行動やスキルは学ぶことは可能だが、実際にその文化の中で習得することでコンピテンスを獲得することができる。

異文化コミュニケーションコンピテンスの訓練法としてはDIE法が知られている。DIE法とはコミュニケーション方法を改善するための方策として20世紀末に提案されたトレーニング手法で、「描写」（Description）、「解釈」（Interpretation）、「評価」（Evaluation）の三つのプロセスから成る[3]。ミスコミュニケーションや誤解は「解釈」で起こることが多い。そのため、自分がどのよ

うな情報（事実か解釈か評価か）を処理しているかを意識することが必要となる。まず、第一段階の「描写」では、起こった出来事（事実）のみを客観的に描写する。このとき、状況の理由やコメントを加えてはいけない。できるだけ忠実に状況を記すことが必要となる。次の「解釈」では、その出来事が自分・相手・その他の文化でどのような意味をもつか、二つ以上の解釈を行う。解釈するには、推論し、意味づけし、説明し、要約し、一般化しなければならない。ここでは、私たちが見聞きしたことに対して何を思ったかを記す。そして、最後の「評価」では、先に行った二つ以上の解釈の評価を行う（正しいかどうかは結論づけない）。ここでは、解釈に対する自身の感情や意見を述べる。例えば、オフィスの中で「女性が椅子に前のめりに座っている」（描写）とすると、「彼女は誰かの話を熱心に聞いている」か「腹痛のためにそのような姿勢である」と解釈できるかもしれない。もし前者だとすると「女性は仕事に打ち込む熱心な社員である」と評価できるが、後者であれば「女性は体調管理のできない怠惰な社員である」可能性がある。このように、自分がその時に考えているのが、事実なのか、解釈なのか、評価なのかを意識することによって、他者とのミスコミュニケーションや誤解の原因・プロセスを確認できる。

　異文化コミュニケーションコンピテンスではしばしば四つの段階でその能力が評価されることがある[4]。異文化理解の感受性はあるか、またそれを意識しているか、という点である。まず、「無意識のインコンピテンス」では、異文化理解の感受性がなく、自らの言動の欠点にも気づかない状態で、特別な行動をとらないという段階である。次に「意識的なインコンピテンス」では、自分の対応がうまく機能していないのは理解しているが、その理由も対策も分からないため、対処していない（できない）という段階である。そして、「意識的なコンピテンス」では、異文化の感受性はあり、それを反映した言動をとっているが、意識的に間違いを犯さないように対応している段階である。これだけでは十分ではない。最後の「無意識のコンピテンス」では、異文化理解の感受性をもち、それを意識せずにコミュニケーションを行っている段階である。異文化コミュニケーションに携わる際には、このレベルに達していることが望ましいとされる。そのためには、異文化交流に必要な知識やスキル、態度を身に付け、日々、実践に生かすことが求められる。

## あとがき
# ことばと文化の共感力
―ウェルビーイングを高めるコミュニケーション力―

　私たちは文化に見えない境界があるかのように考えて行動するが、文化は国単位でもエスニシティ単位でもない。文化の概念は年齢、ジェンダー、出身地、職業、そして個人によっても異なる。無意識に共有されるステレオタイプやバイアスがしばしば異文化間のコミュニケーションの障害となるが、これを手放すことは簡単ではない。初対面で私たちは無意識に相手がウチかソトか、味方か敵かを判断することがある。しかし、そもそも人間関係は二項対立ではない。それぞれがもつ文化の模様はグラデーションかつ流動的で、コミュニケーションの最中でも場所、状況、そして相手によって変化し続ける。それゆえ、国内においても国外においても、対面する相手の、刹那刹那の文化の模様を読み解き、互いに理解しようという心構えが重要となる。

　近年、持続可能な社会を実現するための概念として「ウェルビーイング」(well-being) への関心が高まっている。国家戦略としてウェルビーイングを指標化する施策が動き出した 2021 年はウェルビーイング元年と呼ばれる。「幸福、福利、健康」等を意味するウェルビーイングは、歴史的に、ベンサム的な個人レベルでの快楽の追求（*hedonia*）とアリストテレス的な社会レベルでの繁栄や成長（*endaimonia*）という二つの潮流がある[1]。WHO が示すように、ウェルビーイングとは、個人にとっても社会にとっても「よい状態」であり、「健康と同じように日常生活の一要素であり、社会的、経済的、環境的な状況によって決定される」ものである[2]。少子高齢化、人口減少、技術革新など、近年の急激な社会変化、そして何より世界中のあらゆる分野の活動を 3 年間にわたり麻痺させた新型コロナウィルスパンデミックを経て、個人の健康や幸福や社会の健全性が経済よりも優先されるべき課題であることが共通認識となった。ウェルビーイングの向上に貢献するとされているのがコミュニケーションである。

国内外で出合う異文化の壁を乗り越えたコミュニケーションこそが私たちがウェルビーイングを実感できる社会、そして、持続可能な世界への第一歩となるだろう。そのために私たちが身に付ける必要のある能力こそ、ことばと文化の共感力である。

## 注

### 第1章

1) Bradley Kirkman, Vas Taras, and Piers Steel, "Research: The Biggest Culture Gaps Are Within Countries, Not Between Them," *Harvard Business Review*, May 2016, https://hbr.org/2016/05/research-the-biggest-culture-gaps-are-within-countries-not-between-them.
2) Kevin Avruch, *Culture & Conflict Resolution* (Washington, D.C: United States Institute of Peace Press, 1998), 6-7.)
3) Matthew Arnold, *Culture and Anarchy: An Essay in Political and Social Criticism* (London: Smith, Elder, 1889), 9, 13, https://www.gutenberg.org/ebooks/4212.
4) Edward Burnett Tylor, *Primitive Culture: Researches into the Development of Mythology, Philosophy, Religion, Art, and Custom* (Cambridge: Cambridge University Press, 1871), https://www.gutenberg.org/files/70458/70458-h/70458-h.htm.
5) Avruch, *Culture & Conflict Resolution*, 6-7.
6) Franz Boas, *Race, Language and Culture* (1940; New York: Macmillan, 1953), 254, http://archive.org/details/in.ernet.dli.2015.282680.
7) Alfred Kroeber and Clyde Kluckhohn, *Culture: A Critical Review of Concepts and Definitions* (Cambridge, MA: Peabody Museum, 2017), 181.
8) Kroeber and Kluckhohn, 186.
9) Paul Watzlawick, Janet Beavin Bavelas, and Don D. Jackson, *Pragmatics of Human Communication: A Study of Interactional Patterns, Pathologies, and Paradoxes* (New York: W W Norton, 2011), 51.
10) James W. Carey, *Communication as Culture: Essays on Media and Society* (New York: Routledge, 2008), 23, https://doi.org/10.4324/9780203928912.
11) Francis Roberts, "History of Communication Models," Atlantis School of Communication, 2022, https://atlantisschoolofcommunication.net/history-of-communication-models/.
12) Gennaro Cuofano, "What Is The Lasswell Communication Model? The Lasswell Communication Model In A Nutshell," FourWeekMBA, 2024, https://fourweekmba.com/lasswell-communication-model/.
13) Harold D. Lasswell, "The Structure and Function of Communication in Society," in *The Communication of Ideas*, ed. Lyman Bryson (New York: Harper and Row, 2006), 37-51; George N. Gordon, "Communication," in *Encyclopedia Britannica*, July 26, 2024, https://

www.britannica.com/topic/communication.
14) Claude E. Shannon and Warren Weaver, *The Mathematical Theory of Communication* (Urbana: University of Illinois Press, 1963).
15) Gordon, "Communictaion."
16) Jürgen Habermas, *The Theory of Communicative Action: Reason and the Rationalization of Society*, trans. Thomas McCarthy, vol. 1 (Boston: Beacon Press, 1984), 101, 137, http://archive.org/details/theoryofcommunic01habe.
17) Niklas Luhmann, "What Is Communication?," *Communication Theory* 2, no. 3 (1992): 251-59, https://doi.org/10.1111/j.1468-2885.1992.tb00042.x.
18) ベイトソン, グレゴリー・ロイシュ, ジャーゲン, 『コミュニケーション―精神医学の社会的マトリックス』, 4, 50, 佐藤悦子／ロバート・ボスバーグ訳 (東京:思索社, 1989年). 原書:Ruesch, Jurgen, and Bateson, Gregory, *The Social Matrix of Psychiatry* (New York: Norton, 1951, 1968)
19) ベイトソン・ロイシュ, 50-54.
20) ベイトソン・ロイシュ, 145-159.
21) Florence Rockwood Kluckhohn and Fred L. Strodtbeck, *Variations in Value Orientations* (New York: Row, Peterson, 1961), https://onlinebooks.library.upenn.edu/webbin/book/lookupid?key=olbp72325; Judith Martin and Thomas Nakayama, *Intercultural Communication in Contexts*, 7th ed. (New York, NY: McGraw-Hill Education, 2017), 94-102.
22) Geert Hofstede, *Culture's Consequences: Comparing Values, Behaviors, Institutions and Organizations Across Nations*, Second ed. (Thousand Oaks, Calif.: SAGE Publications, Inc, 2003), 9.
23) Erin Meyer, *The Culture Map: Breaking Through the Invisible Boundaries of Global Business*, Illustrated ed. (New York: PublicAffairs, 2014).
24) Meyer, 204.

## 第2章

1) Alfred W. Crosby. Jr., *The Columbian Exchange: Biological and Cultural Consequences of 1492* (Westport, CT: Praeger, 1972).
2) Charles C. Mann, *1493: Uncovering the New World Columbus Created* (New York: Vintage, 2011).
3) Theodore Levitt, "The Globalization of Markets," *Harvard Business Review*, May 1983, https://hbr.org/1983/05/the-globalization-of-markets.
4) Anthony Giddens, *The Consequences of Modernity* (Stanford: Stanford University Press, 1990), 64.
5) Adam Volle, "Globalization," in *Encyclopaedia Britannica*, June 10, 2024, https://www.britannica.com/money/globalization.
6) Ghulam Shabir et al., "Mass Media, Communication and Globalization with the Perspec-

tive of 21st Century," *New Media and Mass Communication*, no. 34 (2015): 11-15, https://core.ac.uk/download/pdf/234652662.pdf.
7) Aldilla Ranita Purba, "The Effects of Globalization on International Communication in the World Business," *SSRN Electronic Journal*, November 8, 2021, https://doi.org/10.2139/ssrn.3962731.
8) Anthony G. McGrew and Paul Lewis, *Global Politics: Globalization and the Nation-State* (Cambridge: Polity, 1992).
9) George Ritzer, "The 'McDonaldization' of Society," *Journal of American Culture* 6, no. 1 (1983): 100-107, https://doi.org/10.1111/j.1542-734X.1983.0601_100.x.
10) Ritzer, 101-2.
11) Ritzer, 102-3.
12) Ritzer, 103-5.
13) Ritzer, 105-6.
14) Roy K. Wilson, "Are Madison Avenue Public Relations Techniques Good Enough for the Schools?," *The Bulletin of the National Association of Secondary School Principals* 48, no. 291 (1964): 76-89, https://doi.org/10.1177/019263656404829109.
15) Ritzer, "The 'McDonaldization' of Society," 106.
16) Ritzer, 106-7.
17) Volker R. Berghahn, "The Debate on 'Americanization' among Economic and Cultural Historians," *Cold War History* 10, no. 1 (2010): 107-11, https://doi.org/10.1080/14682740903388566.
18) Roland Robertson, "Glocalization: Time-Space and Homogeneity-Hetrogeneity," in *Global Modernities* (London: SAGE Publications, 1995), 25-44.
19) Robertson.
20) Robertson.
21) Henry Samuel, "Quelle Horreur! Asterix Surrenders to McDonald's," *The Telegraph*, August 18, 2010, https://www.telegraph.co.uk/news/worldnews/europe/france/7952441/Quelle-horreur-Asterix-surrenders-to-McDonalds.html.
22) Robertson, "Glocalization."
23) Benedict Anderson, *Imagined Communities: Reflections on the Origin and Spread of Nationalism*, ed. Richard O'Gorman, Revised (London: Verso, 1991), 6.
24) Max Bergholz, "Thinking the Nation: *Imagined Communities: Reflections on the Origin and Spread of Nationalism*, by Benedict Anderson," The American Historical Review 123, no. 2 (2018): 518-28, https://doi.org/10.1093/ahr/rhy002.
25) Edward W. Said, *Orientalism* (New York: Vintage, 1979).
26) Bernard Lewis, "The Question of Orientalism," *The New York Review of Books*, June 24, 1982, https://www.nybooks.com/articles/1982/06/24/the-question-of-orientalism/; Fred Halliday, "'Orientalism' and Its Critics," *British Journal of Middle Eastern Studies* 20, no. 2 (1993): 145-63, https://doi.org/10.1080/13530199308705577.

## 第3章

1) Ann Gibbons, "Mitochondrial Eve: Wounded, But Not Dead Yet," *Science* 257 (1992): 873-75, https://doi.org/10.1126/science.1502551; Francisco J. Ayala, "The Myth of Eve: Molecular Biology and Human Origins," *Science* 270 (1995): 1930-36, https://doi.org/10.1126/science.270.5244.1930.
2) Quentin D. Atkinson, "Phonemic Diversity Supports a Serial Founder Effect Model of Language Expansion from Africa," *Science* 332 (2011): 346-49, https://doi.org/10.1126/science.1199295.
3) J. A. Lucy, "Sapir-Whorf Hypothesis," in *International Encyclopedia of the Social & Behavioral Sciences*, ed. Neil J. Smelser and Paul B. Baltes (Oxford: Pergamon, 2001), https://doi.org/10.1016/B0-08-043076-7/03042-4.
4) Edward Sapir, *Language: An Introduction to the Study of Speech* (Courier Corporation, 2004).
5) Noam Chomsky, *Syntactic Structures (1957)* (Mansfield Centre, CT: Lightning Source Inc, 2015).
6) John A. Lucy, *Language Diversity and Thought: A Reformulation of the Linguistic Relativity Hypothesis*, Studies in the Social and Cultural Foundations of Language (Cambridge: Cambridge University Press, 1992), https://doi.org/10.1017/CBO9780511620843.
7) Guy Deutscher, *Through the Language Glass: Why the World Looks Different in Other Languages* (New York: Metropolitan Books/Henry Holt and Company, 2010).
8) Terry Regier et al., "Language and Thought: Which Side Are You on, Anyway?," *Words and the Mind: How Words Capture Human Experience*, February 1, 2010, https://doi.org/10.1093/acprof:oso/9780195311129.003.0009.
9) Kenneth Burke, *A Grammar of Motives* (Berkeley, Calif.: University of California Press, 1969).
10) John R. Edlund, "Using Kenneth Burke's Pentad," *Teaching Text Rhetorically* (blog), September 30, 2018, https://textrhet.com/2018/09/29/using-kenneth-burkes-pentad/.
11) Floyd D. Anderson, "Five Fingers or Six? Pentad or Hexad?," *KB Journal (The Journal of the Kenneth Burke Society)*, Spring 2010, https://www.kbjournal.org/anderson.
12) E. H. Lenneberg, *Biological Foundations of Language*, Biological Foundations of Language (Oxford, England: Wiley, 1967), https://psycnet.apa.org/record/1967-35001-000.
13) Lenneberg, 142-57.
14) Jacqueline S. Johnson and Elissa L. Newport, "Critical Period Effects in Second Language Learning: The Influence of Maturational State on the Acquisition of English as a Second Language," *Cognitive Psychology* 21, no. 1 (1989): 60-99, https://doi.org/10.1016/0010-0285(89)90003-0.
15) Johnson and Newport, 94-97.
16) Thomas Scovel, *A Time to Speak: A Psycholinguistic Inquiry into the Critical Period for Human Speech* (Cambridge: Wadsworth Publishing Company, 1988).

17) Harold B. Dunkel and Roger A. Pillet, "A Second Year of French in Elementary School," *The Elementary School Journal* 58, no. 3(1957): 143-51, https://doi.org/10.1086/459613.
18) Jim Cummins, "Cognitive/Academic Language Proficiency, Linguistic Interdependence, the Optimum Age Question and Some Other Matters," *Working Papers on Bilingualism* 19(1979): 121-29, https://eric.ed.gov/?id=ed184334.
19) J. Cummins, "BICS and CALP: Empirical and Theoretical Status of the Distinction," 2015, https://www.semanticscholar.org/paper/BICS-and-CALP%3A-Empirical-and-Theoretical-Status-of-Cummins/d032e468026f45f0d0537521e4d0caf7762200a9.
20) Pauline Gibbons, *Learning to Learn in a Second Language* (Portsmouth, N.H: Heinemann, 1993).
21) David Corson, "The Learning and Use of Academic English Words," *Language Learning* 47, no. 4(1997): 671-718, https://doi.org/10.1111/0023-8333.00025.
22) Cummins, "BICS and CALP."
23) Jim Cummins, "The Role of Primary Language Development in Promoting Educational Success for Language Minority Students," in *Schooling and Language Minority Students: A Theoretical Framework*, ed. California State Department of Education (Los Angeles: Evaluation, Dissemination and Assessment Center, California State University, 1981), 3-49, https://doi.org/10.13140/2.1.1334.9449.
24) Cummins, "The Role of Primary Language," 150.
25) Cummins, "BICS and CALP," 487-499.
26) Cummins, 487-499.
27) "Defining Critical Thinking," n.d., Foundation for Critical Thinking, https://www.criticalthinking.org/pages/defining-critical-thinking/766.
28) John Dewey, *How We Think* (Boston: D C Health, 1910), 139, https://www.gutenberg.org/files/37423/37423-h/37423-h.htm.
29) "A Brief History of the Idea of Critical Thinking," Foundation for Critical Thinking, 2019, https://www.criticalthinking.org/pages/a-brief-history-of-the-idea-of-critical-thinking/408.
30) David Hitchcock, "Critical Thinking," in *The Stanford Encyclopedia of Philosophy* (Stanford: The Metaphysics Research Lab, Department of Philosophy, Stanford University, Summer 2024), https://plato.stanford.edu/archives/sum2024/entries/critical-thinking/.
31) Hitchcock.
32) Ali Mohammad Siahi Atabaki, Narges Keshtiaray, and Mohammad H. Yarmohammadian, "Scrutiny of Critical Thinking Concept," *International Education Studies* 8, no. 3(2015): 99, https://doi.org/10.5539/ies.v8n3p93.
33) Delphi Center, "What Is Critical Thinking?," University of Louisville Ideas To Action, 2024, https://louisville.edu/ideastoaction/about/criticalthinking/what.

第4章
1) Edward T. Hall, *The Silent Language*, Reissue ed. (New York: Anchor, 1973), 29.

2) Hall, 59–93; Edward T. Hall, *Beyond Culture* (New York: Anchor Books, 1977), 141–67; Patrick Lückmann and Kristina Färber, "The Impact of Cultural Differences on Project Stakeholder Engagement: A Review of Case Study Research in International Project Management," *Procedia Computer Science*, International Conference on ENTERprise Information Systems/International Conference on Project MANagement/International Conference on Health and Social Care Information Systems and Technologies, CENTERIS/ProjMAN / HCist 2016, 100 (2016): 89, https://doi.org/10.1016/j.procs.2016.09.127.
3) Hall, *Silent Language*, 59–93.
4) Sandy Dietrich and Erik Hernandez, "Nearly 68 Million People Spoke a Language Other Than English at Home in 2019," US Census Bureau, 2022, https://www.census.gov/library/stories/2022/12/languages-we-speak-in-united-states.html.
5) Matthew Smith, "20 Alaska Native Languages Now Official State Languages," *Alaska Public Media* (blog), 2014, https://alaskapublic.org/2014/10/23/20-alaska-native-languages-now-official-state-languages/.
6) Jan Fox, "Speaking out of Turn: Hawaiian Is an Official Language in This State and yet Those Who Speak It Face Restrictions. A Man Denied His Right to Speak Hawaiian in Court Speaks to Our Reporter," *Index on Censorship* 47, no. 2 (2018): 17–19, https://doi.org/10.1177/0306422018784521.
7) Eric Jensen et al., "The Chance That Two People Chosen at Random Are of Different Race or Ethnicity Groups Has Increased Since 2010," Census.gov, 2021, https://www.census.gov/library/stories/2021/08/2020-united-states-population-more-racially-ethnically-diverse-than-2010.html.
8) Eric Jensen et al.
9) "Developing ELL Programs: Lau v. Nichols," U.S. Department of Education, 2020, https://www2.ed.gov/about/offices/list/ocr/ell/lau.html.
10) U.S. Department of Justice, "Celebrating the 50th Anniversary of Lau v. Nichols," Office of Public Affairs, February 5, 2024, https://www.justice.gov/opa/blog/celebrating-50th-anniversary-lau-v-nichols.
11) U.S. Department of Justice.
12) Lou Cannon, "Bilingual Education Under Attack," *Washington Post*, July 21, 1997, https://www.washingtonpost.com/archive/politics/1997/07/21/bilingual-education-under-attack/848fba9a-02b4-4ff3-b968-1364ea4821ca/.
13) Michelle Margaret Fajkus, "The Pros and Cons of Bilingual Education for Kids: Is It Right For You?," *Homeschool Spanish Academy* (blog), November 21, 2020, https://www.spanish.academy/blog/the-pros-and-cons-of-bilingual-education-for-kids/.
14) Frank Bruni, "The California Entrepreneur Who Beat Bilingual Teaching," *The New York Times*, June 14, 1998, https://www.nytimes.com/1998/06/14/us/the-california-entrepreneur-who-beat-bilingual-teaching.html.
15) "Transitional Bilingual Education (TBE) Programs," Massachusetts Department of

Elementary and Secondary Education, June 14, 2023, https://www.doe.mass.edu/ele/programs/tbe.html.
16) Daniel J. Olson, "Multilingualism Is an American Tradition. So Is the Backlash," *TIME*, March 13, 2024, https://time.com/6899172/immigrant-languages-history/.
17) "Fear of Immigrants Is as Old as America Itself: Benjamin Franklin Warned Against Letting In German Immigrants," *ABC News*, May 2013, https://abcnews.go.com/ABC_Univision/fear-immigrants-america/story?id=19177944.
18) "Fear of Immigrants Is as Old as America Itself."
19) Beatriz Diez, "'English Only': The Movement to Limit Spanish Speaking in US," December 4, 2019, https://www.bbc.com/news/world-us-canada-50550742.
20) Amy B. Wang, "'My next Call Is to ICE!': A Man Flipped out Because Workers Spoke Spanish at a Manhattan Deli," *Washington Post*, October 23, 2021, https://www.washingtonpost.com/news/business/wp/2018/05/16/my-next-call-is-to-ice-watch-a-man-wig-out-because-workers-spoke-spanish-at-a-manhattan-deli/.
21) Redistricting & Voting Rights Data Office, "Section 203 Language Determinations," US Census Bureau, December 28, 2022, https://www.census.gov/programs-surveys/decennial-census/about/voting-rights/voting-rights-determination-file.html.
22) James Crawford, "Language Loyalties: A Source Book on the Official English Controversy" (Chicago: University of Chicago Press, 1992), 100, https://www.amazon.co.jp/Language-Loyalties-Official-English-Controversy/dp/0226120163.
23) J. Y. Smith, "Outspoken U.S. Senator S.I. Hayakawa Dies at 85," *Washington Post*, February 27, 1992, https://www.washingtonpost.com/archive/local/1992/02/28/outspoken-us-senator-si-hayakawa-dies-at-85/761fdf45-6557-4b88-99fc-1a66d5628e43/.
24) "What Is Official English?," U.S. English, 2016, https://www.usenglish.org/official-english/about-the-issue/.
25) "Every Student Succeeds Act (ESSA)," U.S. Department of Education, 2015, https://www.ed.gov/essa?src=rn.
26) Rubén G. Rumbaut and Douglas S. Massey, "Immigration and Language Diversity in the United States," *Daedalus* 142, no. 3(2013): 141–54, https://www.ncbi.nlm.nih.gov/pmc/articles/PMC4092008/.
27) Rumbaut and Massey.
28) John Lawler, "Resolution on The Oakland 'Ebonics' Issue: Unanimously Adopted at the Annual Meeting of the Linguistic Society of America (Chicago, IL, January 3, 1997)," Michigan Linguistics Program, University of Michigan, 1998, https://public.websites.umich.edu/~jlawler/ebonics.lsa.html.
29) Rethinking Schools, "Linguistic Society of America's Resolution on Ebonics," *Rethinking Schools*, Fall 1997, https://rethinkingschools.org/articles/the-real-ebonics-debate-power-language-and-the-education-of-african-american-children/.
30) David Crystal and Pavle Ivić, "Dialect," in *Encyclopaedia Britannica*, March 14, 2024,

https://www.britannica.com/topic/dialect/Standard-languages.
31) Zoltan Kovecses, *American English: An Introduction* (Peterborough, ON, Canada: Broadview Press, 2000).
32) "Received Pronunciation (RP)," British Council, n.d., https://www.teachingenglish.org.uk/professional-development/teachers/knowing-subject/q-s/received-pronunciation-rp.

## 第 5 章

1) Alice Preat, "Multilinguals: How Speaking Multiple Languages Affects Identity," Peacock Plume (Student Media), The American University of Paris, April 28, 2016, https://peacockplume.fr/opinion/multilinguals-how-speaking-multiple-languages-affects-identity.
2) Rebecca Posner and Marius Sala, "Latin Language," in *Encyclopedia Britannica*, March 29, 2024, https://www.britannica.com/topic/Latin-language.
3) Robert Phillipson, *Linguistic Imperialism* (New York: Oxford University Press, 1992).
4) Berlitz, "25 Most Spoken Languages in the World in 2024," Berlitz, July 26, 2024, https://www.berlitz.com/blog/most-spoken-languages-world.
5) P. C. Muysken and N. Smith, "Introduction," in *Pidgins and Creoles*, ed. Jacques Arends, Pieter Muysken, and Norval Smith (Amsterdam: Benjamins, 1994), 3-14, https://repository.ubn.ru.nl/handle/2066/14653.
6) Salikoko Sangol Mufwene, "Pidgin," in *Encyclopedia Britannica*, April 13, 2024, https://www.britannica.com/topic/pidgin.
7) Mufwene.
8) Muysken and Smith, "Introduction to Pidgin and Creoles."
9) 'Pidgin: West African Lingua Franca'. BBC News, November 16, 2016. https://www.bbc.com/news/world-africa-38000387.
10) Muysken and Smith, "Introduction to Pidgin and Creoles."
11) Muysken and Smith.
12) Clara Miller-Broomfield, "Hawaiian," Unravel, December 22, 2017, https://unravellingmag.com/articles/hawaiian/.
13) Muysken and Smith, "Introduction to Pidgin and Creoles."
14) David Crystal and Simeon Potter, "English Language: Origin, History, Development, Characteristics, & Facts," in *Encyclopedia Britannica*, July 27, 2024, https://www.britannica.com/topic/English-language.
15) Otto Jespersen, *A Modern English Grammar on Historical Principles* (London: G. Allen & Unwin, 1961), http://archive.org/details/modernenglishgra0001jesp.
16) Crystal and Ivić, "Dialect."
17) Federico Gobbo, "International Auxiliary Languages," in *The International Encyclopedia of Linguistic Anthropology* (Hoboken, NJ: John Wiley & Sons, Ltd, 2020), 1-4, https://doi.org/10.1002/9781118786093.iela0178.

18) Robert Patterson and Stanley M. Huff, "The Decline and Fall of Esperanto," *Journal of the American Medical Informatics Association: JAMIA* 6, no. 6(1999): 444-46, https://www.ncbi.nlm.nih.gov/pmc/articles/PMC61387/.
19) Sarah Angela Almaden, "Esperanto: What Is It and Who Speaks It," Blog, Beelinguapp, March 17, 2022, https://beelinguapp.com/blog/esperanto-what-is-it-and-who-speaks-it.
20) Alex Gentry, "The Secret of International Auxiliary Languages," Circuit Youth Salvo, June 7, 2017, https://medium.com/salvo-faraday/the-secret-of-international-auxiliary-languages-7d45a1f1e312.

## 第6章

1) Sara W. Lundsteen, *Listening: Its Impact at All Levels on Reading and the Other Language Arts*, Revised ed. (Urbana, IL: National Council of Teachers of English, 1979), https://eric.ed.gov/?id=ED169537.
2) Gillian Brown, *Speakers, Listeners and Communication: Explorations in Discourse Analysis* (Cambridge: Cambridge University Press, 1995).
3) Charles Darwin, *The Expression of the Emotions in Man and Animals*, ed. Phillip Prodger (Oxford: Oxford University Press, 1998).
4) Ray L. Birdwhistell, *Introduction to Kinesics: An Annotation System for Analysis of Body Motion and Gesture* (Washington, D.C.: Department of State, Foreign Service Institute, 1952).
5) Hall, *Silent Language*, 158-180.
6) Albert Mehrabian, *Silent Messages: Implicit Communication of Emotions and Attitudes* (Belmont, CA: Wadsworth Publishing, 1972).
7) Alan J. Fridlund, *Human Facial Expression: An Evolutionary View* (San Diego: Academic Press, 2014).
8) Darwin, *The Expression of the Emotions in Man and Animals*.
9) Rachael E. Jack et al., "Four Not Six: Revealing Culturally Common Facial Expressions of Emotion," *Journal of Experimental Psychology: General* 145, no. 6(2016): 708-30, https://doi.org/10.1037/xge0000162; Paul Ekman, "An Argument for Basic Emotions," *Cognition and Emotion* 6, no. 3-4 (1992): 169-200, https://doi.org/10.1080/02699939208411068.
10) Rachael E. Jack et al., "Facial Expressions of Emotion Are Not Culturally Universal," *Proceedings of the National Academy of Sciences* 109, no. 19(2012): 7241-44, https://doi.org/10.1073/pnas.1200155109.
11) George F. Mahl, "Gestures and Body Movements in Interviews," in *Research in Psychotherapy* (Washington, D.C.: American Psychological Association, 1968), 295-346, https://doi.org/10.1037/10546-016; Paul Ekman and Wallace V. Friesen, "Nonverbal Leakage and Clues to Deception," *Psychiatry* 32, no. 1(1969): 88-106, https://doi.org/10.1080/00332747.1969.11023575.

12) "8 Hand Gestures You Should Never Use Abroad," *Thomas Cook India Travel Blog* (blog), August 24, 2017, https://www.thomascook.in/blog/offbeat/hand-gestures-you-should-never-use-abroad/.
13) David McNeill, "So You Think Gestures Are Nonverbal?," *Psychological Review* 92, no. 3(1985): 350-71, https://doi.org/10.1037/0033-295X.92.3.350.
14) Robert M. Krauss, Yihsiu Chen, and Purnima Chawla, "Nonverbal Behavior and Nonverbal Communication: What Do Conversational Hand Gestures Tell Us?," in *Advances in Experimental Social Psychology*, ed. Mark P. Zanna, vol. 28 (Cambridge, MA: Academic Press, 1996), 389-450, https://doi.org/10.1016/S0065-2601(08)60241-5.
15) Edward T. Hall, *The Hidden Dimension* (New York: Anchor, 1990), 113-29.
16) H. Hediger, *Wild Animals in Captivity* (Oxford: Butterworth-Heinemann, 2013); Hall, *Hidden Dimension*, 7-22.
17) Michael Argyle, *Bodily Communication*, 2nd ed. (London: Routledge, 1988), https://doi.org/10.4324/9780203753835.
18) Chris L. Kleinke, "Gaze and Eye Contact: A Research Review," *Psychological Bulletin* 100, no. 1(1986): 78-100, https://doi.org/10.1037/0033-2909.100.1.78.
19) Chris Fullwood and Gwyneth Doherty-Sneddon, "Effect of Gazing at the Camera during a Video Link on Recall," *Applied Ergonomics* 37, no. 2(2006): 167-75, https://doi.org/10.1016/j.apergo.2005.05.003.
20) Harry F. Harlow and Robert R. Zimmermann, "Affectional Response in the Infant Monkey," *Science* 130, no. 3373(1959): 421-32, https://doi.org/10.1126/science.130.3373.421.
21) Julia T. Wood, *Gendered Lives: Communication, Gender, & Culture*, 11th ed. (Belmont, CA: Wadsworth Publishing, 2014).
22) Martin and Nakayama, *Intercultural Communication in Contexts*.
23) Jeff E. Biddle and Daniel S. Hamermesh, "Beauty, Productivity, and Discrimination: Lawyers' Looks and Lucre," *Journal of Labor Economics* 16, no. 1(1998): 172-201, https://doi.org/10.1086/209886; Daniel S. Hamermesh and Jeff E. Biddle, "Beauty and the Labor Market," Working Paper, National Bureau of Economic Research, 1993, https://doi.org/10.3386/w4518; Karyn Dossinger et al., "Lookism Climate in Organizations: Construct Development and Validation of a Scale," *Journal of Management*, September 14, 2023, 01492063231196555, https://doi.org/10.1177/01492063231196555; Karyn Dossinger et al., "The Beauty Premium: The Role of Organizational Sponsorship in the Relationship between Physical Attractiveness and Early Career Salaries," *Journal of Vocational Behavior* 112(2019): 109-21, https://doi.org/10.1016/j.jvb.2019.01.007; Dossinger et al., "Lookism Climate in Organizations."
24) Margo DeMello, *Bodies of Inscription: A Cultural History of the Modern Tattoo Community* (Durham: Duke University Press, 2000), 72-74.
25) Elizabeth Knowles, "Speech Is Silver, but Silence Is Golden," in *The Oxford Dictionary of Phrase and Fable* (Oxford: Oxford University Press, 2006), https://www.oxfordreference.com.

com/display/10.1093/acref/9780198609810.001.0001/acref-9780198609810-e-6666.
26) Larry A. Samovar et al., *Communication Between Cultures*, 8th ed. (Boston, MA: Wadsworth Publishing, 2012).
27) Takie Sugiyama Lebra, "The Cultural Significance of Silence in Japanese Communication," *Multilingua* 6, no. 4(1987): 343-58, https://doi.org/10.1515/mult.1987.6.4.343.
28) Samovar et al., *Communication Between Cultures*.
29) Andrew A. King and Floyd Douglas Anderson, "Nixon, Agnew, and the 'Silent Majority': A Case Study in the Rhetoric of Polarization," *Western Speech* 35, no. 4(1971): 243-55, https://doi.org/10.1080/10570317109373712.
30) Joseph Lowndes, "White Populism and the Transformation of the Silent Majority," *The Forum* 14, no. 1(2016): 25-37, https://doi.org/10.1515/for-2016-0004.

**第7章**
1) Martin and Nakayama, *Intercultural Communication in Contexts*, 231.
2) Hall, *Beyond Culture*, 85-103.
3) Stella Ting-Toomey and Tenzin Dorjee, *Communicating Across Cultures*, 2nd ed. (New York: Guilford Publications, 2018), 217-21.
4) Takeshi Ishida, "Conflict and Its Accommodation: Omote-Ura and Uchi-Soto Relations," in *Conflict in Japan* (Honolulu: University of Hawaii Press, 1984), 16-38, https://doi.org/10.1515/9780824844165-003.
5) Georg Simmel, "Fashion," *American Journal of Sociology* 62, no. 6(1957): 541-58, https://www.jstor.org/stable/2773129.
6) Simmel, 543-44.
7) Simmel, 543.
8) Simmel, 544-45.
9) Simmel, 547.
10) Ilia Brondz and Tahmina Aslanova, "Circumcision: History, Scope, and Aim: Part I," *Voice of the Publisher* 5, no. 4(2019): 77-87, https://doi.org/10.4236/vp.2019.54006.
11) D. Doyle, "Ritual Male Circumcision: A Brief History," Royal College of Physicians of Edinburgh, 2005, https://www.rcpe.ac.uk/sites/default/files/doyle_circumcision.pdf.
12) World Health Organization (WHO) and Joint United Nations Programme on HIV/AIDS, *Male Circumcision: Global Trends and Determinants of Prevalence, Safety and Acceptability* (Geneva: WHO, 2008), https://iris.who.int/handle/10665/43749.
13) World Health Organization (WHO) and Joint United Nations Programme on HIV/AIDS, 8.
14) Mahnaz Afsari et al., "Attitudes of Pacific Parents to Circumcision of Boys," *Pacific Health Dialog* 9, no. 1(2002): 29-33.
15) Doyle, "Ritual Male Circumcision: A Brief History," 279-81.
16) Brandon Dayton, "What Is the Tradition of Neck Rings in Africa and Asia?," Simple

Shine, April 10, 2020, https://www.simpleshine.com/blogs/news/what-is-the-tradition-of-neck-rings-in-africa-and-asia; Jayne Mclean, "Surma Tribe of Ethiopia Lip Plates and Traditions," Blog, Travel photography blog on ETHIOPIA and beyond, September 24, 2021, https://www.jaynemclean.com/blog/surma-suri-mursi-tribes-of-ethiopia-lip-plates; Jorge Roman, "African Scarification," *JAMA Dermatology* 152, no. 12(2016): 1353, https://doi.org/10.1001/jamadermatol.2016.0086.
17) Yokoyama Masami,「無知であることは本当に怖い」——女性器切除の根絶に身を賭すワリス・ディリー【戦うモデルたち】, Vogue Japan, 2021年2月15日, https://www.vogue.co.jp/change/article/models-in-challenge-waris-dirie.
18) Akin-Tunde A. Odukogbe et al., "Female Genital Mutilation/Cutting in Africa," *Translational Andrology and Urology* 6, no. 2(2017): 138–48, https://doi.org/10.21037/tau.2016.12.01.
19) World Health Organization (WHO), "Types of Female Genital Mutilation," WHO: Sexual and Reproductive Health and Research, n.d., https://www.who.int/teams/sexual-and-reproductive-health-and-research-(srh)/areas-of-work/female-genital-mutilation/types-of-female-genital-mutilation.
20) Karoline Hassfurter, "Female Genital Mutilation: A Global Concern," UNICEF DATA, March 7, 2024, https://data.unicef.org/resources/female-genital-mutilation-a-global-concern-2024/.
21) Justin Goldberg, "Female Genital Mutilation (FGM): Legal Prohibitions Worldwide," Center for Reproductive Rights, December 12, 2008, https://reproductiverights.org/female-genital-mutilation-fgm-legal-prohibitions-worldwide/.
22) Odukogbe et al., "Female Genital Mutilation/Cutting in Africa."
23) Sibonginkosi Mpofu et al., "The Relation of Female Circumcision to Sexual Behavior in Kenya and Nigeria," *Women & Health* 57, no. 7(2016): 757–74, https://doi.org/doi:10.1080/03630242.2016.1206054.
24) K. Burridge, "Taboo, Euphemism, and Political Correctness," in *Encyclopedia of Language & Linguistics*, ed. Keith Brown, 2nd ed. (Oxford: Elsevier, 2006), 455–62, https://doi.org/10.1016/B0-08-044854-2/01092-0.

## 第8章

1) Lewis Mumford, *Technics and Civilization*, ed. Langdon Winner (Chicago: University of Chicago Press, 2010).
2) Mumford, 137.
3) William J. H. Andrewes, "A Chronicle of Timekeeping," Scientific American, 2006, https://www.scientificamerican.com/article/a-chronicle-of-timekeeping-2006-02/.
4) Tom Bruneau, "Chronemics: Time-Binding and the Construction of Personal Time," *ETC: A Review of General Semantics* 69, no. 1(2012): 72–92, https://www.jstor.org/stable/42579170.

5) Robert V. Levine and Ara Norenzayan, "The Pace of Life in 31 Countries," *Journal of Cross-Cultural Psychology* 30, no. 2(1999): 178-205, https://doi.org/10.1177/0022022199030002003.
6) Robert N. Levine, *A Geography Of Time: On Tempo, Culture, And The Pace Of Life* (New York: Basic Books, 2008).
7) Edward T. Hall, *The Dance of Life: The Other Dimension of Time* (Garden City, NY: Anchor Press/Doubleday, 1983), 27-40.
8) Hall, 41-54.
9) Maggie Scarf, *Unfinished Business: Pressure Points in the Lives of Women* (Garden City, N.Y: Doubleday, 1980).
10) Michel Foucault, *Discipline and Punish: The Birth of the Prison* (London: Penguin Classics, 2020).
11) David Lyon, *Surveillance Studies: An Overview* (Cambridge: Polity, 2007).
12) Zygmunt Bauman, *Liquid Modernity* (Cambridge: Polity, 2000).
13) David Lyon, "Liquid Surveillance: The Contribution of Zygmunt Bauman to Surveillance Studies," *International Political Sociology* 4, no. 4(2010): 325-38, https://doi.org/10.1111/j.1749-5687.2010.00109.x; Zygmunt Bauman and David Lyon, *Liquid Surveillance: A Conversation*, Polity Conversations Series (Cambridge: Polity, 2013).
14) Sapna Maheshwari and Amanda Holpuch, "Why the U.S. Is Forcing TikTok to Be Sold or Banned," *The New York Times*, June 10, 2024, sec. Technology, https://www.nytimes.com/article/tiktok-ban.html.
15) Anvee Bhutani, William Whittington, and Telegraph Readers, "'We Either Stand up to China or Be Ruled by Them': Telegraph Readers Who Boycott Chinese Goods," *The Telegraph*, March 28, 2024, https://www.telegraph.co.uk/news/2024/03/28/chinese-goods-boycott-telegraph-reader-poll-sanctions-trade/.
16) Edward J. Blakely and Mary Gail Snyder, *Fortress America: Gated Communities in the United States* (Washington, D.C.: Brookings Institution Press, 1997).
17) Don Luymes, "The Fortification of Suburbia: Investigating the Rise of Enclave Communities," *Landscape and Urban Planning*, Community Design, 39, no. 2(1997): 187-203, https://doi.org/10.1016/S0169-2046(97)00054-6.
18) M. Nolan Gray, *Arbitrary Lines: How Zoning Broke the American City and How to Fix It* (Washington, D.C.: Island Press, 2022).
19) Elena Vesselinov, "Gated Communities in the United States: From Case Studies to Systematic Evidence," *Sociology Compass* 4, no. 11(2010): 989-98, https://doi.org/10.1111/j.1751-9020.2010.00330.x.

## 第9章

1) Iliana Olivié and Manuel Gracia Santos, "(Re)Globalisation after the Pandemic: Analysis of the Results of the Elcano Global Presence Index 2022," Elcano Royal Institute, 2023,

https://www.realinstitutoelcano.org/en/analyses/reglobalisation-after-the-pandemic-analysis-of-the-results-of-the-elcano-global-presence-index-2022/.
2) Marie McAuliffe and Anna Triandafyllidou, eds., *World Migration Report 2022* (Geneva: International Organization for Migration (IOM), 2021), https://www.iom.int/wmr/interactive.
3) McAuliffe and Triandafyllidou.
4) IOM, "International Migration Law No. 34: Glossary on Migration," International Organization for Migration (IOM), 2019, https://publications.iom.int/books/international-migration-law-ndeg34-glossary-migration.
5) Georg Simmel, "'The Stranger,'" in *The Cultural Geography Reader* (London: Routledge, 2008), 5–8.
6) S. Dale McLemore, "Simmel's 'Stranger': A Critique of the Concept," *The Pacific Sociological Review* 13, no. 2 (1970): 86–94, https://doi.org/10.2307/1388311.
7) Margaret Mary Wood, *The Stranger: A Study in Social Relationships* (New York: Columbia University Press, 1934), https://hdl.handle.net/2027/mdp.39015062952844?urlappend=%3Bseq=12.
8) Alfred Schuetz, "The Stranger: An Essay in Social Psychology," *American Journal of Sociology* 49, no. 6 (1944): 499–507, https://doi.org/10.1086/219472.
9) Lesley D. Harman, *The Modern Stranger: On Language and Membership* (Berlin: Walter de Gruyter, 2011).
10) Robert E. Park, "Human Migration and the Marginal Man," *American Journal of Sociology* 33, no. 6 (1928): 881–93, https://doi.org/10.1086/214592.
11) W. E. B. Du Bois, "The Souls of Black Folk (1903)," in *W. E. B. DuBois: Writings* (New York: Library of America, 1996), 357–547.
12) Robert Ezra Park, *Race and Culture*, Race and Culture (New York: Free Press, 1950).
13) Robert E. Park and Ernest W. Burgess, *Introduction to the Science of Sociology*, 3rd ed. (Chicago: University of Chicago Press, 1969), 574.
14) Park and Burgess, 663.
15) Park and Burgess, 663.
16) Park and Burgess, 735.
17) Stanford M. Lyman, "The Race Relations Cycle of Robert E. Park," *Pacific Sociological Review* 11, no. 1 (1968): 16–22, https://doi.org/10.2307/1388520.
18) Kalervo Oberg, "Culture Shock" (The Women's Club of Rio de Janeiro, Rio de Janeiro, Brazil, August 3, 1954), https://citeseerx.ist.psu.edu/document?repid=rep1&type=pdf&doi=c787fddd7e1557f100b9703a41f6f5ae2dac0412.
19) Kalervo Oberg, "Cultural Shock: Adjustment to New Cultural Environments," *Practical Anthropology* os-7, no. 4 (1960): 177–82, https://journals.sagepub.com/doi/10.1177/009182966000700405.
20) ジュリア・クリステヴァ, 西川直子訳, 『ポリロゴス』(東京：講談社、1999 年).

21) ジュリア・クリスティヴァ，枝川昌雄訳，『恐怖の権力―〈アブジェクシオン〉試論―』（東京：法政大学出版局、2016年)、3-25.
22) Julia Kristeva, *Strangers to Ourselves*, trans. Leon S. Roudiez (New York: Columbia University Press, 1991), 1. ジュリア・クリスティヴァ著、池田和子訳、『外国人―我らの内なるもの―』（東京：法政大学出版局、2014年).
23) Julius Drachsler, *Intermarriage in New York City: A Statistical Study of the Amalgamation of European Peoples* (Hungerford, UK: Legare Street Press, 2022).
24) James H. S. Bossard, "Nationality and Nativity as Factors in Marriage," *American Sociological Review* 4, no. 6 (1939): 792-98, https://doi.org/10.2307/2083756.
25) Jeroen Smits, "Ethnic Intermarriage and Social Cohesion. What Can We Learn from Yugoslavia?," *Social Indicators Research* 96, no. 3 (2010): 417-32, https://doi.org/10.1007/s11205-009-9485-y.
26) Giampaolo Lanzieri, "Mixed Marriages in Europe, 1990-2010," in *Cross-Border Marriage: Global Trends and Diversity*, ed. Tu-sōp Kim (Seoul: Korea Institute for Health and Social Affairs (KIHASA), 2012), 81-121.
27) Jason Fang and Christina Zhou, "'He's Not Chinese': Interracial Marriages Are on the Rise in Australia, but Still Face Prejudices," *ABC News*, March 14, 2020, https://www.abc.net.au/news/2020-03-15/australia-migrants-share-challenges-of-intercultural-marriage/12045598.
28) 入出国在留管理庁によると、令和5年6月末の在留外国人数は322万3858人（前年末比4.8％増加）で、過去最高を更新したという。https://www.moj.go.jp/isa/publications/press/13_00036.html
29) 政府統計の総合窓口（e-Stat),「夫妻の国籍別にみた年次別婚姻件数・百分率（人口動態調査 人口動態統計 確定数 婚姻、表9-18)」、統計で見る日本（総務省統計局）. https://www.e-stat.go.jp/dbview?sid=0003411850, 2024年8月14日取得。2021年には婚姻総数50万1138件のうち、「夫妻の一方が外国人」の婚姻は1万6496件で、わずか3.3％であった。日本の「国際結婚」の定義は婚姻する者の国籍に応じた区分である。国籍付与の基準（生地主義や血統主義など）は国によって異なるため、他国の同様のデータと比較することは困難である。

## 第10章

1) Herbert J. Gans, *Popular Culture And High Culture: An Analysis And Evaluation Of Taste* (New York: Basic Books, 1974).
2) Laurie Hanquinet, "Low Culture and High Culture," in *The Blackwell Encyclopedia of Sociology* (Hoboken, NJ: John Wiley & Sons, 2016), 1-2, https://doi.org/10.1002/9781405165518.wbeos0691.
3) John Storey, *An Introductory Guide to Cultural Theory and Popular Culture* (Birmingham: Harvester Wheatsheaf, 1993).
4) Theodor W. Adorno and Max Horkheimer, *Dialectic of Enlightenment*, trans. Edmund

Jephcott (Stanford: Stanford University Press, 2002).
5) Adorno and Horkheimer.
6) Angela McRobbie, "What Is Cultural Studies?," *The British Academy*, August 18, 2020, https://www.thebritishacademy.ac.uk/blog/what-is-cultural-studies/.
7) David Morley and Bill Schwarz, "Stuart Hall Obituary," *The Guardian*, February 10, 2014, sec. Education, https://www.theguardian.com/politics/2014/feb/10/stuart-hall.
8) Stuart Hall, *Cultural Studies 1983: A Theoretical History* (Durham, NC: Duke University Press, 2016).
9) Rose Deller, "Book Review: Cultural Studies 1983: A Theoretical History by Stuart Hall," *LSE Review of Books* (blog), March 13, 2017, https://blogs.lse.ac.uk/lsereviewofbooks/2017/03/13/book-review-cultural-studies-1983-a-theoretical-history-by-stuart-hall-edited-by-jennifer-daryl-slack-and-lawrence-grossberg/.
10) Psychology Today Staff, "Bias," *Psychology Today*, n.d., https://www.psychologytoday.com/intl/basics/bias.
11) "Stereotype," in *APA* (American Psychological Association) *Dictionary of Psychology* (Washington, D.C.: APA, 2018), https://dictionary.apa.org/stereotype.
12) Sheryl Sandberg, *Lean In: Women, Work, and the Will to Lead* (New York: Knopf, 2013).
13) Institute for Human-Centered Artificial Intelligence, "Heidi Roizen," Stanford University, n.d., https://hai.stanford.edu/people/heidi-roizen.
14) Nao, "15 Things You've Thought About Japanese People (That Aren't True?)," LIVE JAPAN travel guide, 2020, https://livejapan.com/en/in-tokyo/in-pref-tokyo/in-akihabara/article-a0003720/.
15) Rose Miyatsu, "Understanding Your Biases," Washington University in St. Louis, April 25, 2019, https://psych.wustl.edu/news/understanding-your-biases.
16) Daniel J Simons and Christopher F Chabris, "Gorillas in Our Midst: Sustained Inattentional Blindness for Dynamic Events," *Perception* 28, no. 9 (1999): 1059–74, https://doi.org/10.1068/p281059.
17) Lee Ross, David Greene, and Pamela House, "The 'False Consensus Effect': An Egocentric Bias in Social Perception and Attribution Processes," *Journal of Experimental Social Psychology* 13, no. 3 (1977): 279–301, https://doi.org/10.1016/0022-1031(77)90049-X.
18) David Landy and Harold Sigall, "Beauty Is Talent: Task Evaluation as a Function of the Performer's Physical Attractiveness," *Journal of Personality and Social Psychology* 29, no. 3 (1974): 299–304, https://doi.org/10.1037/h0036018.
19) Daniel Kahneman and Amos Tversky, "Prospect Theory: An Analysis of Decision Under Risk," in *Handbook of the Fundamentals of Financial Decision Making*, vol. 4, World Scientific Handbook in Financial Economics Series 4 (Singapore: World Scientific, 2012), 99–127, https://doi.org/10.1142/9789814417358_0006.
20) Daniel Kahneman and Amos Tversky, "Subjective Probability: A Judgment of Repre-

sentativeness," *Cognitive Psychology* 3, no. 3 (1972): 430-54, https://doi.org/10.1016/0010-0285 (72) 90016-3.
21) Justin Kruger and David Dunning, "Unskilled and Unaware of It: How Difficulties in Recognizing One's Own Incompetence Lead to Inflated Self-Assessments," *Journal of Personality and Social Psychology* 77, no. 6 (1999): 1121-34, https://doi.org/10.1037/0022-3514.77.6.1121.
22) Daniel Kahneman, *Thinking, Fast and Slow* (New York: Farrar, Straus and Giroux, 2013).
23) Shelly Chaiken, "Heuristic versus Systematic Information Processing and the Use of Source versus Message Cues in Persuasion," *Journal of Personality and Social Psychology* 39, no. 5 (1980): 752-66, https://doi.org/10.1037/0022-3514.39.5.752; Serena Chen, Kimberly Duckworth, and Shelly Chaiken, "Motivated Heuristic and Systematic Processing," *Psychological Inquiry* 10, no. 1 (1999): 44-49, https://doi.org/10.1207/s15327965pli1001_6.
24) Walter Lippmann, *Public Opinion* (Radford, VA: Wilder Publications, 2018).
25) History.com Editors, "Bernard Baruch Popularizes the Term 'Cold War'" (April 16, 1947)," HISTORY, 2024, https://www.history.com/this-day-in-history/bernard-baruch-coins-the-term-cold-war.
26) Alexis de Tocqueville and Isaac Kramnick, *Democracy in America and Two Essays on America*, trans. Gerald Bevan (London: Penguin Classics, 2003).

## 第11章

1) Innovative Designers, "What Is Intrapersonal Communication? Types, Examples, Advantages," *Hamptons College* (blog), May 24, 2023, https://hamptonscollege.ca/what-is-intrapersonal-communication-types-examples-advantages/.
2) James D. Fearon, "What Is Identity (as We Now Use the Word)?," Department of Political Science, Stanford University, 1999, http://www.web.stanford.edu/group/fearon-research/cgi-bin/wordpress/wp-content/uploads/2013/10/What-is-Identity-as-we-now-use-the-word-.pdf.
3) "Identity," in *APA Dictionary of Psychology* (Washington, D.C.: American Psychological Association, 2004), https://dictionary.apa.org/identity.
4) Erik H. Erikson, *Identity and the Life Cycle* (New York: W. W. Norton, 1994).
5) Samuel P. Huntington, *Who Are We: The Challenges to America's National Identity* (New York: Simon & Schuster, 2004).
6) Huntington.
7) 阿満利麿, 『日本人はなぜ無宗教なのか』(東京：筑摩書房, 1996年).
8) "Night and Fog Decree," in *United States Holocaust Memorial Museum* (Washington, DC: Holocaust Memorial Museum, 2024), https://encyclopedia.ushmm.org/content/en/article/night-and-fog-decree.

9) "Viktor Frankl: Biography," The Viktor Frankl Institute, n.d., https://www.viktorfrankl.org/biography.html.
10) Viktor E. Frankl, Harold S. Kushner, and William J. Winslade, *Man's Search for Meaning* (Boston: Beacon Press, 2006).
11) Stanley Milgram, "Behavioral Study of Obedience," *The Journal of Abnormal and Social Psychology* 67, no. 4(1963): 371-78, https://doi.org/10.1037/h0040525.
12) Leonard Bickman and Matthew Zarantonello, "The Effects of Deception and Level of Obedience on Subjects' Ratings of the Milgram Study," *Personality and Social Psychology Bulletin* 4, no. 1(1978): 81-85, https://doi.org/10.1177/014616727800400117.
13) "The Mind Is a Formidable Jailer," *The New York Times*, April 8, 1973, https://www.nytimes.com/1973/04/08/archives/a-pirandellian-prison-the-mind-is-a-formidable-jailer.html; "Philip Zimbardo's Response to Recent Criticisms of the Stanford Prison Experiment," Stanford Prison Experiment, n.d., https://www.prisonexp.org/response; Philip Zimbardo et al., *The Stanford Prison Experiment: A Simulation Study of the Psychology of Imprisonment Conducted August 1971 at Stanford University*. (Munich: Grin Verlag, 1971).
14) Zimbardo, Philip, *The Lucifer Effect: Understanding How Good People Turn Evil* (New York: Random House, 2008), https://www.amazon.co.jp/-/en/Philip-Zimbardo/dp/0812974441.
15) Breanna Mona and Stacey Diane Arañez Litam, "What Is Stockholm Syndrome? Symptoms, Causes And Treatment," Forbes Health, September 19, 2023, https://www.forbes.com/health/mind/stockholm-syndrome/; "Stockholm Syndrome," in *APA Dictionary of Psychology* (Washington, D.C.: American Psychological Association, 2019), https://dictionary.apa.org/.
16) "Patty Hearst," Page, Federal Bureau of Investigation, n.d., https://www.fbi.gov/history/famous-cases/patty-hearst.
17) Natascha Kampusch, *3096 Days* (New York: Viking, 2010).
18) 宮津多美子・小谷野康子・石橋和代,「欧米の少女誘拐・長期監禁事件サバイバーのレジリエンス～ナラティヴ分析を中心に～」, 医療看護研究第13巻2号(2017年): 33-41, https://www.juntendo.ac.jp/assets/iryokangokenkyu13_2_04.pdf.
19) Mona and Litam, "What Is Stockholm Syndrome?"
20) Mona and Litam.
21) Cressida Heyes, "Identity Politics," in *The Stanford Encyclopedia of Philosophy*, ed. Edward N. Zalta (Stanford: Metaphysics Research Lab, Stanford University, 2020), https://plato.stanford.edu/archives/fall2020/entries/identity-politics/.
22) Francis Fukuyama, *Identity: The Demand for Dignity and the Politics of Resentment* (New York: Farrar, Straus and Giroux, 2018).
23) Vijay Jojo Chokal-Ingam, *Almost Black: The True Story of How I Got Into Medical School By Pretending to Be Black* (Pennsauken, NJ: BookBaby, 2016).

## 第12章

1) Lasswell, "The Structure and Function of Communication in Society."
2) Charles Robert Wright, *Mass Communication: A Sociological Perspective* (New York: Random House, 1975).
3) Hellmut E. Lehmann-Haupt, "Johannes Gutenberg," in *Encyclopedia Britannica*, June 28, 2024, https://www.britannica.com/biography/Johannes-Gutenberg.
4) Janna Quitney Anderson and Lee Rainie, *Imagining the Internet: Personalities, Predictions, Perspectives* (Lanham, MD: Rowman & Littlefield Publishers, 2005).
5) Donald G. Fink et al., "Television," in *Encyclopaedia Britannica*, March 11, 2024, https://www.britannica.com/technology/television-technology.
6) Team Leverage Edu, "Types of Mass Media," *Leverage Edu* (blog), November 11, 2023, https://leverageedu.com/blog/types-of-mass-media/.
7) Marshall McLuhan et al., *The Gutenberg Galaxy: The Making of Typographic Man* (Tront: University of Toronto Press, 2011).
8) Marshall Mcluhan and Lewis H. Lapham, *Understanding Media: The Extensions of Man*, Reprint (Cambridge, MA: The MIT Press, 1994).
9) Thompson Amy, "Digital 2024 April Global Statshot Report," We Are Social Japan, April 24, 2024, https://wearesocial.com/jp/blog/2024/04/digital-2024-april-global-statshot-report/.
10) "Crown v. John Peter Zenger, 1735," *Historical Society of the New York Courts*, n.d., 2024, https://history.nycourts.gov/case/crown-v-zenger/.
11) Constitution Center, "Argument in the Zenger Trial (1735)," Historic Document: National Constitution Center, n.d., https://constitutioncenter.org/the-constitution/historic-document-library/detail/andrew-hamilton-argument-in-the-zenger-trial-1735.
12) Andy Piascik, "Ida Tarbell: The Woman Who Took On Standard Oil," CT Humanities Project: Connecticut History, April 16, 2024, https://connecticuthistory.org/ida-tarbell-the-woman-who-took-on-standard-oil/.
13) PBS, "Ida Tarbell," American Experience, n.d., https://www.pbs.org/wgbh/americanexperience/features/rockefellers-tarbell/.
14) Anthony Arthur, "Upton Sinclair," Times Topics: New York Times, n.d., https://archive.nytimes.com/www.nytimes.com/ref/timestopics/topics_uptonsinclair.html.
15) Jordan Moran, "Nixon and the Pentagon Papers," December 27, 2016, https://millercenter.org/the-presidency/educational-resources/first-domino-nixon-and-the-pentagon-papers.
16) Moran.
17) Peter Vanderwicken, "Why the News Is Not the Truth," *Harvard Business Review*, May 1, 1995, https://hbr.org/1995/05/why-the-news-is-not-the-truth.
18) T. C. Sottek and Janus Kopfstein, "Everything You Need to Know About PRISM," *The Verge*, July 17, 2013, https://www.theverge.com/2013/7/17/4517480/nsa-spying-prism-surveillance-cheat-sheet.

19) Patrick Toomey, "The NSA Continues to Violate Americans' Internet Privacy Rights," *American Civil Liberties Union (ACLU)* (blog), August 22, 2018, https://www.aclu.org/news/national-security/nsa-continues-violate-americans-internet-privacy.
20) Glenn Greenwald and Ewen MacAskill, "NSA Prism Program Taps in to User Data of Apple, Google and Others," *The Guardian*, June 7, 2013, sec. US news, https://www.theguardian.com/world/2013/jun/06/us-tech-giants-nsa-data.
21) Gabriela Vatu, "PRISM: Yahoo Was Threatened with Fine of $250,000 per Day by the US Government," softpedia, September 12, 2014, https://news.softpedia.com/news/PRISM-Yahoo-Was-Threatened-With-Fine-of-250-000-per-Day-by-the-US-Government-458619.shtml.
22) Marc Fisher, John Woodrow Cox, and Peter Hermann, "Pizzagate: From Rumor, to Hashtag, to Gunfire in D.C.," *Washington Post*, December 6, 2016, https://www.washingtonpost.com/local/pizzagate-from-rumor-to-hashtag-to-gunfire-in-dc/2016/12/06/4c7def50-bbd4-11e6-94ac-3d324840106c_story.html.
23) Manvir Singh, "The Fake Fake: News Problem and the Truth About Misinformation," The New Yorker, April 15, 2024, https://www.newyorker.com/magazine/2024/04/22/dont-believe-what-theyre-telling-you-about-misinformation.
24) "What Is Misinformation? Learn about Fake News Its Impact on Children," *Internet Matters* (blog), n.d., https://www.internetmatters.org/issues/fake-news-and-misinformation-advice-hub/learn-about-fake-news-to-support-children/.
25) Eni Mustafaraj and Panagiotis Takis Metaxas, "The Fake News Spreading Plague: Was It Preventable?," in *Proceedings of the 2017 ACM on Web Science Conference* (WebSci '17: ACM Web Science Conference, Troy New York USA: ACM, 2017), 235–39, https://doi.org/10.1145/3091478.3091523.
26) Panagiotis Metaxas and Eni Mustafaraj, "From Obscurity to Prominence in Minutes: Political Speech and Real-Time Search," Wellesley College Digital Repository, 2010, https://repository.wellesley.edu/object/ir122.
27) Nsikan Akpan, "The Very Real Consequences of Fake News Stories and Why Your Brain Can't Ignore Them," PBS NewsHour, December 5, 2016, https://www.pbs.org/newshour/science/real-consequences-fake-news-stories-brain-cant-ignore.
28) Akpan.
29) Akpan.
30) Mark Aaron Polger, "Thinking Critically about Information Sources: How to Spot Fake News—a Checklist," CSI Library: Misinformation and Disinformation, CUNY, 2024, https://library.csi.cuny.edu/misinformation.
31) Todd C. Helmus and Bilva Chandra, "Generative Artificial Intelligence Threats to Information Integrity and Potential Policy Responses," RAND Corporation, 2024, https://www.rand.org/pubs/perspectives/PEA3089-1.html.
32) UNESCO IITE, "Media and Information Literacy," UNESCO Institute for Information

Technologies in Education, May 17, 2023, https://iite.unesco.org/mil/.
33) Council of Europe, "Media and Information Literacy," Digital Citizenship Education (DCE), 2024, https://www.coe.int/en/web/digital-citizenship-education/media-and-information-literacy; UNESCO, "Media and Information Literacy," 2024, https://www.unesco.org/en/media-information-literacy; UNESCO IITE, "Media and Information Literacy."
34) UNESCO IITE.

## 第 13 章

1) Christine Philliou, "The Paradox of Perceptions: Interpreting the Ottoman Past through the National Present," *Middle Eastern Studies* 44, no. 5 (2008): 661–75, https://doi.org/10.1080/00263200802285385.
2) Philliou.
3) "The Problem with Translating Dante's Divine Comedy," Australian Catholic University (ACU), March 7, 2023, https://www.acu.edu.au/about-acu/news/2023/march/the-problem-with-translating-dantes-divine-comedy.
4) Flor Zaccagnino, "'Traduttore, Traditore' and Translating the Untranslatable," Bunny Studio, April 6, 2020, https://bunnystudio.com/blog/traduttore-traditore-and-translating-the-untranslatable/.
5) Johann Wolfgang Von Goethe, *The West-Eastern Divan*, trans. Robert Martin (Wakefield Press, 2016).
6) Jörg Waltje, "Wolfgang von Goethe's Theory of Translation in the West-Eastern Divan," *Other Voices* 2, no. 2 (March 2002), https://www.othervoices.org/2.2/waltje/#1b.
7) Gideon Lewis-Kraus, "Is Translation an Art or a Math Problem?," *The New York Times*, June 4, 2015, sec. Magazine, https://www.nytimes.com/2015/06/07/magazine/is-translation-an-art-or-a-math-problem.html.
8) Lewis-Kraus.
9) Jason Wise, "Google Translate Users: How Many People Use It in 2024? -," *EarthWeb* (blog), 2023, https://earthweb.com/how-many-people-use-google-translate/; "Google Translate: One Billion Installs, One Billion Stories," Google, April 28, 2021, https://blog.google/products/translate/one-billion-installs/.
10) Ryan Browne, "DeepL, a European Rival to Google Translate, Rides AI Hype to a $2 Billion Valuation," CNBC, May 22, 2024, https://www.cnbc.com/2024/05/22/deepl-ai-rival-google-translate-2-billion-valuation.html.
11) John Houseman, "How-and What-Does a Movie Communicate?," *The Quarterly of Film Radio and Television* 10, no. 3 (1956): 227–38, https://doi.org/10.2307/1209979.
12) The Editors of Encyclopaedia Britannica, "Academy of Motion Picture Arts and Sciences," in *Encyclopaedia Britannica*, May 10, 2024, https://www.britannica.com/topic/Academy-of-Motion-Picture-Arts-and-Sciences.

13) Peter Decherney, *Hollywood and the Culture Elite: How the Movies Became American* (New York: Columbia University Press, 2005).
14) Niche Film Farm, "Difference Between a Documentary Film and a Feature Film," *Niche Film Farm Blog* (blog), February 2, 2023, https://nichefilmfarm.com/blogs/documentary-film-vs-feature-film/.
15) The Editors of Encyclopaedia Britannica, "Documentary Film," in *Encyclopedia Britannica*, March 18, 2024, https://www.britannica.com/art/documentary-film.
16) "Michael Moore's 'Roger & Me' at 25: Still the Best Movie About the U.S. Economic Collapse," *Esquire*, December 19, 2014, https://www.esquire.com/entertainment/movies/reviews/a31488/roger-and-me-michael-moore/.
17) Joel Bleifuss, "Michael Moore Stars at Academy Awards," In *These Times*, March 5, 2003, https://inthesetimes.com/article/michael-moore-stars-at-academy-awards.
18) "Bowling for Columbine: An Interview with Michael Moore, PopMatters," October 11, 2002, https://www.popmatters.com/moore-michael-2496101383.html.
19) Mary Brown, "Artistic Activism for Social Change: About," The Westport Library Resource Guides, May 13, 2024, https://westportlibrary.libguides.com/ArtActivism.
20) Banksy Explained, "The Segregation Wall, Palestine, 2005," Art, Banksy Explained, May 5, 2021, https://banksyexplained.com/the-segregation-wall-palestine-2005/
21) D. N. Mancoff, "Banksy," in *Encyclopaedia Britannica*, May 11, 2024, https://www.britannica.com/biography/Banksy; Stefano Antonelli, "The Second Principle of Banksy (Quoted from Unofficial Exhibition, Banksy: Building Castles in the Sky, New York City, by The Andipa Gallery)," Issuu, June 8, 2022, https://issuu.com/andipa_gallery/docs/banksy_new_york_interno/s/16030346; "The Segregation Wall, Palestine, 2005."
22) Jacques Rancière, *The Politics of Aesthetics: The Distribution of the Sensible*, trans. Gabriel Rockhill (London: Bloomsbury USA Academic, 2013).
23) Susan Hansen, "Banksy's Subversive Gift: A Socio-Moral Test Case for the Safeguarding of Street Art," *City* 22, no. 2(2018): 285-97, https://doi.org/10.1080/13604813.2018.1461478.
24) Benjamin Sutton ShareShare This Article, "Sale of Banksy's Mobile Lovers for $670,000 Saves Youth Club," Artnet News, August 26, 2014, https://news.artnet.com/market/sale-of-banksys-mobile-lovers-for-670000-saves-youth-club-86796.
25) Boris Groys, "On Art Activism," *E-Flux Journal*, June 2014, https://www.e-flux.com/journal/56/60343/on-art-activism/.
26) Erin Argun, "Art as Activism: How Protest Art Challenges the Status Quo," MyArtBroker, July 5, 2024, https://www.myartbroker.com/collecting/articles/art-as-activism.
27) Judy Chicago, "The Dinner Party (1974-79)," *Chicago/Woodman LLC* (blog), n.d., https://judychicago.com/gallery/the-dinner-party/dp-artwork/.
28) Linda Nochlin, "Why Are There No Great Women Artists?," in *Woman In Sexist Society*, ed. Vivian Gornick and Barbara K. Moran (New York: Basic Books, 1971), 344-66.

29) Richard Giulianotti and Ansgar Thiel, "New Horizons in the Sociology of Sport," *Frontiers in Sports and Active Living* 4(2023): 1060622, https://doi.org/10.3389/fspor.2022.1060622.
30) Jay Coakley, "Sociology of Sport," in *The Cambridge Handbook of Sociology*, ed. Kathleen Odell Korgen (Cambridge: Cambridge University Press, 2017), 365–75, https://doi.org/10.1017/9781316418376.036.
31) Benjamin Rader, *American Sports*, 5th edition (Upper Saddle River, N.J: Routledge, 1998).
32) David Rowe, *Sport, Culture & Media*, 2nd ed. (Maidenhead: Open University Press, 2003); David Rowe, "Assessing the Sociology of Sport: On Media and Power," *International Review for the Sociology of Sport* 50, no. 4-5(2015): 575–79, https://doi.org/10.1177/1012690214538627.
33) Rowe, *Sport, Culture and Media*.
34) Patrick S. Washburn and Chris Lamb, *Sports Journalism: A History of Glory, Fame, and Technology* (Lincoln, NE: Nebraska, 2020), https://doi.org/10.2307/j.ctv10vm2tc.
35) UNESCO World Heritage Centre, "Archaeological Site of Olympia, Greece," World Heritage Journeys of Europe, 2024, https://visitworldheritage.com https://visitworldheritage.com/en/eu/archaeological-site-of-olympia-greece/7d32eb45-1582-496a-b5b0-338b417b3a80; International Olympic Committee, "What Is the Origin of the Olympic Games?," History and Origin of the Games, n.d., https://olympics.com/ioc/faq/history-and-origin-of-the-games/what-is-the-origin-of-the-olympic-games.
36) International Olympic Committee, "What Is the Origin of the Olympic Games?"
37) History.com editors, "First Modern Olympic Games: April 6, 1896," History, n.d., https://www.history.com/this-day-in-history/first-modern-olympic-games.
38) UNESCO World Heritage Centre, "Archaeological Site of Olympia, Greece"; International Olympic Committee, "What Is the Origin of the Olympic Games?"
39) Paris 2024, "The History of the Paralympic Games," n.d., https://olympics.com/en/paris-2024/the-games/olympic-paralympic-games/history-paralympic-games.
40) 日本オリンピック委員会 (JOC), 「オリンピック憲章 (Olympic Charter)」, 2023 年, https://www.joc.or.jp/olympism/principles/charter/index.html.
41) Myles Burke, "In History: How Tommie Smith and John Carlos's Protest at the 1968 Mexico City Olympics Shook the World," BBC, October 16, 2023, https://www.bbc.com/culture/article/20231011-in-history-how-tommie-smith-and-john-carloss-protest-at-the-1968-mexico-city-olympics-shook-the-world.
42) Adam Bradley, "The Timeless Appeal of Tommie Smith, Who Knew a Podium Could Be a Site of Protest," *The New York Times*, August 6, 2021, sec. T Magazine, https://www.nytimes.com/2021/08/06/t-magazine/the-timeless-appeal-of-tommie-smith.html.
43) UCLA, "Tommie Smith and John Carlos," Arthur Ashe Legacy, 2024, https://arthurashe.ucla.edu/tommie-smith-and-john-carlos/.
44) Burke, "In History."

## 第 14 章

1) "Nation Brands Index 2023: Japan Takes the Lead for the First Time in NBI History," Ipsos, November 1, 2023, https://www.ipsos.com/en/nation-brands-index-2023.
2) Joseph S. Nye, "Soft Power," *Foreign Policy*, no. 80(1990): 153-71, https://doi.org/10.2307/1148580.
3) Laura Clancy, Christine Huang, and Laura Clancy, "China's Approach to Foreign Policy Gets Largely Negative Reviews in 24-Country Survey," Pew Research Center, July 27, 2023, https://www.pewresearch.org/global/2023/07/27/chinas-approach-to-foreign-policy-gets-largely-negative-reviews-in-24-country-survey/.
4) Nye, "Soft Power," 83-89.
5) Douglas McGray, "Japan's Gross National Cool," *Foreign Policy*, no. 130(2002): 44, https://doi.org/10.2307/3183487.
6) 知的財産戦略推進事務局,「クールジャパン戦略について」, 内閣府ホームページ, 2019 年, https://www.cao.go.jp/cool_japan/about/about.html.
7) 日本経済新聞,「[社説] クールジャパンは検証が先だ」, 2024 年 6 月 16 日, https://www.nikkei.com/article/DGXZQOCD150UF0V10C24A6000000/.
8) Joshua W. Walker, "Soft Power and Japan's Role in a Complex World," The Japan Times, October 24, 2023, https://www.japantimes.co.jp/commentary/2023/10/24/japan/japan-soft-power/.
9) Cyndy Caravelis and Matthew Robinson, *Social Justice, Criminal Justice: The Role of American Law in Effecting and Preventing Social Change* (New York: Routledge, 2016).
10) "What Is Social Justice? Origins and Definitions, plus Social Injustice Examples," Taylor & Francis, 2024, https://insights.taylorandfrancis.com/social-justice/what-is-social-justice/.
11) "What Is Social Justice?"
12) United Nations, "Shaping a Fairer World: Global Efforts to Enhance Social Justice," United Nations (United Nations, 2024), https://www.un.org/en/desa/shaping-fairer-world-global-efforts-enhance-social-justice.
13) Ann E. Towns, ed., "Legislature Sex Quotas and Cultural Rank," in *Women and States: Norms and Hierarchies in International Society* (Cambridge: Cambridge University Press, 2010), 149-83, https://doi.org/10.1017/CBO9780511779930.007.
14) Lenita Freidenvall, "Gender Quota Spill-over in Sweden: From Politics to Business?," Working Paper, 2015, https://cadmus.eui.eu/handle/1814/36277.
15) Shihoko Abe, "Glass Ceiling Remains Rock Solid in Japanese Politics. What Can Be Done?," *Mainichi Daily News*, May 30, 2024, https://mainichi.jp/english/articles/20240530/p2a/00m/0na/016000c.
16) Martin and Nakayama, *Intercultural Communication in Contexts*, 441-43.
17) Karen Krumrey, "Chapter 6: Conflict," in *Intercultural Communication for the Community College*, 2nd e., 2022, https://openoregon.pressbooks.pub/comm115/chapter/

chapter-6/.
18) Stella Ting-Toomey, "Toward a Theory of Conflict and Culture," in *Communication, Culture, and Organizational Processes*, ed. William B. Gudykunst, Leah B. Stewart, and Stella Ting-Toomey (Beverly Hills, CA: Sage, 1985), 71-86.
19) Mark Cole, *Interpersonal Conflict Communication in Japanese Cultural Contexts* (Tempe, AZ: Arizona State University, 1996); .
20) Mitchell R. Hammer, "The Intercultural Conflict Style Inventory: A Conceptual Framework and Measure of Intercultural Conflict Resolution Approaches," *International Journal of Intercultural Relations*, Special Issue: Conflict, negotiation, and mediation across cultures: highlights from the fourth biennial conference of the International Academy for Intercultural Research, 29, no. 6(2005): 675-95, https://doi.org/10.1016/j.ijintrel.2005.08.010.
18) Martin and Nakayama, *Intercultural Communication in Contexts*, 440-73.
19) Michael E. McCullough, "Forgiveness as Human Strength: Theory, Measurement, and Links to Well-Being," *Journal of Social and Clinical Psychology* 19, no. 1(2000): 43-55, https://doi.org/10.1521/jscp.2000.19.1.43; Vincent R. Waldron and Douglas L. Kelley, *Communicating Forgiveness*, Communicating Forgiveness (Thousand Oaks, CA, US: Sage Publications, Inc, 2008), https://doi.org/10.4135/9781483329536.
20) Waldron and Kelley, *Communicating Forgiveness*.
21) Qin Zhang et al., "The Emotional Side of Forgiveness: A Cross-Cultural Investigation of the Role of Anger and Compassion and Face Threat in Interpersonal Forgiveness and Reconciliation," *Journal of International and Intercultural Communication* 8, no. 4(2015): 311-29, https://doi.org/10.1080/17513057.2015.1087094.
22) Michael E. McCullough, "Forgiveness as Human Strength: Theory, Measurement, and Links to Well-Being," *Journal of Social and Clinical Psychology* 19, no. 1(2000): 43-55, https://doi.org/10.1521/jscp.2000.19.1.43; Vincent R. Waldron and Douglas L. Kelley, *Communicating Forgiveness*, Communicating Forgiveness (Thousand Oaks, CA, US: Sage, Inc, 2008), https://doi.org/10.4135/9781483329536.
23) Martin and Nakayama, *Intercultural Communication in Contexts*, 466-68.
24) McCullough; Andy J. Merolla, Shuangyue Zhang, and Shaojing Sun, "Forgiveness in the United States and China: Antecedents, Consequences, and Communication Style Comparisons," *Communication Research* 40, no. 5(2013): 595-622, https://doi.org/10.1177/0093650212446960.
25) E. Alison Holman and Roxane Cohen Silver, "Is It the Abuse or the Aftermath?: A Stress and Coping Approach to Understanding Responses to Incest," *Journal of Social and Clinical Psychology* 15, no. 3(1996): 318-39, https://doi.org/10.1521/jscp.1996.15.3.318; Waldron and Kelley, *Communicating Forgiveness*.
26) Melanie A. Greenberg, "Cognitive Processing of Traumas: The Role of Intrusive Thoughts and Reappraisals1," *Journal of Applied Social Psychology* 25, no. 14(1995):

1262-96, https://doi.org/10.1111/j.1559-1816.1995.tb02618.x; Holman and Silver, "Is It the Abuse or the Aftermath?"
27) Michael E. McCullough et al., "Interpersonal Forgiving in Close Relationships: II. Theoretical Elaboration and Measurement," *Journal of Personality and Social Psychology* 75, no. 6 (1998): 1586-1603, https://doi.org/10.1037/0022-3514.75.6.1586.
28) Merolla, Zhang, and Sun, "Forgiveness in the United States and China."
29) Qin Zhang et al., "The Emotional Side of Forgiveness: A Cross-Cultural Investigation of the Role of Anger and Compassion and Face Threat in Interpersonal Forgiveness and Reconciliation," *Journal of International and Intercultural Communication* 8, no. 4 (2015): 311-29, https://doi.org/10.1080/17513057.2015.1087094.
30) Liz Willis, "National Sorry Day 2020," Reconciliation Australia, May 25, 2020, https://www.reconciliation.org.au/national-sorry-day-2020/.
31) James David Wright, *International Encyclopedia of the Social & Behavioral Sciences*, 2nd edition (Amsterdam: Elsevier, 2015), https://www.sciencedirect.com/referencework/9780080970875/international-encyclopedia-of-the-social-and-behavioral-sciences; Steven Kuhn and Edward N. Zalta, "Prisoner's Dilemma," in *The Stanford Encyclopedia of Philosophy*, Winter 2019 (Stanford: Metaphysics Research Lab, Stanford University, 2019), https://plato.stanford.edu/archives/win2019/entries/prisoner-dilemma/.
32) Morton D. Davis and Steven J. Brams, "Game Theory: Prisoners' Dilemma, Strategy, Economics," July 31, 2024, https://www.britannica.com/science/game-theory/The-prisoners-dilemma.

## 終 章

1) Martin and Nakayama, *Intercultural Communication in Contexts*, 2-42.
2) Peter Adler, "The Transitional Experience: An Alternative View of Culture Shock," *Journal of Humanistic Psychology* 15, no. 4 (1975): 22, https://doi.org/10.1177/002216787501500403.
3) Jon R. Wendt, "DIE: A Way to Improve Communication" 33, no. 4 (1984): 397-401, https://doi.org/10.1080/03634528409384769.
4) Martin and Nakayama, *Intercultural Communication in Contexts*, 478-509.

## あとがき

1) Susan Oman, *Understanding Well-Being Data: Improving Social and Cultural Policy, Practice and Research*, New Directions in Cultural Policy Research (Cham, Switzerland: Palgrave Macmillan, 2021), 38-41.
2) WHO, "Your Life, Your Health: Tips and Information for Health and Well-Being," World Health Organization (WHO): Tools & toolkits, 2023, https://www.who.int/tools/your-life-your-health.

# 参考文献

ABC News. "Fear of Immigrants Is as Old as America Itself: Benjamin Franklin Warned Against Letting In German Immigrants," May 2013. https://abcnews.go.com/ABC_Univision/fear-immigrants-america/story?id=19177944.

Abe, Shihoko. "Glass Ceiling Remains Rock Solid in Japanese Politics. What Can Be Done?" *Mainichi Daily News*, May 30, 2024. https://mainichi.jp/english/articles/20240530/p2a/00m/0na/016000c.

Adler, Peter. "The Transitional Experience: An Alternative View of Culture Shock." *Journal of Humanistic Psychology* 15, no. 4 (1975): 13–23. https://doi.org/10.1177/002216787501500403.

Adorno, Theodor W., and Max Horkheimer. *Dialectic of Enlightenment*. Translated by Edmund Jephcott. Stanford: Stanford University Press, 2002.

Afsari, Mahnaz, Spencer W. Beasley, Kiki Maoate, and Karen Heckert. "Attitudes of Pacific Parents to Circumcision of Boys." *Pacific Health Dialog* 9, no. 1 (2002): 29–33.

Akpan, Nsikan. "The Very Real Consequences of Fake News Stories and Why Your Brain Can't Ignore Them." PBS NewsHour, December 5, 2016. https://www.pbs.org/newshour/science/real-consequences-fake-news-stories-brain-cant-ignore.

Anderson, Benedict. *Imagined Communities: Reflections on the Origin and Spread of Nationalism*. Edited by Richard O'Gorman. Revised. London: Verso, 1991.

Anderson, Floyd D. "Five Fingers or Six? Pentad or Hexad?" *KB Journal (The Journal of the Kenneth Burke Society)*, Spring 2010. https://www.kbjournal.org/anderson.

Anderson, Janna Quitney, and Lee Rainie. *Imagining the Internet: Personalities, Predictions, Perspectives*. Lanham, Md: Rowman & Littlefield Publishers, 2005.

Andrewes, William J. H. "A Chronicle of Timekeeping." Scientific American, 2006. https://www.scientificamerican.com/article/a-chronicle-of-timekeeping-2006-02/.

Antonelli, Stefano. "The Second Principle of Banksy (Quoted from Unofficial Exhibition, Banksy: Building Castles in the Sky, New York City, by The Andipa Gallery)." Issuu, June 8, 2022. https://issuu.com/andipa_gallery/docs/banksy_new_york_interno/s/16030346.

Argun, Erin. "Art as Activism: How Protest Art Challenges the Status Quo." MyArtBroker, July 5, 2024. https://www.myartbroker.com/collecting/articles/art-as-activism.

Argyle, Michael. *Bodily Communication*. 2nd ed. London: Routledge, 1988. https://doi.org/10.4324/9780203753835.

Arnold, Matthew. *Culture and Anarchy: An Essay in Political and Social Criticism*. London: Smith, Elder, 1889. https://www.gutenberg.org/ebooks/4212.

Arthur, Anthony. "Upton Sinclair." Times Topics: New York Times, n.d. https://archive.nytimes.com/www.nytimes.com/ref/timestopics/topics_uptonsinclair.html.

Article, Benjamin Sutton ShareShare This. "Sale of Banksy's Mobile Lovers for $670,000 Saves Youth Club." Artnet News, August 26, 2014. https://news.artnet.com/market/sale-of-banksys-mobile-lovers-for-670000-saves-youth-club-86796.

Atabaki, Ali Mohammad Siahi, Narges Keshtiaray, and Mohammad H. Yarmohammadian. "Scrutiny of Critical Thinking Concept." *International Education Studies* 8, no. 3 (2015): 93–102. https://doi.org/10.5539/ies.v8n3p93.

Atkinson, Quentin D. "Phonemic Diversity Supports a Serial Founder Effect Model of Language Expansion from Africa." *Science* 332 (2011): 346–49. https://doi.org/10.1126/science.1199295.

Avruch, Kevin. *Culture & Conflict Resolution*. Washington, D.C: United States Institute of Peace Press, 1998.

Ayala, Francisco J. "The Myth of Eve: Molecular Biology and Human Origins." *Science* 270 (1995): 1930–36. https://doi.org/10.1126/science.270.5244.1930.

Banksy Explained. "The Segregation Wall, Palestine, 2005." Art, Banksy Explained, May 5, 2021. https://banksyexplained.com/the-segregation-wall-palestine-2005/.

Bauman, Zygmunt. *Liquid Modernity*. Cambridge: Polity, 2000.

Bauman, Zygmunt, and David Lyon. *Liquid Surveillance: A Conversation*. Polity Conversations Series. Cambridge: Polity, 2013.

BBC News. "Pidgin: West African Lingua Franca," November 16, 2016. https://www.bbc.com/news/world-africa-38000387.

Berghahn, Volker R. "The Debate on 'Americanization' among Economic and Cultural Historians." *Cold War History* 10, no. 1 (2010): 107–30. https://doi.org/10.1080/14682740903388566.

Berlitz. "25 Most Spoken Languages in the World in 2024." The most spoken languages in the world in 2024, July 26, 2024. https://www.berlitz.com/blog/most-spoken-languages-world.

Bhutani, Anvee, William Whittington, and Telegraph Readers. "'We Either Stand up to China or Be Ruled by Them': Telegraph Readers Who Boycott Chinese Goods." *The Telegraph*, March 28, 2024. https://www.telegraph.co.uk/news/2024/03/28/chinese-goods-boycott-telegraph-reader-poll-sanctions-trade/.

Bickman, Leonard, and Matthew Zarantonello. "The Effects of Deception and Level of Obedience on Subjects' Ratings of the Milgram Study." *Personality and Social Psychology Bulletin* 4, no. 1 (1978): 81–85. https://doi.org/10.1177/014616727800400117.

Biddle, Jeff E., and Daniel S. Hamermesh. "Beauty, Productivity, and Discrimination: Lawyers' Looks and Lucre." *Journal of Labor Economics* 16, no. 1 (1998): 172–201. https://doi.org/10.1086/209886.

Birdwhistell, Ray L. *Introduction to Kinesics: An Annotation System for Analysis of Body Motion and Gesture*. Washington, D.C.: Department of State, Foreign Service Institute, 1952.

Blakely, Edward J., and Mary Gail Snyder. *Fortress America: Gated Communities in the United States*. Washington, D.C.: Brookings Institution Press, 1997.

Boas, Franz. *Race, Language and Culture*. New York: Macmillan, 1953. http://archive.org/details/in.ernet.dli.2015.282680.

Bossard, James H. S. "Nationality and Nativity as Factors in Marriage." *American Sociological Review* 4, no. 6 (1939): 792–98. https://doi.org/10.2307/2083756.

"Bowling for Columbine: An Interview with Michael Moore, PopMatters," October 11, 2002. https://www.popmatters.com/moore-michael-2496101383.html.

Bradley, Adam. "The Timeless Appeal of Tommie Smith, Who Knew a Podium Could Be a Site of Protest." *The New York Times*, August 6, 2021, sec. T Magazine. https://www.nytimes.com/2021/08/06/t-magazine/the-timeless-appeal-of-tommie-smith.html.

British Council. "Received Pronunciation (RP)," n.d. https://www.teachingenglish.org.uk/professional-development/teachers/knowing-subject/q-s/received-pronunciation-rp.

Brondz, Ilia, and Tahmina Aslanova. "Circumcision: History, Scope, and Aim: Part I." *Voice of the Publisher* 5, no. 4 (2019): 77–87. https://doi.org/10.4236/vp.2019.54006.

Brown, Gillian. *Speakers, Listeners and Communication: Explorations in Discourse Analysis*. Cambridge: Cambridge University Press, 1995.

Brown, Mary. "Artistic Activism for Social Change: About." The Westport Library Resource Guides, May 13, 2024. https://westportlibrary.libguides.com/ArtActivism.

Browne, Ryan. "DeepL, a European Rival to Google Translate, Rides AI Hype to a $2 Billion Valuation." CNBC, May 22, 2024. https://www.cnbc.com/2024/05/22/deepl-ai-rival-google-translate-2-billion-valuation.html.

Bruneau, Tom. "Chronemics: Time-Binding and the Construction of Personal Time." *ETC: A Review of General Semantics* 69, no. 1 (2012): 72–92. https://www.jstor.org/stable/42579170.

Bruni, Frank. "The California Entrepreneur Who Beat Bilingual Teaching." *The New York Times*, June 1998. https://www.nytimes.com/1998/06/14/us/the-california-entrepreneur-who-beat-bilingual-teaching.html.

Burke, Kenneth. *A Grammar of Motives*. Berkeley, Calif.: University of California Press, 1969.

Burke, Myles. "In History: How Tommie Smith and John Carlos's Protest at the 1968 Mexico City Olympics Shook the World." BBC, October 16, 2023. https://www.bbc.com/culture/article/20231011-in-history-how-tommie-smith-and-john-carloss-protest-at-the-1968-mexico-city-olympics-shook-the-world.

Burridge, K. "Taboo, Euphemism, and Political Correctness." In *Encyclopedia of Language & Linguistics*, edited by Keith Brown, 2nd ed., 455–62. Oxford: Elsevier, 2006. https://doi.org/10.1016/B0-08-044854-2/01092-0.

Cannon, Lou. "Bilingual Education Under Attack." *Washington Post*, July 21, 1997. https://www.washingtonpost.com/archive/politics/1997/07/21/bilingual-education-under-attack/848fba9a-02b4-4ff3-b968-1364ea4821ca/.

Caravelis, Cyndy, and Matthew Robinson. *Social Justice, Criminal Justice: The Role of American Law in Effecting and Preventing Social Change*. New York: Routledge, 2016.

Carey, James W. *Communication as Culture: Essays on Media and Society*. New York: Routledge, 2008. https://doi.org/10.4324/9780203928912.

Chaiken, Shelly. "Heuristic versus Systematic Information Processing and the Use of Source versus Message Cues in Persuasion." *Journal of Personality and Social Psychology* 39, no. 5 (1980): 752–66. https://doi.org/10.1037/0022-3514.39.5.752.

Chen, Serena, Kimberly Duckworth, and Shelly Chaiken. "Motivated Heuristic and Systematic Processing." *Psychological Inquiry* 10, no. 1 (1999): 44–49. https://doi.org/10.1207/s15327965pli1001_6.

Chicago, Judy. "The Dinner Party (1974–79)." *Chicago/Woodman LLC* (blog), n.d. https://judychicago.com/gallery/the-dinner-party/dp-artwork/.

Chokal-Ingam, Vijay Jojo. *Almost Black: The True Story of How I Got Into Medical School By Pretending to Be Black*. Pennsauken, NJ: BookBaby, 2016.

Chomsky, Noam. *Syntactic Structures (1957)*. Mansfield Centre, CT: Lightning Source Inc, 2015.

Clancy, Laura, Christine Huang, and Laura Clancy. "China's Approach to Foreign Policy Gets Largely Negative Reviews in 24-Country Survey." Pew Research Center, July 27, 2023. https://www.pewresearch.org/global/2023/07/27/chinas-approach-to-foreign-policy-gets-largely-negative-reviews-in-24-country-survey/.

Coakley, Jay. "Sociology of Sport." In *The Cambridge Handbook of Sociology*, edited by Kathleen Odell Korgen, 365–75. Cambridge: Cambridge University Press, 2017. https://doi.org/10.1017/9781316418376.036.

Cole, Mark. *Interpersonal Conflict Communication in Japanese Cultural Contexts*. Tempe, AZ: Arizona State University, 1996.

Constitution Center. "Argument in the Zenger Trial (1735)." Historic Document: National Constitution Center, n.d. https://constitutioncenter.org/the-constitution/historic-document-library/detail/andrew-hamilton-argument-in-the-zenger-trial-1735.

Corson, David. "The Learning and Use of Academic English Words." *Language Learning* 47, no. 4 (1997): 671–718. https://doi.org/10.1111/0023-8333.00025.

Council of Europe. "Media and Information Literacy." Digital Citizenship Education (DCE), 2024. https://www.coe.int/en/web/digital-citizenship-education/media-and-information-

literacy.
Crosby. Jr., Alfred W. *The Columbian Exchange: Biological and Cultural Consequences of 1492*. Westport, CT: Praeger, 1972.
Crystal, David, and Pavle Ivić. "Dialect." In *Encyclopaedia Britannica*, March 14, 2024. https://www.britannica.com/topic/dialect/Standard-languages.
Crystal, David, and Simeon Potter. "English Language: Origin, History, Development, Characteristics, & Facts." In *Encyclopedia Britannica*, July 27, 2024. https://www.britannica.com/topic/English-language.
Cummins, J. "BICS and CALP: Empirical and Theoretical Status of the Distinction," 2015. https://www.semanticscholar.org/paper/BICS-and-CALP%3A-Empirical-and-Theoretical-Status-of-Cummins/d032e468026f45f0d0537521e4d0caf7762200a9.
Cummins, Jim. "Cognitive/Academic Language Proficiency, Linguistic Interdependence, the Optimum Age Question and Some Other Matters." *Working Papers on Bilingualism* 19 (1979): 121–29. https://eric.ed.gov/?id=ed184334.
———. "The Role of Primary Language Development in Promoting Educational Success for Language Minority Students." In *Schooling and Language Minority Students: A Theoretical Framework*, edited by California State Department of Education, 3–49. Los Angeles: Evaluation, Dissemination and Assessment Center, California State University, 1981. https://doi.org/10.13140/2.1.1334.9449.
Cuofano, Gennaro. "What Is The Lasswell Communication Model? The Lasswell Communication Model In A Nutshell." FourWeekMBA, 2024. https://fourweekmba.com/lasswell-communication-model/.
Darwin, Charles. *The Expression of the Emotions in Man and Animals*. Edited by Phillip Prodger. Oxford: Oxford University Press, 1998.
Davis, Morton D., and Steven J. Brams. "Game Theory: Prisoners' Dilemma, Strategy, Economics," July 31, 2024. https://www.britannica.com/science/game-theory/The-prisoners-dilemma.
Dayton, Brandon. "What Is the Tradition of Neck Rings in Africa and Asia?" Simple Shine, April 10, 2020. https://www.simpleshine.com/blogs/news/what-is-the-tradition-of-neck-rings-in-africa-and-asia.
Decherney, Peter. *Hollywood and the Culture Elite: How the Movies Became American*. New York: Columbia University Press, 2005.
Deller, Rose. "Book Review: Cultural Studies 1983: A Theoretical History by Stuart Hall." *LSE Review of Books* (blog), 2017. https://blogs.lse.ac.uk/lsereviewofbooks/2017/03/13/book-review-cultural-studies-1983-a-theoretical-history-by-stuart-hall-edited-by-jennifer-daryl-slack-and-lawrence-grossberg/.
Delphi Center. "What Is Critical Thinking?" University of Louisville Ideas To Action, 2024. https://louisville.edu/ideastoaction/about/criticalthinking/what.
DeMello, Margo. *Bodies of Inscription: A Cultural History of the Modern Tattoo Communi-

*ty*. Durham: Duke University Press, 2000.

Designers, Innovative. "What Is Intrapersonal Communication? Types, Examples, Advantages." *Hamptons College* (blog), May 24, 2023. https://hamptonscollege.ca/what-is-intrapersonal-communication-types-examples-advantages/.

Deutscher, Guy. *Through the Language Glass: Why the World Looks Different in Other Languages*. New York: Metropolitan Books/Henry Holt, 2010.

Dewey, John. *How We Think*. Boston: D C Health, 1910. https://www.gutenberg.org/files/37423/37423-h/37423-h.htm.

Dietrich, Sandy, and Erik Hernandez. "Nearly 68 Million People Spoke a Language Other Than English at Home in 2019." US Census Bureau, 2022. https://www.census.gov/library/stories/2022/12/languages-we-speak-in-united-states.html.

Diez, Beatriz. "'English Only': The Movement to Limit Spanish Speaking in US," December 4, 2019. https://www.bbc.com/news/world-us-canada-50550742.

Dossinger, Karyn, Connie R. Wanberg, Yongjun Choi, and Lisa M. Leslie. "The Beauty Premium: The Role of Organizational Sponsorship in the Relationship between Physical Attractiveness and Early Career Salaries." *Journal of Vocational Behavior* 112 (2019): 109–21. https://doi.org/10.1016/j.jvb.2019.01.007.

Dossinger, Karyn, Connie R. Wanberg, Youjeong Song, and Gokce Basbug. "Lookism Climate in Organizations: Construct Development and Validation of a Scale." *Journal of Management*, September 14, 2023, 01492063231196555. https://doi.org/10.1177/01492063231196555.

Doyle, D. "Ritual Male Circumcision: A Brief History." Royal College of Physicians of Edinburgh, 2005. https://www.rcpe.ac.uk/sites/default/files/doyle_circumcision.pdf.

Drachsler, Julius. *Intermarriage in New York City: A Statistical Study of the Amalgamation of European Peoples*. Hungerford, UK: Legare Street Press, 2022.

Du Bois, W. E. B. "The Souls of Black Folk (1903)." In *W. E. B. DuBois: Writings*, 357–547. New York: Library of America, 1996.

Dunkel, Harold B., and Roger A. Pillet. "A Second Year of French in Elementary School." *The Elementary School Journal* 58, no. 3 (1957): 143–51. https://doi.org/10.1086/459613.

Edu, Team Leverage. "Types of Mass Media." *Leverage Edu* (blog), November 11, 2023. https://leverageedu.com/blog/types-of-mass-media/.

Ekman, Paul. "An Argument for Basic Emotions." *Cognition and Emotion* 6, no. 3–4 (1992): 169–200. https://doi.org/10.1080/02699939208411068.

Ekman, Paul, and Wallace V. Friesen. "Nonverbal Leakage and Clues to Deception." *Psychiatry* 32, no. 1 (1969): 88–106. https://doi.org/10.1080/00332747.1969.11023575.

Eric Jensen, Nicholas Jones, Megan Rabe, Beverly Pratt, Lauren Medina, Kimberly Orozco, and Lindsay Spell. "The Chance That Two People Chosen at Random Are of Different Race or Ethnicity Groups Has Increased Since 2010." Census.gov, 2021. https://www.census.gov/library/stories/2021/08/2020-united-states-population-more-racially-

ethnically-diverse-than-2010.html.
Erikson, Erik H. *Identity and the Life Cycle*. New York: W. W. Norton, 1994.
Esquire. "Michael Moore's 'Roger & Me' at 25: Still the Best Movie About the U.S. Economic Collapse," December 19, 2014. https://www.esquire.com/entertainment/movies/reviews/a31488/roger-and-me-michael-moore/.
Fajkus, Michelle Margaret. "The Pros and Cons of Bilingual Education for Kids: Is It Right For You?" *Homeschool Spanish Academy* (blog), November 21, 2020. https://www.spanish.academy/blog/the-pros-and-cons-of-bilingual-education-for-kids/.
Fang, Jason, and Christina Zhou. "'He's Not Chinese': Interracial Marriages Are on the Rise in Australia, but Still Face Prejudices." *ABC News*, March 14, 2020. https://www.abc.net.au/news/2020-03-15/australia-migrants-share-challenges-of-intercultural-marriage/12045598.
Fearon, James D. "What Is Identity (as We Now Use the Word)?" Department of Political Science, Stanford University, 1999. http://www.web.stanford.edu/group/fearon-research/cgi-bin/wordpress/wp-content/uploads/2013/10/What-is-Identity-as-we-now-use-the-word-.pdf.
Federal Bureau of Investigation. "Patty Hearst." Page. Accessed May 8, 2024. https://www.fbi.gov/history/famous-cases/patty-hearst.
Fink, Donald G., A. Michael Noll, David E. Fisher, and Marshall Jon Fisher. "Television." In *Encyclopaedia Britannica*, March 11, 2024. https://www.britannica.com/technology/television-technology.
Fisher, Marc, John Woodrow Cox, and Peter Hermann. "Pizzagate: From Rumor, to Hashtag, to Gunfire in D.C." *Washington Post*, December 6, 2016. https://www.washingtonpost.com/local/pizzagate-from-rumor-to-hashtag-to-gunfire-in-dc/2016/12/06/4c7def50-bbd4-11e6-94ac-3d324840106c_story.html.
Foucault, Michel. *Discipline and Punish: The Birth of the Prison*. London: Penguin Classics, 2020.
Foundation for Critical Thinking. "A Brief History of the Idea of Critical Thinking," 2019. https://www.criticalthinking.org/pages/a-brief-history-of-the-idea-of-critical-thinking/408.
Foundation for Critical Thinking. "Defining Critical Thinking," n.d. https://www.criticalthinking.org/pages/defining-critical-thinking/766.
Fox, Jan. "Speaking out of Turn: Hawaiian Is an Official Language in This State and yet Those Who Speak It Face Restrictions. A Man Denied His Right to Speak Hawaiian in Court Speaks to Our Reporter." *Index on Censorship* 47, no. 2(2018): 17–19. https://doi.org/10.1177/0306422018784521.
Freidenvall, Lenita. "Gender Quota Spill-over in Sweden: From Politics to Business?" Working Paper, 2015. https://cadmus.eui.eu/handle/1814/36277.
Fridlund, Alan J. *Human Facial Expression: An Evolutionary View*. San Diego: Academic Press, 2014.
Fukuyama, Francis. *Identity: The Demand for Dignity and the Politics of Resentment*. New

York: Farrar, Straus and Giroux, 2018.

Fullwood, Chris, and Gwyneth Doherty-Sneddon. "Effect of Gazing at the Camera during a Video Link on Recall." *Applied Ergonomics* 37, no. 2(2006): 167–75. https://doi.org/10.1016/j.apergo.2005.05.003.

Gans, Herbert J. *Popular Culture And High Culture: An Analysis And Evaluation Of Taste*. New York: Basic Books, 1974.

Gentry, Alex. "The Secret of International Auxiliary Languages." Circuit Youth Salvo, June 7, 2017. https://medium.com/salvo-faraday/the-secret-of-international-auxiliary-languages-7d45a1f1e312.

Gibbons, Ann. "Mitochondrial Eve: Wounded, But Not Dead Yet." *Science* 257(1992): 873–75. https://doi.org/10.1126/science.1502551.

Gibbons, Pauline. *Learning to Learn in a Second Language*. Portsmouth, N.H: Heinemann, 1993.

Giddens, Anthony. *The Consequences of Modernity*. Stanford: Stanford University Press, 1990.

Giulianotti, Richard, and Ansgar Thiel. "New Horizons in the Sociology of Sport." *Frontiers in Sports and Active Living* 4(2023): 1060622. https://doi.org/10.3389/fspor.2022.1060622.

Gobbo, Federico. "International Auxiliary Languages." In *The International Encyclopedia of Linguistic Anthropology*, 1–4. Hoboken, NJ: John Wiley & Sons, Ltd, 2020. https://doi.org/10.1002/9781118786093.iela0178.

Goethe, Johann Wolfgang Von. *The West-Eastern Divan*. Translated by Robert Martin. Wakefield Press, 2016.

Goldberg, Justin. "Female Genital Mutilation (FGM): Legal Prohibitions Worldwide." Center for Reproductive Rights, December 12, 2008. https://reproductiverights.org/female-genital-mutilation-fgm-legal-prohibitions-worldwide/.

Google. "Google Translate: One Billion Installs, One Billion Stories," April 28, 2021. https://blog.google/products/translate/one-billion-installs/.

Gordon, George N. "Communication." In *Encyclopedia Britannica*, July 26, 2024. https://www.britannica.com/topic/communication.

Gray, M. Nolan. *Arbitrary Lines: How Zoning Broke the American City and How to Fix It*. Washington, D.C.: Island Press, 2022.

Greenberg, Melanie A. "Cognitive Processing of Traumas: The Role of Intrusive Thoughts and Reappraisals1." *Journal of Applied Social Psychology* 25, no. 14(1995): 1262–96. https://doi.org/10.1111/j.1559-1816.1995.tb02618.x.

Greenwald, Glenn, and Ewen MacAskill. "NSA Prism Program Taps in to User Data of Apple, Google and Others." *The Guardian*, June 7, 2013, sec. US news. https://www.theguardian.com/world/2013/jun/06/us-tech-giants-nsa-data.

Groys, Boris. "On Art Activism." *E-Flux Journal*, June 2014. https://www.e-flux.com/journal/56/60343/on-art-activism/.

Habermas, Jürgen. *The Theory of Communicative Action: Reason and the Rationalization of Society*. Translated by Thomas McCarthy. Vol. 1. 2 vols. Boston: Beacon Press, 1984. http://archive.org/details/theoryofcommunic01habe.

Hall, Edward T. *Beyond Culture*. New York: Anchor, 1977.

———. *The Dance of Life: The Other Dimension of Time*. Garden City, NY: Anchor Press/Doubleday, 1983.

———. *The Hidden Dimension*. New York: Anchor, 1990.

———. *The Silent Language*. New York: Anchor, 1973.

Hall, Stuart. *Cultural Studies 1983: A Theoretical History*. Durham, NC: Duke University Press, 2016.

Halliday, Fred. "'Orientalism' and Its Critics." *British Journal of Middle Eastern Studies* 20, no. 2 (1993): 145–63. https://doi.org/10.1080/13530199308705577.

Hamermesh, Daniel S., and Jeff E. Biddle. "Beauty and the Labor Market." Working Paper, National Bureau of Economic Research, 1993. https://doi.org/10.3386/w4518.

Hammer, Mitchell R. "The Intercultural Conflict Style Inventory: A Conceptual Framework and Measure of Intercultural Conflict Resolution Approaches." *International Journal of Intercultural Relations*, Special Issue: Conflict, negotiation, and mediation across cultures: highlights from the fourth biennial conference of the International Academy for Intercultural Research, 29, no. 6 (2005): 675–95. https://doi.org/10.1016/j.ijintrel.2005.08.010.

Hanquinet, Laurie. "Low Culture and High Culture." In *The Blackwell Encyclopedia of Sociology*, 1–2. Hoboken, NJ: John Wiley & Sons, 2016. https://doi.org/10.1002/9781405165518.wbeos0691.

Hansen, Susan. "Banksy's Subversive Gift: A Socio-Moral Test Case for the Safeguarding of Street Art." *City* 22, no. 2 (2018): 285–97. https://doi.org/10.1080/13604813.2018.1461478.

Harlow, Harry F., and Robert R. Zimmermann. "Affectional Response in the Infant Monkey." *Science* 130, no. 3373 (1959): 421–32. https://doi.org/10.1126/science.130.3373.421.

Harman, Lesley D. *The Modern Stranger: On Language and Membership*. Berlin: Walter de Gruyter, 2011.

Hassfurter, Karoline. "Female Genital Mutilation: A Global Concern." UNICEF DATA, March 7, 2024. https://data.unicef.org/resources/female-genital-mutilation-a-global-concern-2024/.

Hediger, H. *Wild Animals in Captivity*. Oxford: Butterworth-Heinemann, 2013.

Henry Samuel. "Quelle Horreur! Asterix Surrenders to McDonald's." The Telegraph, August 18, 2010. https://www.telegraph.co.uk/news/worldnews/europe/france/7952441/Quelle-horreur-Asterix-surrenders-to-McDonalds.html.

Heyes, Cressida. "Identity Politics." In *The Stanford Encyclopedia of Philosophy*, edited by Edward N. Zalta. Stanford: Metaphysics Research Lab, Stanford University, 2020. https://plato.stanford.edu/archives/fall2020/entries/identity-politics/.

Historical Society of the New York Courts. "Crown v. John Peter Zenger, 1735," n.d. https://history.nycourts.gov/case/crown-v-zenger/.

History.com Editors. "Bernard Baruch Popularizes the Term 'Cold War' (April 16, 1947)." HISTORY, 2024. https://www.history.com/this-day-in-history/bernard-baruch-coins-the-term-cold-war.

History.com editors. "First Modern Olympic Games: April 6, 1896." History, n.d. https://www.history.com/this-day-in-history/first-modern-olympic-games.

Hitchcock, David. "Critical Thinking." In *The Stanford Encyclopedia of Philosophy*. Stanford: The Metaphysics Research Lab, Department of Philosophy, Stanford University, Summer 2024. https://plato.stanford.edu/archives/sum2024/entries/critical-thinking/.

Hofstede, Geert. *Culture's Consequences: Comparing Values, Behaviors, Institutions and Organizations Across Nations*. Second ed. Thousand Oaks, Calif.: SAGE Publications, Inc, 2003.

Holman, E. Alison, and Roxane Cohen Silver. "Is It the Abuse or the Aftermath?: A Stress and Coping Approach to Understanding Responses to Incest." *Journal of Social and Clinical Psychology* 15, no. 3 (1996): 318–39. https://doi.org/10.1521/jscp.1996.15.3.318.

Houseman, John. "How-and What-Does a Movie Communicate?" *The Quarterly of Film Radio and Television* 10, no. 3 (1956): 227–38. https://doi.org/10.2307/1209979.

Huntington, Samuel P. *Who Are We: The Challenges to America's National Identity*. New York: Simon & Schuster, 2004.

"Identity." In *APA Dictionary of Psychology*. Washington, D.C.: American Psychological Association, 2004. https://dictionary.apa.org/identity.

Institute for Human-Centered Artificial Intelligence. "Heidi Roizen." Stanford University, n.d. https://hai.stanford.edu/people/heidi-roizen.

International Olympic Committee. "What Is the Origin of the Olympic Games?" History and Origin of the Games, n.d. https://olympics.com/ioc/faq/history-and-origin-of-the-games/what-is-the-origin-of-the-olympic-games.

Internet Matters. "What Is Misinformation? Learn about Fake News Its Impact on Children," n.d. https://www.internetmatters.org/issues/fake-news-and-misinformation-advice-hub/learn-about-fake-news-to-support-children/.

IOM. "International Migration Law No. 34: Glossary on Migration." International Organization for Migration (IOM), 2019. https://publications.iom.int/books/international-migration-law-ndeg34-glossary-migration.

Ipsos. "Nation Brands Index 2023: Japan Takes the Lead for the First Time in NBI History," November 1, 2023. https://www.ipsos.com/en/nation-brands-index-2023.

Ishida, Takeshi. "Conflict and Its Accommodation: Omote-Ura and Uchi-Soto Relations." In *Conflict in Japan*, 16–38. Honolulu: University of Hawaii Press, 1984. https://doi.org/10.1515/9780824844165-003.

Jack, Rachael E., Oliver G. B. Garrod, Hui Yu, Roberto Caldara, and Philippe G. Schyns. "Facial Expressions of Emotion Are Not Culturally Universal." *Proceedings of the National Academy of Sciences* 109, no. 19 (2012): 7241–44. https://doi.org/10.1073/pnas.1200155109.

Jack, Rachael E., Wei Sun, Ioannis Delis, Oliver G. B. Garrod, and Philippe G. Schyns. "Four Not Six: Revealing Culturally Common Facial Expressions of Emotion." *Journal of Experimental Psychology: General* 145, no. 6 (2016): 708-30. https://doi.org/10.1037/xge0000162.

James Crawford. "Language Loyalties: A Source Book on the Official English Controversy," 532. Chicago: University of Chicago Press, 1992. https://www.amazon.co.jp/Language-Loyalties-Official-English-Controversy/dp/0226120163.

Jason Wise. "Google Translate Users: How Many People Use It in 2024? -." *EarthWeb* (blog), 2023. https://earthweb.com/how-many-people-use-google-translate/.

Jespersen, Otto. *A Modern English Grammar on Historical Principles*. London: G. Allen & Unwin, 1961. http://archive.org/details/modernenglishgra0001jesp.

Joel Bleifuss. "Michael Moore Stars at Academy Awards." In These Times, March 5, 2003. https://inthesetimes.com/article/michael-moore-stars-at-academy-awards.

John R. Edlund. "Using Kenneth Burke's Pentad." *Teaching Text Rhetorically* (blog), September 30, 2018. https://textrhet.com/2018/09/29/using-kenneth-burkes-pentad/.

Johnson, Jacqueline S, and Elissa L Newport. "Critical Period Effects in Second Language Learning: The Influence of Maturational State on the Acquisition of English as a Second Language." *Cognitive Psychology* 21, no. 1 (1989): 60-99. https://doi.org/10.1016/0010-0285(89)90003-0.

Joshua W. Walker. "Soft Power and Japan's Role in a Complex World." The Japan Times, October 24, 2023. https://www.japantimes.co.jp/commentary/2023/10/24/japan/japan-soft-power/.

Kahneman, Daniel. *Thinking, Fast and Slow*. New York: Farrar, Straus and Giroux, 2013.

Kahneman, Daniel, and Amos Tversky. "Prospect Theory: An Analysis of Decision Under Risk." In *Handbook of the Fundamentals of Financial Decision Making*, 4: 99-127. World Scientific Handbook in Financial Economics Series 4. Singapore: World Scientific, 2012. https://doi.org/10.1142/9789814417358_0006.

———. "Subjective Probability: A Judgment of Representativeness." *Cognitive Psychology* 3, no. 3 (1972): 430-54. https://doi.org/10.1016/0010-0285(72)90016-3.

Kalervo Oberg. "Culture Shock." Presented at the The Women's Club of Rio de Janeiro, Rio de Janeiro, Brazil, August 3, 1954. https://citeseerx.ist.psu.edu/document?repid=rep1&type=pdf&doi=c787fddd7e1557f100b9703a41f6f5ae2dac0412.

Kampusch, Natascha. *3096 Days*. New York: Viking, 2010.

King, Andrew A., and Floyd Douglas Anderson. "Nixon, Agnew, and the 'Silent Majority': A Case Study in the Rhetoric of Polarization." *Western Speech* 35, no. 4 (1971): 243-55. https://doi.org/10.1080/10570317109373712.

Kirkman, Bradley, Vas Taras, and Piers Steel. "Research: The Biggest Culture Gaps Are Within Countries, Not Between Them." *Harvard Business Review*, May 2016. https://hbr.org/2016/05/research-the-biggest-culture-gaps-are-within-countries-not-between-them.

Kleinke, Chris L. "Gaze and Eye Contact: A Research Review." *Psychological Bulletin* 100, no. 1 (1986): 78–100. https://doi.org/10.1037/0033-2909.100.1.78.

Kluckhohn, Florence Rockwood, and Fred L. Strodtbeck. *Variations in Value Orientations.* New York: Row, Peterson, 1961. https://onlinebooks.library.upenn.edu/webbin/book/lookupid?key=olbp72325.

Knowles, Elizabeth. "Speech Is Silver, but Silence Is Golden." In *The Oxford Dictionary of Phrase and Fable.* Oxford: Oxford University Press, 2006. https://www.oxfordreference.com/display/10.1093/acref/9780198609810.001.0001/acref-9780198609810-e-6666.

Kovecses, Zoltan. *American English: An Introduction.* Peterborough, ON, Canada: Broadview Press, 2000.

Krauss, Robert M., Yihsiu Chen, and Purnima Chawla. "Nonverbal Behavior and Nonverbal Communication: What Do Conversational Hand Gestures Tell Us?" In *Advances in Experimental Social Psychology,* edited by Mark P. Zanna, 28: 389–450. Cambridge, MA: Academic Press, 1996. https://doi.org/10.1016/S0065-2601(08)60241-5.

Kristeva, Julia. *Strangers to Ourselves.* Translated by Leon S. Roudiez. New York: Columbia University Press, 1991.

Kroeber, Alfred, and Clyde Kluckhohn. *Culture: A Critical Review of Concepts and Definitions.* Cambridge, MA: Peabody Museum, 2017.

Kruger, Justin, and David Dunning. "Unskilled and Unaware of It: How Difficulties in Recognizing One's Own Incompetence Lead to Inflated Self-Assessments." *Journal of Personality and Social Psychology* 77, no. 6 (1999): 1121–34. https://doi.org/10.1037/0022-3514.77.6.1121.

Krumrey, Karen. "Chapter 6: Conflict." In *Intercultural Communication for the Community College,* 2nd ed., 2022. https://openoregon.pressbooks.pub/comm115/chapter/chapter-6/.

Kuhn, Steven, and Edward N. Zalta. "Prisoner's Dilemma." In *The Stanford Encyclopedia of Philosophy,* Winter 2019. Stanford: Metaphysics Research Lab, Stanford University, 2019. https://plato.stanford.edu/archives/win2019/entries/prisoner-dilemma/.

Landy, David, and Harold Sigall. "Beauty Is Talent: Task Evaluation as a Function of the Performer's Physical Attractiveness." *Journal of Personality and Social Psychology* 29, no. 3 (1974): 299–304. https://doi.org/10.1037/h0036018.

Lanzieri, Giampaolo. "Mixed Marriages in Europe, 1990-2010." In *Cross-Border Marriage: Global Trends and Diversity,* edited by Tu-sŏp Kim, 81–121. Seoul: Korea Institute for Health and Social Affairs (KIHASA), 2012.

Lasswell, Harold D. "The Structure and Function of Communication in Society." In *The Communication of Ideas,* edited by Lyman Bryson, 37–51. New York: Harper and Row, 2006.

Lawler, John. "Resolution on The Oakland 'Ebonics' Issue: Unanimously Adopted at the Annual Meeting of the Linguistic Society of America (Chicago, IL, January 3, 1997)." Michigan Linguistics Program, University of Michigan, 1998. https://public.websites.

umich.edu/~jlawler/ebonics.lsa.html.
Lebra, Takie Sugiyama. "The Cultural Significance of Silence in Japanese Communication." *Multilingua* 6, no. 4(1987): 343–58. https://doi.org/10.1515/mult.1987.6.4.343.
Lehmann-Haupt, Hellmut E. "Johannes Gutenberg." In *Encyclopedia Britannica*, June 28, 2024. https://www.britannica.com/biography/Johannes-Gutenberg.
Lenneberg, E. H. *Biological Foundations of Language*. Biological Foundations of Language. Oxford, England: Wiley, 1967. https://psycnet.apa.org/record/1967-35001-000.
Levine, Robert N. *A Geography Of Time: On Tempo, Culture, And The Pace Of Life*. New York: Basic Books, 2008.
Levine, Robert V., and Ara Norenzayan. "The Pace of Life in 31 Countries." *Journal of Cross-Cultural Psychology* 30, no. 2(1999): 178–205. https://doi.org/10.1177/0022022199030002003.
Levitt, Theodore. "The Globalization of Markets." *Harvard Business Review*, May 1, 1983. https://hbr.org/1983/05/the-globalization-of-markets.
Lewis, Bernard. "The Question of Orientalism." *The New York Review of Books*, June 24, 1982. https://www.nybooks.com/articles/1982/06/24/the-question-of-orientalism/.
Lewis-Kraus, Gideon. "Is Translation an Art or a Math Problem?" *The New York Times*, June 4, 2015, sec. Magazine. https://www.nytimes.com/2015/06/07/magazine/is-translation-an-art-or-a-math-problem.html.
Lippmann, Walter. *Public Opinion*. Radford, VA: Wilder Publications, 2018.
Lowndes, Joseph. "White Populism and the Transformation of the Silent Majority." *The Forum* 14, no. 1(2016): 25–37. https://doi.org/10.1515/for-2016-0004.
Lückmann, Patrick, and Kristina Färber. "The Impact of Cultural Differences on Project Stakeholder Engagement: A Review of Case Study Research in International Project Management." *Procedia Computer Science*, International Conference on ENTERprise Information Systems/International Conference on Project MANagement/International Conference on Health and Social Care Information Systems and Technologies, CENTERIS/ProjMAN / HCist 2016, 100(2016): 85–94. https://doi.org/10.1016/j.procs.2016.09.127.
Lucy, J. A. "Sapir–Whorf Hypothesis." In *International Encyclopedia of the Social & Behavioral Sciences*, edited by Neil J. Smelser and Paul B. Baltes, 13486–90. Oxford: Pergamon, 2001. https://doi.org/10.1016/B0-08-043076-7/03042-4.
Lucy, John A. *Language Diversity and Thought: A Reformulation of the Linguistic Relativity Hypothesis*. Studies in the Social and Cultural Foundations of Language. Cambridge: Cambridge University Press, 1992. https://doi.org/10.1017/CBO9780511620843.
Luhmann, Niklas. "What Is Communication?" *Communication Theory* 2, no. 3(1992): 251–59. https://doi.org/10.1111/j.1468-2885.1992.tb00042.x.
Lundsteen, Sara W. *Listening: Its Impact at All Levels on Reading and the Other Language Arts*. Revised ed. Urbana, IL: National Council of Teachers of English, 1979. https://eric.ed.gov/?id=ED169537.

Luymes, Don. "The Fortification of Suburbia: Investigating the Rise of Enclave Communities." *Landscape and Urban Planning*, Community Design, 39, no. 2 (1997): 187–203. https://doi.org/10.1016/S0169-2046(97)00054-6.

Lyman, Stanford M. "The Race Relations Cycle of Robert E. Park." *Pacific Sociological Review* 11, no. 1 (1968): 16–22. https://doi.org/10.2307/1388520.

Lyon, David. "Liquid Surveillance: The Contribution of Zygmunt Bauman to Surveillance Studies." *International Political Sociology* 4, no. 4 (2010): 325–38. https://doi.org/10.1111/j.1749-5687.2010.00109.x.

———. *Surveillance Studies: An Overview*. Cambridge: Polity, 2007.

Maheshwari, Sapna, and Amanda Holpuch. "Why the U.S. Is Forcing TikTok to Be Sold or Banned." *The New York Times*, June 20, 2024, sec. Technology. https://www.nytimes.com/article/tiktok-ban.html.

Mahl, George F. "Gestures and Body Movements in Interviews." In *Research in Psychotherapy*, 295–346. Washington, D.C.: American Psychological Association, 1968. https://doi.org/10.1037/10546-016.

Mancoff, D. N. "Banksy." In *Encyclopaedia Britannica*, May 11, 2024. https://www.britannica.com/biography/Banksy.

Mann, Charles C. *1493: Uncovering the New World Columbus Created*. New York: Vintage, 2011.

*Man's Search for Meaning*. Boston: Beacon Press, 2006.

Manvir Singh. "The Fake Fake: News Problem and the Truth About Misinformation." The New Yorker, April 15, 2024. https://www.newyorker.com/magazine/2024/04/22/dont-believe-what-theyre-telling-you-about-misinformation.

Margaret Mary Wood. *The Stranger: A Study in Social Relationships*. New York: Columbia University Press, 1934. https://hdl.handle.net/2027/mdp.39015062952844?urlappend=%3Bseq=12.

Martin, Judith, and Thomas Nakayama. *Intercultural Communication in Contexts*. 7th ed. New York: McGraw-Hill Education, 2017.

Massachusetts Department of Elementary and Secondary Education. "Transitional Bilingual Education (TBE) Programs," June 14, 2023. https://www.doe.mass.edu/ele/programs/tbe.html.

Matthew Smith. "20 Alaska Native Languages Now Official State Languages." *Alaska Public Media* (blog), 2014. https://alaskapublic.org/2014/10/23/20-alaska-native-languages-now-official-state-languages/.

McAuliffe, Marie, and Anna Triandafyllidou, eds. *World Migration Report 2022*. Geneva: International Organization for Migration (IOM), 2021. https://www.iom.int/wmr/interactive.

McCullough, Michael E. "Forgiveness as Human Strength: Theory, Measurement, and Links to Well-Being." *Journal of Social and Clinical Psychology* 19, no. 1 (2000): 43–55. https://

doi.org/10.1521/jscp.2000.19.1.43.
McCullough, Michael E., K. Chris Rachal, Steven J. Sandage, Everett L. Worthington Jr., Susan Wade Brown, and Terry L. Hight. "Interpersonal Forgiving in Close Relationships: II. Theoretical Elaboration and Measurement." *Journal of Personality and Social Psychology* 75, no. 6 (1998): 1586–1603. https://doi.org/10.1037/0022-3514.75.6.1586.
McGray, Douglas. "Japan's Gross National Cool." *Foreign Policy*, no. 130 (May 2002): 44. https://doi.org/10.2307/3183487.
McGrew, Anthony G., and Paul Lewis. *Global Politics: Globalization and the Nation-State*. Cambridge: Polity, 1992.
Mclean, Jayne. "Surma Tribe of Ethiopia Lip Plates and Traditions." Blog. Travel photography blog on ETHIOPIA and beyond, September 24, 2021. https://www.jaynemclean.com/blog/surma-suri-mursi-tribes-of-ethiopia-lip-plates.
McLemore, S. Dale. "Simmel's 'Stranger': A Critique of the Concept." *The Pacific Sociological Review* 13, no. 2 (1970): 86–94. https://doi.org/10.2307/1388311.
McLuhan, Marshall, W. Terrence Gordon, Elena Lamberti, and Dominique Scheffel-Dunand. *The Gutenberg Galaxy: The Making of Typographic Man*. Tront: University of Toronto Press, 2011.
Mcluhan, Marshall, and Lewis H. Lapham. *Understanding Media: The Extensions of Man*. Reprint. Cambridge, MA: The MIT Press, 1994.
McNeill, David. "So You Think Gestures Are Nonverbal?" *Psychological Review* 92, no. 3 (1985): 350–71. https://doi.org/10.1037/0033-295X.92.3.350.
McRobbie, Angela. "What Is Cultural Studies?" The British Academy, August 18, 2020. https://www.thebritishacademy.ac.uk/blog/what-is-cultural-studies/.
Mehrabian, Albert. *Silent Messages: Implicit Communication of Emotions and Attitudes*. Belmont, CA: Wadsworth Publishing, 1972.
Merolla, Andy J., Shuangyue Zhang, and Shaojing Sun. "Forgiveness in the United States and China: Antecedents, Consequences, and Communication Style Comparisons." *Communication Research* 40, no. 5 (2013): 595–622. https://doi.org/10.1177/0093650212446960.
Metaxas, Panagiotis, and Eni Mustafaraj. "From Obscurity to Prominence in Minutes: Political Speech and Real-Time Search." Wellesley College Digital Repository, 2010. https://repository.wellesley.edu/object/ir122.
Meyer, Erin. *The Culture Map: Breaking Through the Invisible Boundaries of Global Business*. New York: PublicAffairs, 2014.
Milgram, Stanley. "Behavioral Study of Obedience." *The Journal of Abnormal and Social Psychology* 67, no. 4 (1963): 371–78. https://doi.org/10.1037/h0040525.
Miller-Broomfield, Clara. "Hawaiian." Unravel, December 22, 2017. https://unravellingmag.com/articles/hawaiian/.
Mona, Breanna, and Stacey Diane Arañez Litam. "What Is Stockholm Syndrome? Symptoms, Causes And Treatment." Forbes Health, September 19, 2023. https://www.forbes.

com/health/mind/stockholm-syndrome/.

Moran, Jordan. "Nixon and the Pentagon Papers," December 27, 2016. https://millercenter.org/the-presidency/educational-resources/first-domino-nixon-and-the-pentagon-papers.

Morley, David, and Bill Schwarz. "Stuart Hall Obituary." *The Guardian*, February 2014, sec. Education. https://www.theguardian.com/politics/2014/feb/10/stuart-hall.

Mpofu, Sibonginkosi, Clifford Odimegwu, Nicole De Wet, Sunday Adedini, and Joshua Akinyemi. "The Relation of Female Circumcision to Sexual Behavior in Kenya and Nigeria." *Women & Health* 57, no. 7(2016): 757–74. https://doi.org/doi:10.1080/03630242.2016.1206054.

Mufwene, Salikoko Sangol. "Pidgin." In *Encyclopedia Britannica*, April 13, 2024. https://www.britannica.com/topic/pidgin.

Mumford, Lewis. *Technics and Civilization*. Edited by Langdon Winner. Chicago: University of Chicago Press, 2010.

Mustafaraj, Eni, and Panagiotis Takis Metaxas. "The Fake News Spreading Plague: Was It Preventable?" In *Proceedings of the 2017 ACM on Web Science Conference*, 235–39. Troy New York USA: ACM, 2017. https://doi.org/10.1145/3091478.3091523.

Muysken, P. C., and N. Smith. "Introduction." In *Pidgins and Creoles*, edited by Jacques Arends, Pieter Muysken, and Norval Smith, 3–14. Amsterdam: Benjamins, 1994. https://repository.ubn.ru.nl/handle/2066/14653.

Nao. "15 Things You've Thought About Japanese People (That Aren't True?)." LIVE JAPAN travel guide, 2020. https://livejapan.com/en/in-tokyo/in-pref-tokyo/in-akihabara/article-a0003720/.

Niche Film Farm. "Difference Between a Documentary Film and a Feature Film." *Niche Film Farm Blog* (blog), February 2, 2023. https://nichefilmfarm.com/blogs/documentary-film-vs-feature-film/.

"Night and Fog Decree." In *Holocaust Encyclopedia*. Washington, D.C.: United States Holocaust Memorial Museum, 2024. https://encyclopedia.ushmm.org/content/en/article/night-and-fog-decree.

Nochlin, Linda. "Why Are There No Great Women Artists?" In *Woman In Sexist Society*, edited by Vivian Gornick and Barbara K. Moran, 344–66. New York: Basic Books, 1971.

Nye, Joseph S. "Soft Power." *Foreign Policy*, no. 80(1990): 153–71. https://doi.org/10.2307/1148580.

Oberg, Kalervo. "Cultural Shock: Adjustment to New Cultural Environments." *Practical Anthropology* 7, no. 4(1960): 177–82. https://journals.sagepub.com/doi/10.1177/009182966000700405.

Odukogbe, Akin-Tunde A., Bosede B. Afolabi, Oluwasomidoyin O. Bello, and Ayodeji S. Adeyanju. "Female Genital Mutilation/Cutting in Africa." *Translational Andrology and Urology* 6, no. 2(2017): 138–48. https://doi.org/10.21037/tau.2016.12.01.

Olivié, Iliana, and Manuel Gracia Santos. "(Re)Globalisation after the Pandemic: Analysis of the Results of the Elcano Global Presence Index 2022." Elcano Royal Institute, 2023. https://www.realinstitutoelcano.org/en/analyses/reglobalisation-after-the-pandemic-analysis-of-the-results-of-the-elcano-global-presence-index-2022/.

Olson, Daniel J. "Multilingualism Is an American Tradition. So Is the Backlash." TIME, March 13, 2024. https://time.com/6899172/immigrant-languages-history/.

Oman, Susan. *Understanding Well-Being Data: Improving Social and Cultural Policy, Practice and Research*. New Directions in Cultural Policy Research. Cham, Switzerland: Palgrave Macmillan, 2021.

Paris 2024. "The History of the Paralympic Games," n.d. https://olympics.com/en/paris-2024/the-games/olympic-paralympic-games/history-paralympic-games.

Park, Robert E. "Human Migration and the Marginal Man." *American Journal of Sociology* 33, no. 6 (1928): 881-93. https://doi.org/10.1086/214592.

Park, Robert E., and Ernest W. Burgess. *Introduction to the Science of Sociology*. 3rd ed. Chicago: University of Chicago Press, 1969.

Park, Robert Ezra. *Race and Culture*. Race and Culture. New York: Free Press, 1950.

Patrick Toomey. "The NSA Continues to Violate Americans' Internet Privacy Rights." *American Civil Liberties Union (ACLU)* (blog), August 22, 2018. https://www.aclu.org/news/national-security/nsa-continues-violate-americans-internet-privacy.

Patterson, Robert, and Stanley M. Huff. "The Decline and Fall of Esperanto." *Journal of the American Medical Informatics Association: JAMIA* 6, no. 6 (1999): 444-46. https://www.ncbi.nlm.nih.gov/pmc/articles/PMC61387/.

PBS. "Ida Tarbell." American Experience, n.d. https://www.pbs.org/wgbh/americanexperience/features/rockefellers-tarbell/.

Philliou, Christine. "The Paradox of Perceptions: Interpreting the Ottoman Past through the National Present." *Middle Eastern Studies* 44, no. 5 (2008): 661-75. https://doi.org/10.1080/00263200802285385.

Phillipson, Robert. *Linguistic Imperialism*. New York: Oxford University Press, 1992.

Piascik, Andy. "Ida Tarbell: The Woman Who Took On Standard Oil." CT Humanities Project: Connecticut History, April 16, 2024. https://connecticuthistory.org/ida-tarbell-the-woman-who-took-on-standard-oil/.

Polger, Mark Aaron. "Thinking Critically about Information Sources: How to Spot Fake News—a Checklist." CSI Library: Misinformation and Disinformation, CUNY, 2024. https://library.csi.cuny.edu/misinformation.

Posner, Rebecca, and Marius Sala. "Latin Language." In *Encyclopedia Britannica*, March 29, 2024. https://www.britannica.com/topic/Latin-language.

Preat, Alice. "Multilinguals: How Speaking Multiple Languages Affects Identity." Peacock Plume (Student Media), The American University of Paris, April 28, 2016. https://peacockplume.fr/opinion/multilinguals-how-speaking-multiple-languages-affects-identity.

Psychology Today Staff. "Bias." Psychology Today, n.d. https://www.psychologytoday.com/

intl/basics/bias.

Purba, Aldilla Ranita. "The Effects of Globalization on International Communication in the World Business." *SSRN Electronic Journal*, November 8, 2021. https://doi.org/10.2139/ssrn.3962731.

Rader, Benjamin. *American Sports*. 5th edition. Upper Saddle River, N.J: Routledge, 1998.

Rancière, Jacques. *The Politics of Aesthetics: The Distribution of the Sensible*. Translated by Gabriel Rockhill. London: Bloomsbury USA Academic, 2013.

Redistricting & Voting Rights Data Office. "Section 203 Language Determinations." US Census Bureau, December 28, 2022. https://www.census.gov/programs-surveys/decennial-census/about/voting-rights/voting-rights-determination-file.html.

Regier, Terry, Paul Kay, Aubrey Gilbert, and Richard Ivry. "Language and Thought: Which Side Are You on, Anyway?" *Words and the Mind: How Words Capture Human Experience*, February 1, 2010. https://doi.org/10.1093/acprof:oso/9780195311129.003.0009.

Rethinking Schools. "Linguistic Society of America's Resolution on Ebonics." *Rethinking Schools*, Fall 1997. https://rethinkingschools.org/articles/the-real-ebonics-debate-power-language-and-the-education-of-african-american-children/.

Ritzer, George. "The 'McDonaldization' of Society." *Journal of American Culture* 6, no. 1 (1983): 100–107. https://doi.org/10.1111/j.1542-734X.1983.0601_100.x.

Roberts, Francis. "History of Communication Models." Atlantis School of Communication, 2022. https://atlantisschoolofcommunication.net/history-of-communication-models/.

Robertson, Roland. "Glocalization: Time-Space and Homogeneity-Hetrogeneity." In *Global Modernities*, 25–44. London: SAGE Publications, 1995.

Roman, Jorge. "African Scarification." *JAMA Dermatology* 152, no. 12 (2016): 1353. https://doi.org/10.1001/jamadermatol.2016.0086.

Rose Miyatsu. "Understanding Your Biases." Washington University in St. Louis, April 25, 2019. https://psych.wustl.edu/news/understanding-your-biases.

Ross, Lee, David Greene, and Pamela House. "The 'False Consensus Effect': An Egocentric Bias in Social Perception and Attribution Processes." *Journal of Experimental Social Psychology* 13, no. 3 (1977): 279–301. https://doi.org/10.1016/0022-1031(77)90049-X.

Rowe, David. "Assessing the Sociology of Sport: On Media and Power." *International Review for the Sociology of Sport* 50, no. 4–5 (2015): 575–79. https://doi.org/10.1177/1012690214538627.

———. *Sport, Culture & Media*. 2nd ed. Maidenhead: Open University Press, 2003.

———. *Sport, Culture and Media*. McGraw-Hill Education (UK), 2003.

Rumbaut, Rubén G., and Douglas S. Massey. "Immigration and Language Diversity in the United States." *Daedalus* 142, no. 3 (2013): 141–54. https://www.ncbi.nlm.nih.gov/pmc/articles/PMC4092008/.

Said, Edward W. *Orientalism*. New York: Vintage, 1979.

Samovar, Larry A., Richard E. Porter, Edwin R. McDaniel, and Carolyn Sexton Roy. *Com-

*munication Between Cultures*. 8th ed. Boston, MA: Wadsworth Publishing, 2012.
Sandberg, Sheryl. *Lean In: Women, Work, and the Will to Lead*. New York: Knopf, 2013.
Sapir, Edward. *Language: An Introduction to the Study of Speech*. Courier Corporation, 2004.
Sarah Angela Almaden. "Esperanto: What Is It and Who Speaks It." Blog. Beelinguapp, March 17, 2022. https://beelinguapp.com/blog/esperanto-what-is-it-and-who-speaks-it.
Scarf, Maggie. *Unfinished Business: Pressure Points in the Lives of Women*. Garden City, N.Y: Doubleday, 1980.
Schuetz, Alfred. "The Stranger: An Essay in Social Psychology." *American Journal of Sociology* 49, no. 6 (1944): 499–507. https://doi.org/10.1086/219472.
Scovel, Thomas. *A Time to Speak: A Psycholinguistic Inquiry into the Critical Period for Human Speech*. Cambridge: Wadsworth Publishing, 1988.
Shabir, Ghulam, Ghulam Safdar, Tanzeela Jamil, and Sumaira Bano. "Mass Media, Communication and Globalization with the Perspective of 21st Century." *New Media and Mass Communication*, no. 34 (2015): 11–15. https://core.ac.uk/download/pdf/234652662.pdf.
Shannon, Claude E., and Warren Weaver. *The Mathematical Theory of Communication*. Urbana: University of Illinois Press, 1963.
Simmel, Georg. "Fashion." *American Journal of Sociology* 62, no. 6 (1957): 541–58. https://www.jstor.org/stable/2773129.
———. "'The Stranger.'" In *The Cultural Geography Reader*, 5–8. London: Routledge, 2008.
Simons, Daniel J, and Christopher F Chabris. "Gorillas in Our Midst: Sustained Inattentional Blindness for Dynamic Events." *Perception* 28, no. 9 (1999): 1059–74. https://doi.org/10.1068/p281059.
Smith, J. Y. "Outspoken U.S. Senator S.I. Hayakawa Dies at 85." *Washington Post*, February 1992. https://www.washingtonpost.com/archive/local/1992/02/28/outspoken-us-senator-si-hayakawa-dies-at-85/761fdf45-6557-4b88-99fc-1a66d5628e43/.
Smits, Jeroen. "Ethnic Intermarriage and Social Cohesion. What Can We Learn from Yugoslavia?" *Social Indicators Research* 96, no. 3 (2010): 417–32. https://doi.org/10.1007/s11205-009-9485-y.
Sottek, T. C., and Janus Kopfstein. "Everything You Need to Know About PRISM." *The Verge*, July 17, 2013. https://www.theverge.com/2013/7/17/4517480/nsa-spying-prism-surveillance-cheat-sheet.
Stella Ting-Toomey. "Toward a Theory of Conflict and Culture." In *Communication, Culture, and Organizational Processes*, edited by William B. Gudykunst, Leah B. Stewart, and Stella Ting-Toomey, 71–86. Beverly Hills, CA: Sage, 1985.
"Stereotype." In *APA Dictionary of Psychology*. Washington, D.C.: American Psychological Association, 2018. https://dictionary.apa.org/stereotype.
"Stockholm Syndrome." In *APA Dictionary of Psychology*. Washington, D.C.: American Psychological Association, 2019. https://dictionary.apa.org/stockholm-syndrome.
Storey, John. *An Introductory Guide to Cultural Theory and Popular Culture*. Birmingham:

Harvester Wheatsheaf, 1993.

Taylor & Francis. "What Is Social Justice? Origins and Definitions, plus Social Injustice Examples," 2024. https://insights.taylorandfrancis.com/social-justice/what-is-social-justice/.

The Editors of Encyclopaedia Britannica. "Academy of Motion Picture Arts and Sciences." In *Encyclopaedia Britannica*, May 10, 2024. https://www.britannica.com/topic/Academy-of-Motion-Picture-Arts-and-Sciences.

———. "Documentary Film." In *Encyclopedia Britannica*, March 18, 2024. https://www.britannica.com/art/documentary-film.

*The New York Times*. "The Mind Is a Formidable Jailer." April 8, 1973. https://www.nytimes.com/1973/04/08/archives/a-pirandellian-prison-the-mind-is-a-formidable-jailer.html.

"The Problem with Translating Dante's Divine Comedy." Australian Catholic University (ACU), March 7, 2023. https://www.acu.edu.au/about-acu/news/2023/march/the-problem-with-translating-dantes-divine-comedy.

The Viktor Frankl Institute. "Viktor Frankl: Biography," n.d. https://www.viktorfrankl.org/biography.html.

Thomas Cook India Travel Blog. "8 Hand Gestures You Should Never Use Abroad," August 24, 2017. https://www.thomascook.in/blog/offbeat/hand-gestures-you-should-never-use-abroad/.

Thompson Amy. "Digital 2024 April Global Statshot Report." We Are Social Japan, April 24, 2024. https://wearesocial.com/jp/blog/2024/04/digital-2024-april-global-statshot-report/.

Ting-Toomey, Stella, and Tenzin Dorjee. *Communicating Across Cultures*. 2nd ed. New York: Guilford Publications, 2018.

Tocqueville, Alexis de, and Isaac Kramnick. *Democracy in America and Two Essays on America*. Translated by Gerald Bevan. London: Penguin Classics, 2003.

Todd C. Helmus and Bilva Chandra,. "Generative Artificial Intelligence Threats to Information Integrity and Potential Policy Responses." RAND Corporation, 2024. https://www.rand.org/pubs/perspectives/PEA3089-1.html.

Towns, Ann E., ed. "Legislature Sex Quotas and Cultural Rank." In *Women and States: Norms and Hierarchies in International Society*, 149–83. Cambridge: Cambridge University Press, 2010. https://doi.org/10.1017/CBO9780511779930.007.

Tylor, Edward Burnett. *Primitive Culture: Researches into the Development of Mythology, Philosophy, Religion, Art, and Custom*. London: John Murray, 1871. https://www.gutenberg.org/files/70458/70458-h/70458-h.htm.

UCLA. "Tommie Smith and John Carlos." Arthur Ashe Legacy, 2024. https://arthurashe.ucla.edu/tommie-smith-and-john-carlos/.

UNESCO. "Media and Information Literacy," 2024. https://www.unesco.org/en/media-information-literacy.

UNESCO IITE. "Media and Information Literacy." UNESCO Institute for Information Technologies in Education, May 17, 2023. https://iite.unesco.org/mil/.

UNESCO World Heritage Centre. "Archaeological Site of Olympia, Greece." World Heritage Journeys of Europe, 2024. https://visitworldheritage.comhttps://visitworldheritage.com/en/eu/archaeological-site-of-olympia-greece/7d32eb45-1582-496a-b5b0-338b417b3a80.

United Nations. "Shaping a Fairer World: Global Efforts to Enhance Social Justice." United Nations. United Nations, 2024. https://www.un.org/en/desa/shaping-fairer-world-global-efforts-enhance-social-justice.

U.S. Department of Education. "Developing ELL Programs: Lau v. Nichols," 2020. https://www2.ed.gov/about/offices/list/ocr/ell/lau.html.

U.S. Department of Education. "Every Student Succeeds Act (ESSA)," 2015. https://www.ed.gov/essa?src=rn.

U.S. Department of Justice. "Celebrating the 50th Anniversary of Lau v. Nichols." Office of Public Affairs, February 5, 2024. https://www.justice.gov/opa/blog/celebrating-50th-anniversary-lau-v-nichols.

U.S. English. "What Is Official English?," 2016. https://www.usenglish.org/official-english/about-the-issue/.

Vanderwicken, Peter. "Why the News Is Not the Truth." *Harvard Business Review*, May 1, 1995. https://hbr.org/1995/05/why-the-news-is-not-the-truth.

Vatu, Gabriela. "PRISM: Yahoo Was Threatened with Fine of $250,000 per Day by the US Government." softpedia, September 12, 2014. https://news.softpedia.com/news/PRISM-Yahoo-Was-Threatened-With-Fine-of-250-000-per-Day-by-the-US-Government-458619.shtml.

Vesselinov, Elena. "Gated Communities in the United States: From Case Studies to Systematic Evidence." *Sociology Compass* 4, no. 11 (2010): 989–98. https://doi.org/10.1111/j.1751-9020.2010.00330.x.

Volle, Adam. "Globalization." In *Encyclopaedia Britannica*, June 10, 2024. https://www.britannica.com/money/globalization.

Waldron, Vincent R., and Douglas L. Kelley. *Communicating Forgiveness*. Communicating Forgiveness. Thousand Oaks, CA: Sage, 2008. https://doi.org/10.4135/9781483329536.

Waltje, Jörg. "Wolfgang von Goethe's Theory of Translation in the West-Eastern Divan." *Other Voices*, March 2002. https://www.othervoices.org/2.2/waltje/#1b.

Wang, Amy B. "'My next Call Is to ICE!': A Man Flipped out Because Workers Spoke Spanish at a Manhattan Deli." *Washington Post*, October 23, 2021. https://www.washingtonpost.com/news/business/wp/2018/05/16/my-next-call-is-to-ice-watch-a-man-wig-out-because-workers-spoke-spanish-at-a-manhattan-deli/.

Washburn, Patrick S., and Chris Lamb. *Sports Journalism: A History of Glory, Fame, and Technology*. Lincoln, NE: Nebraska, 2020. https://doi.org/10.2307/j.ctv10vm2tc.

Watzlawick, Paul, Janet Beavin Bavelas, and Don D. Jackson. *Pragmatics of Human Communication: A Study of Interactional Patterns, Pathologies, and Paradoxes*. New York: W W Norton, 2011.

Wendt, Jon R. "DIE: A Way to Improve Communication" 33, no. 4 (1984): 397–401. https://

doi.org/10.1080/03634528409384769.
WHO. "Types of Female Genital Mutilation." World Health Organization (WHO): Sexual and Reproductive Health and Research, n.d. https://www.who.int/teams/sexual-and-reproductive-health-and-research-(srh)/areas-of-work/female-genital-mutilation/types-of-female-genital-mutilation.
———. "Your Life, Your Health: Tips and Information for Health and Well-Being." World Health Organization (WHO): Tools & toolkits, 2023. https://www.who.int/tools/your-life-your-health.
WHO (World Health Organization) and Joint United Nations Programme on HIV/AIDS. *Male Circumcision: Global Trends and Determinants of Prevalence, Safety and Acceptability*. Geneva: WHO, 2008. https://iris.who.int/handle/10665/43749.
Willis, Liz. "National Sorry Day 2020." Reconciliation Australia, May 25, 2020. https://www.reconciliation.org.au/national-sorry-day-2020/.
Wilson, Roy K. "Are Madison Avenue Public Relations Techniques Good Enough for the Schools?" *The Bulletin of the National Association of Secondary School Principals* 48, no. 291 (1964): 76–89. https://doi.org/10.1177/019263656404829109.
Wood, Julia T. *Gendered Lives: Communication, Gender, & Culture*. 11th ed. Belmont, CA: Wadsworth Publishing, 2014.
Wright, Charles Robert. *Mass Communication: A Sociological Perspective*. New York: Random House, 1975.
Wright, James David. *International Encyclopedia of the Social & Behavioral Sciences*. 2nd edition. Amsterdam: Elsevier, 2015. https://www.sciencedirect.com/referencework/9780080970875/international-encyclopedia-of-the-social-and-behavioral-sciences.
Zaccagnino, Flor. "'Traduttore, Traditore' and Translating the Untranslatable." Bunny Studio, April 6, 2020. https://bunnystudio.com/blog/traduttore-traditore-and-translating-the-untranslatable/.
Zhang, Qin, Stella Ting-Toomey, John G. Oetzel, and Jibiao Zhang. "The Emotional Side of Forgiveness: A Cross-Cultural Investigation of the Role of Anger and Compassion and Face Threat in Interpersonal Forgiveness and Reconciliation." *Journal of International and Intercultural Communication* 8, no. 4 (2015): 311–29. https://doi.org/10.1080/17513057.2015.1087094.
Zimbardo, Philip. "Philip Zimbardo's Response to Recent Criticisms of the Stanford Prison Experiment." Stanford Prison Experiment, n.d. https://www.prisonexp.org/response.
Zimbardo, Philip. *The Lucifer Effect: Understanding How Good People Turn Evil*. New York: Random House, 2008. https://www.amazon.co.jp/-/en/Philip-Zimbardo/dp/0812974441.
Zimbardo, Philip, Craig Haney, W. Curtis Banks, and David Jaffe. *The Stanford Prison Experiment: A Simulation Study of the Psychology of Imprisonment Conducted August 1971 at Stanford University*. Munich: Grin Verlag, 1971.

参考文献

アーノルド、マシュー．1869．『教養と無秩序』．東京：岩波書店、1965 年．
アンダーソン、ベネディクト．『定本 想像の共同体――ナショナリズムの起源と流行』．東京：書籍工房早山、2020 年．
エルマン、ジャック．『社会学の言語』．原山哲・樋口義広訳．東京：白水社、1993 年．
カーソン、レイチェル．『沈黙の春』．青樹簗一訳．東京：新潮社、1974 年．
カーネマン、ダニエル．『ファスト＆スロー あなたの意思はどのように決まるか？ 上・下』．村井章子訳．東京：早川書房、2014 年．
クラックホーン、クライド．『文化人類学の世界』．外山滋比古・金丸由雄訳．東京：講談社、1971 年．
クリステヴァ、ジュリア．『外国人 我らの内なるもの』．池田和子訳．東京：法政大学出版局、2014 年．
クリステヴァ、ジュリア．『恐怖の権力―〈アブジェクシオン〉試論―』．枝川昌雄訳．東京：法政大学出版局、2016 年．
クリステヴァ、ジュリア．『ポリロゴス』．西川直子訳．東京：法政大学出版局、1999 年．
サイード、エドワード・W．『オリエンタリズム 上・下』．板垣雄三・杉田英明監修．今沢紀子訳．東京：平凡社、1993 年．
ジンメル、ゲオルク．『ジンメル・コレクション』．北川東子編訳・鈴木直訳．東京：筑摩書房、1999 年．
ソシュール、フェルディナン・ド．『一般言語学講義』．小林英夫訳．東京：岩波書店、1940 年．
タイラー、エドワード・バーネット．『原始文化 上・下』．松村一男監修．奥山倫明・奥山史亮・長谷千代子・堀雅彦訳．東京：国書刊行会、2019 年．
デュボア、W・E・B．『黒人のたましい』．木島始・鮫島重俊・黄秀訳．東京：未来社、1965 年．
トクヴィル、アレクシ・ド．『アメリカのデモクラシー』第 1 巻上・下、第 2 巻上・下（全 4 冊）．東京：岩波書店、2005 年．
ナイ、ジョセフ・S．『ソフト・パワー――21 世紀国際政治を制する見えざる力』．山岡洋一訳．東京：日本経済新聞出版社、2009 年．
バウマン、ジークムント．『リキッド・モダニティ：液状化する社会』．森田典正訳．東京：大月書店、2001 年．
バフチン、ミハイル．『小説の言葉 付：「小説の言葉の前史より」』．伊東一郎訳．東京：平凡社、1996 年．
ハンチントン、サミュエル．『分断されるアメリカ』．東京：集英社、2017 年．
ピラー、イングリッド．『異文化コミュニケーションを問いなおす ディスコース分析・社会言語学的視点からの考察』．髙橋君江・渡辺幸倫他訳．東京：創元社、2014 年．
フーコー、ミシェル．『監獄の誕生〈新装版〉――監視と処罰』．田村俶訳．東京：新潮社、2020 年．
フーコー、ミシェル．『言葉と物―人文科学の考古学―』．渡辺一民・佐々木明訳．東京：新潮社、1974 年．

フーコー、ミシェル.『性の歴史Ⅰ 知への意志』. 渡辺守章訳. 東京：新潮社、1986年.
プラトン.『国家 上・下』〔全2冊〕. 岩波書店、1979年.
フランクル、ヴィクトール・E.『夜と霧 新版』. 池田香代子訳. 東京：みすず書房、2002年.
ベイトソン、グレゴリー、ジャーゲン・ロイシュ.『コミュニケーション——精神医学の社会的マトリックス』. 佐藤悦子・ロバート・ボスバーグ訳. 東京：思索社、1989年.
ホール、エドワード・T.『沈黙のことば：文化・行動・思考』. 国弘正雄・長井善見・斎藤美津子訳. 東京：南雲堂、1966年.
ホール、エドワード・T.『文化としての時間』. 宇波彰訳. 東京：ティービーエス・ブリタニカ、1983年.
マレー、ダグラス.『大衆の狂気 ジェンダー・人種・アイデンティティ』. 山田美明訳. 東京：徳間書店、2022年.
メイヤー、エリン.『異文化理解力 相手と自分の真意がわかる ビジネスパーソン必須の教養』. 東京：英治出版、2015年.
ライアン、デイヴィッド、ジグムント・バウマン.『私たちが、すすんで監視し、監視される、この世界について——リキッド・サーベイランスをめぐる7章』. 伊藤茂訳. 東京：青土社、2013年.
ライアン、デイヴィッド.『監視社会』. 河村一郎訳. 東京：青土社、2002年.
ルーマン、ニクラス.『制度としての基本権』. 今井弘道・大野達司訳. 東京：木鐸社、2004年.
レヴィーン、ロバート.『あなたはどれだけ待てますか：せっかち文化とのんびり文化の徹底比較』. 忠平美幸. 東京：草思社、2002年.

青木保.『異文化理解』. 東京：岩波書店、2001年.
阿満利麿.『日本人はなぜ無宗教なのか』. 東京：筑摩書房、1996年.
池田理知子編著.『よくわかる異文化コミュニケーション』. 京都：ミネルヴァ書房、2010年.
石井敏他.『はじめて学ぶ異文化コミュニケーション——多文化共生と平和構築に向けて』. 東京：有斐閣、2013年.
今田高俊・友枝敏雄.『社会学の基礎』. 東京：有斐閣、1991年.
久米昭元・長谷川典子.『ケースで学ぶ異文化コミュニケーション——誤解・失敗・すれ違い』. 東京：有斐閣、2007年
情報文化研究所（山﨑紗紀子・宮代こずゑ・菊池由希子）.『情報を正しく選択するための認知バイアス事典』. 髙橋昌一郎監修. 東京：フォレスト出版、2021年.
情報文化研究所（米田紘康・竹村祐亮・石井慶子）.『情報を正しく選択するための認知バイアス事典 行動経済学・統計学・情報学編』. 髙橋昌一郎監修. 東京：フォレスト出版、2023年.
鈴木宏昭.『認知バイアス 心に潜むふしぎな働き』. 東京：講談社、2020年.
政府統計の総合窓口（e-Stat）.「夫妻の国籍別にみた年次別婚姻件数・百分率（人口動態調査 人口動態統計 確定数 婚姻、表9-18）」. 統計で見る日本（総務省統計局）. https://www.e-stat.go.jp/dbview?sid=0003411850. 2024年8月14日取得.

竹井隆人．『集合住宅デモクラシー：新たなコミュニティ・ガバナンスのかたち』．京都：世界思想社、2005 年．

知的財産戦略推進事務局．「クールジャパン戦略について」．内閣府．2019 年．https://www.cao.go.jp/cool_japan/about/about.html.

徳井厚子．『改訂版 多文化共生のコミュニケーション 日本語教育の現場から』．東京：アルク、2020 年．

鳥飼玖美子．『異文化コミュニケーション』．東京：岩波書店、2021 年．

日本オリンピック委員会（JOC）．「オリンピック憲章（Olympic Charter）」．2023 年．https://www.joc.or.jp/olympism/principles/charter/index.html.

日本経済新聞．「［社説］クールジャパンは検証が先だ」．2024 年 6 月 16 日．https://www.nikkei.com/article/DGXZQOCD150UF0V10C24A6000000/.

原沢伊津夫．『異文化理解入門』．東京：研究社、2013 年．

丸山圭三郎．『言葉とは何か』．東京：筑摩書房、2008 年．

丸山圭三郎．『言葉と無意識』．東京：講談社、1987 年．

丸山圭三郎．『ソシュールを読む』．東京：岩波書店、1983 年．

宮津多美子・小谷野康子・石橋和代．「欧米の少女誘拐・長期監禁事件サバイバーのレジリエンス〜ナラティヴ分析を中心に〜」．『医療看護研究』13 巻 2 号（2017 年）：33-41.

本橋哲也．『ポストコロニアリズム』．東京：岩波書店、2005 年．

八代京子他．『異文化コミュニケーションワークブック』．東京：三修社、2001 年．

八代京子他．『異文化トレーニング 改訂版——ボーダレス社会を生きる』．東京：三修社、2009 年．

山本志都他．『異文化コミュニケーション・トレーニング「異」と共に成長する』．東京：三修社、2022 年．

Yokoyama Masami.【戦うモデルたち】「無知であることは本当に怖い」——女性器切除の根絶に身を賭すワリス・ディリー．*Vogue Japan*．2021 年 2 月 15 日．https://www.vogue.co.jp/change/article/models-in-challenge-waris-dirie.

吉見俊哉編．『知の教科書 カルチュラルスタディーズ』．東京：講談社、2001 年．

# 図出所

図 1.1　カナダ歴史博物館　https://www.historymuseum.ca/cmc/exhibitions/tresors/barbeau/mb0588be.html

図 1.2　アルテンプス宮殿ローマ国立博物館ルドヴィージコレクション

図 1.4　Meyer, Erin, The Culture Map: Decoding How People Think, Lead, and Get Things Done Across Cultures, New York: Public Affairs, 2015. p. 204 Figure 7.3

図 2.1　Anthony Giddens, Christopher Pierson, Conversations with Anthony Giddens: Making Sense of Modernity, Redwood City, CA, 1999

図 2.2　Said, Edward W. Orientalism. New York: Vintage, 1979.

図 3.4　Ali, Atabaki, Narges, Keshtiaray, and Mohammad, Yarmohammadian. "Scrutiny of Critical Thinking Concept." *International Education Studies* 8, no. 3(2015): 93-102. DOI: 10.5539/ies.v8n3p93

図 4.3　San Francisco History Center/San Francisco Public Library

図 4.6　Edward B. Fiske "The controversy over bilingual education in America's schools; One language or two?" *The New York Times* November 10, 1985, Section 12, Page 1. https://www.nytimes.com/1985/11/10/education/controversy-over-bilingual-education-america-s-schools-one-language-two.html

図 5.1　School begins/Dalrymple (N.Y.: Published by Keppler & Schwarzmann, 1899 January 25.). https://www.loc.gov/resource/ppmsca.28668/
参考：掲載時は以下のキャプションあり。アンクルサムはアメリカの象徴です。サムおじさん（『文明論』の新しいクラスで）さあ、子どもたちよ、望むと望まざるとにかかわらず、これらの教訓を学ばなければならない！　しかし、君たちの前にいるクラスを見て、もう少ししたら、君たちも彼らと同じように、ここにいることを嬉しく感じるようになることを覚えておいてほしい！

図 5.2　Rob Buscher "Standing in solidarity with native Hawaiians: Japanese Hawaiians and pacific islanders" Pacificcitizen, Vol. 164, No. 9, May 19, 2017. https://pacificcitizen.org/wp-content/uploads/archives-menu/Vol.164_%2309_May_19_2017.pdf

図 5.3　https://lithub.com/on-the-various-multipurposed-manuscripts-of-canterbury-tales/

図 6.3　Marcos Daza, Dennis Barrios-Aranibar, José Diaz-Amado, Yudith Cardinale, and João Vilasboas. "An Approach of Social Navigation Based on Proxemics for Crowded Environments of Humans and Robots" Micromachines 2021, 12(2), 193. https://doi.

org/10.3390/mti2020193
図 7.1　Edward Hall, Beyond Culture, New York, Anchor Books, 1995. p. 102
図 7.3　https://www.worldhistory.org/image/6363/egyptian-circumcision/
図 7.4　https://data.unicef.org/resources/female-genital-mutilation-a-global-concern-2024/
図 7.5　Political correctness buster. "Who ya gonna call?" 31 October, 2005.. Scott, Thomas, 1947-: [Digital cartoons published in the Dominion Post]. Ref: DCDL-0000347. Alexander Turnbull Library, Wellington, New Zealand.　https://natlib.govt.nz/records/23042060
図 8.2　https://habitgrowth.com/polychronic-vs-monochronic/
図 8.4　https://commons.wikimedia.org/wiki/File:Saskatoon_gated_community.JPG
図 9.1　Alves López, R. D. y de la Peña Portero, A.（2013）. Culture shock: adaptation strategies. Revista Nebrija de Lingüística Aplicada（2013）13.
図 9.2　Munivenkata Krishna, Nishi Raj, Dhawnee Mehta and Novie Leman "How To Avoid Cultural Shock" 2015.　https://app.emaze.com/@AIFRCWOQ/how-to-avoid-cultural-shock#7
図 9.3　https://commons.wikimedia.org/wiki/File:KleinBottle-01.svg
図 9.4　Gretchen Livingston and Anna Brown "Intermarriage in the U.S. 50 Years After Loving v. Virginia" Pew research center, 2017.　https://www.pewresearch.org/social-trends/2017/05/18/intermarriage-in-the-u-s-50-years-after-loving-v-virginia/
図 9.5　天野馨南子　日本国内における「国際結婚・この 20 年の推移」—未婚化社会データ考察—「その先に在る運命の人」　ニッセイ基礎研究所 https://www.nli-research.co.jp/report/detail/id=56881?site=nli
図 10.2　Brown, Elliott. Birmingham and Midland Institute and Birmingham School of Art, 2009.　https://www.flickr.com/photos/39415781@N06/3668654765
図 10.3　https://www.heidiroizen.com/
図 11.1　Practical Psychology.（2020, March）. Erikson's Stages of Psychosocial Development. https://practicalpie.com/eriksons-stages-of-development/
図 11.2　https://commons.wikimedia.org/wiki/File:Viktor_Frankl2.jpg
図 11.3　https://www.kinejun.com/cinema/view/88777#
図 11.4　Kampusch, Natascha. *3096 Days*. Viking, 2010.
図 12.1　https://www.worldradiohistory.com/Archive-Radio-News/20s/Radio-News-1922-08-R.pdf
図 12.2　https://constitutioncenter.org/the-constitution/historic-document-library/detail/andrew-hamilton-argument-in-the-zenger-trial-1735
図 12.3　Colm Gorey "US threatened to fine Yahoo! over PRISM" Silicon Republic 2014 https://www.siliconrepublic.com/comms/us-threatened-to-fine-yahoo-over-prism
図 12.4　https://repository.ifla.org/handle/123456789/223
図 12.5　https://www.coe.int/en/web/digital-citizenship-education/access-and-inclusion
図 13.1　https://www.nationalgallery.gr/en/artwork/the-family-mavrokordatou/
図 13.2　https://en.wikipedia.org/wiki/Super_Bowl#/media/File:1986_Jeno's_Pizza_-_37_-_

Joe_Namath_(cropped).jpg
図 14.1　https://www.scribd.com/document/47727534/grossnationalcool
図 14.2　https://wbl.worldbank.org/en/wbl
図 14.3　Hammer, M. R. (2009). Solving Problems and Resolving Conflict Using the Intercultural Conflict Style Model and Inventory. In M. A. Moodian (Ed.). Contemporary Leadership and Intercultural Competence (Ch. 17, pp. 219-232).Thousand Oaks, CA: Sage.
図 14.4　https://commons.wikimedia.org/wiki/File:Determinants_of_Forgiveness_Graphic.JPG
McCullough, M. E., Rachal, K. C., Sandage, S. J., Worthington, E. L., Jr., Brown, S. W., & Hight, T. L. (1998). Interpersonal forgiving in close relationships: II. Theoretical elaboration and measurement. *Journal of Personality and Social Psychology*, 75(6), 1586-1603.　https://doi.org/10.1037/0022-3514.75.6.1586
図 14.5　https://www.britannica.com/science/game-theory/Two-person-variable-sum-games#/media/1/224893/85154

# 人名索引

◆あ 行

アーノルド、マシュー（Arnold, Matthew）　1
アイヒマン、アドルフ（Eichmann, Adolf）　147, 148
アヴラッチ、ケヴィン（Avruch, Kevin）　1
アトキンソン、クエンティン（Atkinson, Quentine）　25
アドラー、ピーター（Adler, Peter）　205
アドルノ、テオドール（Adorno, Theodor W.）　125
アリストテレス（Aristotle）　4, 5, 35, 72, 209
アンダーソン、ベネディクト（Anderson, Benedict）　22, 23
イェスペルセン、オットー（Jespersen, Otto）　65
ウィーヴァー、ウォーレン（Weaver, Warren）　5
ウィーヴァー、ポール（Weaver, Paul H.）　161
ウィリアムズ、レイモンド（Williams, Raymond）　127
ウィルキンス、クララ（Wilkins, Clara）　132
ウェーバー、マックス（Weber, Max）　16
ウォーフ、ベンジャミン・リー（Whorf, Benjamine Lee）　26
ウッド、ジュリア（Wood, Julia）　77
ウッド、マーガレット・メアリ（Wood, Margaret Mary）　111
エリクソン、エリク・H（Erikson, Erik H.）　142
エルズバーグ、ダニエル（Ellsberg, Daniel）　160
オバーグ、カレルヴォ（Oberg, Kalervo）　113-115

◆か 行

カーネマン、ダニエル（Kahneman, Daniel）　133, 135, 136
カーライル、トマス（Carlyle, Thomas）　159
カミンズ、ジム（ジェイムズ）（Cummins, Jim）　32-34, 46
カルロス、ジョン（Carlos, John）　185, 186
ガンズ、ハーバート（Gans, Herbert J.）　123
ギデンズ、アンソニー（Giddens, Anthony）　13, 14
ギボンズ、ポーリーン（Gibbons, Pauline）　33
ギャラップ、ジョージ（Gallup, George）　139
グーテンベルク、ヨハネス（Guternberg, Johannes）　156

クーベルタン、ピエール・ド（Coubertin, Pierre de） 184
クラックホーン、クライド（Kluchhohn, Clyde） 3, 8, 9
グリアソン、ジョン（Grierson, John） 176
クリステヴァ、ジュリア（Kristeva, Julia） 115-118, 224
グロイス、ボリス（Groys, Boris） 179
クローバー、アルフレッド・ルイス（Kroeber, Alfred Louis） 3
クロッセン、シンシア（Crossen, Cynthia） 161
ケアリー、ジェイムズ・ウィリアムズ（Carey, James Williams） 4
コークリー、マーサ（Coakley, Martha） 165
コーソン、デイヴィッド（Corson, David） 33
コール、マーク（Cole, Mark） 197

◆さ 行
サイード、エドワード（Said, Edward） 23, 24
サピア、エドワード（Sapir, Edward） 26, 27
ザメンホフ、ルドヴィーコ・ラザーロ（Zamenhof, Ludoviko Lazaro） 66-68
サンドバーグ、シェリル（Sandberg, Sheryl） 130
シェイクスピア、ウィリアム（Shakespeare, William） 29, 64
ジェンキンス、チャールズ（Jenkins, Charles） 156
シカゴ、ジュディ（Chicago, Judy） 180
シャノン、クロード・E（Shannon, Claude E.） 5
シュッツ、アルフレッド（Schuetz, Alfred） 111

ジュディス、ミラー（Miller, Judith） 161
ジョンソン、ジャクリーン（Johnson, Jacqueline S.） 31, 32
シンクレア、アプトン（Sinclair, Upton） 160
ジンバルドー、フィリップ（Zimbardo, Philip G.） 148-150
ジンメル、ゲオルク（Simmel, Georg） 83-85, 109-111
スカーフ、マギー（Scarf, Maggie） 101
ストーリー、ジョン（Storey, John） 124
スミス、トミー（Smith, Tommie） 185, 186
ゼンガー、ジョン・ピーター（Zenger, John Peter） 159, 160
ソシュール、フェルディナン・ド（Saussure, Ferdinand de） 55-57

◆た 行
ダーウィン、チャールズ（Darwin, Charles） 70, 72, 113
ターベル、アイダ（Tabell, Ida） 160
タイラー、エドワード（Tylor, Edward） 2, 3
タッカー、アルバート（Tucker, Albert W.） 202
チェイキン、シェリー（Chaiken, Shelly） 136
チョーサー、ジェフリー（Chaucer, Geoffrey） 64
チョムスキー、ノーム（Chomsky, Noam） 27
ティン＝トゥーミー、ステラ（Ting-Toomey, Stella） 196
デチェルニー、ピーター（Decherney, Peter） 175
デューイ、ジョン（Dewey, John） 35
トヴェルスキー、エイモス（Tversky,

人名索引

Amos)　133, 135, 136
トクヴィル、アレクシ・ド（Tocqueville, Alexis de）　138
ドレッシャー、メルヴィン（Dresher, Melvin）　203

◆な 行
ナイ、ジョセフ（Nye, Joseph）　189-191
ニューポート、エリッサ（Newport, Elissa L.）　31, 32
ノックリン、リンダ（Nochlin, Linda）　180
ノレンザヤン、アラ（Norenzayan, Ara）　98

◆は 行
バーク、ケネス（Burke, Kenneth）　28-30
バージェス、アーネスト・ワトソン（Burgess, Ernest Watson）　111
バードウィステル、レイ（Birdwhistell, Ray L.）　70
ハーバーマス、ユルゲン（Habermas, Jürgen）　6
ハーマン、レスリー・D（Harman, Lesley D.）　111
ハーロウ、ハリー（Harlow, Harry）　77
ハウスマン、ジョン（Houseman, John）　174, 175
バウマン、ジークムンド（Bauman, Zygmunt）　103
バスキア、ジャン=ミシェル（Basquiat, Jean-Michel）　179
バフチン、ミハイル（Bakhtin, Mikhail M.）　117
ハマー、ミッチェル（Hammer, Mitchell R.）　197, 198
ハミルトン、アンドリュー（Hamilton, Andrew）　159, 160
バルーク、バーナード（Baruch, Bernard）　138
バンクシー（Banksy）　177-179
ハンター、ノエル（Hunter, Noël）　152
ハンティントン（ハンチントン）、サミュエル（Huntington, Samuel P.）　142, 143
ピカソ、パブロ（Picasso, Publo Ruiz）　179
ヒコックス、ケーシー（Hickox, Kaci）　165
フィアロン、ジェイムズ（Fearon, James D.）　141
フーコー、ミシェル（Foucault, Michel）　102, 116
フラッド、メリル（Flood, Merrill）　203
プラトン（Plato）　35, 117, 193
フランクル、ヴィクトール（Frankl, Viktor）　144-147
ベイトソン、グレゴリー（Bateson, Gregory）　7
ヘディガー、ハイニ（Hediger, Heini）　75
ベンサム、ジェレミー（Bentham Jeremy）　102, 103, 209
ボアズ、フランツ（Boas, Franz）　2, 3
ホイヘンス、クリスティアーン（Huygens, Christiaan）　96, 97
ホヴランド、カール・I（Hovland, Carl I.）　136
ホール、エドワード（Hall, Edward）　39-41, 70, 75, 76, 81, 82, 99-101
ホール、スチュアート（Hall, Stuart）　127-129
ホガート、リチャード（Hogart, Richard）　127
ホフステード、ヘールト（Hofstede, Geert）　9, 10
ホルクハイマー、マックス（Horkheimer, Max）　125

◆ま 行

マクグレイ、ダグラス（McGray, Douglas）　191, 192
マクニール、デイヴィット（McNeill, David）　74
マクロビー、アンジェラ（McRobbie, Angela）　126
マルコーニ、グリエルモ（Marconi, Guglielmo）　156
マンフォード、ルイス（Mumford, Lewis）　96
ミルグラム、スタンリー（Milgram, Stanley）　147, 148
ムーア、マイケル（Moore, Michael）　177
メイヤー、エリン（Meyer, Erin）　11, 12
メラビアン、アルバート（Mehrabian, Albert）　70, 71
メンツァー、フィリッポ（Menczer, Filippo）　166
モア、トマス（More, Thomas）　65

◆や 行

ヤング、ダンナガル（Young, Dannagal）　166

◆ら 行

ライアン、デイヴィット（Lyon, David）　102, 103
ライト、チャールズ・R（Wright, Charles R.）　155
ラスウェル、ハロルド・ドワイト（Lasswell, Harold Dwight）　4, 5, 155

ランシエール、ジャック（Rancière, Jacques）　178
リッセ、ハインツ（Risse, Heinz）　181
リッツァ、ジョージ（Ritzer, George）　16, 17, 19
リップマン、ウォルター（Lippmann, Walter）　137
リブラ、タキエ・スギヤマ（Lebra, Takie Sugiyama）　79
ルイス＝クラウス、ギデオン（Lewis-Kraus, Gideon）　173
ルーマン、ニクラス（Luhmann, Niklas）　6
レイダー、ベンジャミン（Rader, Benjamin G.）　182, 183
レヴィーン、ロバート（Levine, Robert N.）　98, 99
レヴィット、セオドア（Levitt, Theodore）　13
レジア、テリー（Regier, Terry）　27, 28
レネバーグ、エリック（Lenneberg, Eric）　31, 32
ロイシュ、ジャーゲン（Ruesch, Jurgen）　7
ロイゼン、ハイディ（Roizen, Heidi）　131
ローゼンブラム、モート（Rosenblum, Mort）　161
ロス、リー（Ross, Lee）　134
ロックウェル、ノーマン（Rockwell, Norman）　179

◆わ 行

ワツラウィック、ポール（Watzlawick, Paul）　4

# 事項索引

◆アルファベット
BICS（基本的対人伝達能力、生活言語能力）　32-34
BRICS（BRICS+）　205
CALP（認知的学術言語能力、学習言語能力）　32-34
DIE法　207
FGM（女性性器切除）　88-91
IOM（国際移住機関）　109
WHO（世界保健機構）　86, 87, 209

◆あ 行
アートアクティヴィズム　178, 179
アイデンティティ（自己同一性）　21, 41, 42, 112, 118, 119, 141-145, 147, 150, 153, 175, 181
アイデンティティポリティクス（アイデンティティ政治）　153, 154
アウシュビッツ強制収容所　145
アカデミー賞　138, 175, 177
握手（肘タッチ）　77
遊び場言語　33
アテンションエコノミー　166
アパシー（感情の麻痺、無気力、無関心）　146
アファーマティブアクション（積極的格差是正措置、AA）　154
アブジェクシオン　117
アメリカ4大プロスポーツ（NFL、MLB、NBA、NHL）　183

アメリカ心理学会（APA）　129, 141
アメリカ精神医学会（APA）　153
アメリカ世論研究所　139
アリストテレス弁論術（ロゴス、パトス、エトス）　4
異文化コミュニケーション　i, ii, 7, 10, 11, 28, 39, 42, 81, 95, 171, 189, 205, 207, 208
異文化コミュニケーションコンピテンス　206-208
異文化の感受性　208
移民（移住）　32, 39, 42-44, 46-51, 62, 109-112, 119, 120, 196, 205
入れ墨（刺青、タトゥー）　78
インターネット（高速インターネット、インターネットサービス、インターネットメディア、インターネット／デジタル革命）　6, 14, 67, 123, 126, 131, 157, 158, 162, 166, 206
インターマリッジ（国際結婚、異人種間結婚、異文化間結婚）　119, 120, 205
インダストリー4.0（第4次産業革命、4R）　155
インバウンド振興　192
ウェアラブル端末　126
ウェルビーイング　209, 210
ウチ・ソト（ウラ・オモテ）　83
内なる外国人　115, 116, 118
映画（映画産業、映画学、映画人、映画研究、ハリウッド映画、シネマトグラフ）

138, 149, 150, 162, 171, 174-177, 190
英語（古英語／中英語／近代英語）　4,
　　23, 26, 31-33, 42-53, 56, 59-66, 79, 81, 91,
　　117, 144, 155, 171, 173, 183
英語公用語化（英語公用語化運動）　47-
　　49
エコーチェンバー　166
エスニシティ　20, 39, 42, 44, 52, 58, 61, 76,
　　81, 91, 92, 99, 119, 120, 129-132, 141-143,
　　194, 196, 209
エスノセントリズム　205
エスペラント語（エスペランティスト）
　　66-68
お辞儀（会釈、敬礼、最敬礼）　77
オピニオンリーダー　137
オリエンタリズム　23, 24
オリンピック（パラリンピック）　181,
　　182, 184-187
オリンピック憲章　185

◆か　行
カウンターカルチャー（対抗文化）　125
活版印刷術　155, 156
割礼　85-89
カノン（キャノン、正典）　126
カルチャーショック　113-115
カルチュラルスタディーズ（CS）　126-
　　129
監視学　103
機械翻訳（グーグル翻訳、DeepL、AI翻
　　訳）　173, 174
記号（シンボル）　28, 56, 57, 117, 127, 180
記者の質問（5W1H）　28
ギャラップ（社）　139, 168
共感　i, 36, 87, 88, 118, 128, 129, 150, 154,
　　190, 192, 200, 207, 209, 210
教室言語／遊び場言語　33
近接学（プロクセミクス）　70, 74, 75
近代性　20, 21
クールジャパン（クールジャパン機構）

　　191, 192
クラインの壺　115, 116
クラックホーン理論　9
グラフィティ（落書き）　30, 177, 178
クリティカルシンキング（批判的思考）
　　34-36
クレオール（クレオール語、クレオール
　　人）　60-63
グローバリゼーション　i, 13-16, 20, 21,
　　51, 109, 205
ゲーテッドエンクレーヴ（GE）　105
ゲーテッドコミュニティ（GC）　105,
　　106
ゲーム理論　202, 204
ゲマインシャフト／ゲゼルシャフト
　　181
ゲルニカ（ピカソ）　179
言語学（言語学者、パラ言語学）　i, 8,
　　25-27, 31, 32, 47, 48, 52, 55-57, 59, 61, 65,
　　74
言語コミュニケーション　69, 82
現代英語　65
公用語　42, 48-51, 58, 61, 62, 65-67
国家謝罪の日（豪州ナショナルソーリーデ
　　イ）　201, 202
国家ブランド指数　189
骨相学　72, 124
コミュニケーション　i, ii, 3-7, 11, 13-15,
　　29, 32, 34, 39, 41, 42, 60, 63, 66, 69-71, 74,
　　75, 77-79, 81-83, 85, 95, 97-99, 115, 117,
　　126, 131, 141, 144, 146, 148, 154, 155, 158,
　　169, 171, 174, 175, 177, 190, 199, 202, 206-
　　210
コミュニケーションスタイル（ハイ／ロー
　　コンテクスト、HC／LC、高／低コ
　　ンテクスト、高／低文脈）　41, 81,
　　82
コンテンツ　14, 155, 157, 162, 164, 171, 184,
　　191, 192
コンピュータ（コンピュータネットワーク、

事項索引　273

コンピュータエンジニアリング、コンピュータエンジニア、コンピュータプログラム、コンピュータ機能、コンピュータ科学者）　15, 21, 95, 156-158, 166, 173, 205
コンフリクト　195-200
コンフリクトマネジメント　189, 195, 196

◆さ　行
サイレントマジョリティ（声なき多数派）　80
サピア＝ウォーフ仮説（言語相対論、ウォーフ仮説）　26-28, 92
サブカルチャー（下位文化）　74, 125, 127
サンドウィッチマンの実験　134
ジェスチャー（身振り）　70, 72-74
ジェンダー（ジェンダーバイアス）　1, 7, 8, 27, 42, 76, 77, 81, 91, 93, 129, 130, 132, 142, 143, 180, 183, 194, 195, 201, 209
ジェンダーギャップランキング　195
ジェンダークオータ（制）　194
時間学（クロネミクス）　98, 99
視線（目つき、アイコンタクト）　76
失語症　31, 74
実存主義　58, 144
社会進化論　2
社会正義　135, 153, 193, 206
囚人のジレンマ　202-204
手話　6, 77
情報格差（デジタルディバイド）　126
植民地　23, 42, 59, 61, 63, 65, 159, 160, 182, 206
植民地主義　21, 24, 206
進化論（ダーウィン）　3, 70, 113
人権を求めるオリンピックプロジェクト（OPHR）　186
人工知能（AI、生成AI、Chat-GPT）　158

人工物　76, 78, 168
人種関係サイクル　111-113
心的外傷後ストレス障害（PTSD）　151
心理社会的発達理論（エリクソン理論）　142
スタンフォード監獄実験（プリズン・エクスペリメント）　147, 148
ステレオタイプ（クリシェ）　i, 23, 91, 129-132, 171, 207, 209
ストックホルム症候群　150-153
スノッブ（通人を気取る人々、俗物）　85
スピーチ　4, 6, 30, 98, 128, 138, 165, 181
スポーツジャーナリズム　184
スマートパワー　190, 191
精神疾患の診断・統計マニュアル（DSM-5-TR）　153
世界人権宣言　193
接触学（ハプティクス）　77
接触文化　75
ゼンガー事件　159, 160
戦狼外交　191
ソーシャルネットワーキング（ソーシャルメディア、ソーシャルネットワーク、SNS）　6, 47, 103, 158, 166
ソフトパワー／ハードパワー（ナイ）　189-192

◆た　行
太陰暦　96
第二言語（L2、目標言語、第二言語習得、第二言語学習者）　31-34, 44, 46, 61, 66, 69
第二波フェミニズム　153
大母音推移（イェスペルセン）　65
太陽暦　96
多数派の専制　139
多文化共生力　ii, 205
多様化　39, 119, 143, 180, 205
チームワーク　169, 181

地球村（マクルーハン）　155, 157
沈黙　39, 70, 74, 79, 80, 138, 165
通過儀礼　85-88
帝国主義（文化／言語／英語帝国主義）
　　21, 24, 58-60, 63, 65
ディナーパーティ（シカゴ）　180
デジタルシティズンシップ　168, 169
デジタルメディア　157, 158
テレビ（テレビ番組、デジタルテレビ、カラーテレビ、テレビ放送）　6, 18, 124, 125, 137, 155-159, 174, 175
動作学（キネシクス）　70
ドーピング（アンチドーピング）　181
ドキュメンタリー　138, 174, 176, 177
トリクルダウン（経済学、流行学）　84

◆な行
内省（イントラパーソナルコミュニケーション）　5, 144, 146, 148, 150, 151, 170
ナショナルスポーツ　182
ナターシャ・カンプッシュ事件　151
二重意識（ダブルコンシャスネス）　112
二重過程理論　136
人相学　72
認知バイアス（主体・観察者バイアス、投錨バイアス、非注意性盲目、利用可能性ヒューリスティック、確証バイアス、フォールス・コンセンサス、機能的固着バイアス、ハロー効果、現状維持バイアス、合接の誤謬、生存者バイアス、ダニング＝クルーガー効果）　132-136, 166
ノンジャッジメンタル　207

◆は行
バーミンガム大学現代文化研究センター（CCCS）　127
バイアス（偏見）　23, 129-132, 134, 136, 166, 209
ハイカルチャー（ハイブラウ）　1, 123, 124, 126
ハイディ・ハワード実験　130
バイリンガル（バイリンガル教育、バイリンガル生徒）　33, 44, 46-48, 52, 53
バックドア（バックドア疑惑）　104, 162, 163
パトリシア・ハースト事件　151
パノプティコン（一望監視施設）　102, 103
反芻　200
バンドワゴン効果（逆バンドワゴン効果）　85
非言語コミュニケーション　39, 69-78, 82
ピジン（ピジン語、ピジン英語）　60-63
非接触文化　75, 76
ビッグデータ（個人情報、生体情報）　103
ビューティープレミアム　78
ヒューマン・ハイパーリンク　104
ヒューリスティック（経験則、試行錯誤）　134, 136
標準語　51, 53, 54
表情（顔読み）　69-73, 75, 77
ファクトチェック　168
ファナリオット　171, 172
フーリガン　181
フェイクニュース（フェイク情報）　164-166, 169
プライバシー　103, 104, 163
ブラックパワーサリュート　185, 187
フランクフルト学派　125
プロスペクト理論　135
プロテストアート　177-180
文化の氷山（氷山モデル、表層／深層文化）　40-42
ペンタゴンペーパーズ　160
ペンタッド（ドラマティックペンタッド）　28-30
母語（第一言語、L1、母語話者）　30, 31, 44, 46, 48, 51, 55, 59, 61-63, 66, 67

事項索引 275

ポストエディット　174
ホストコミュニティ　109-112, 115
ポストパノプティコン　103
ボディランゲージ　70, 71, 74, 75
ポピュラーカルチャー　123-125, 127
ホフステード6次元モデル　10
ポリクロニック（多元的時間、Pタイム）　100, 101
ポリティカルコレクトネス（PC、政治的公正）　91
ホロコースト　145

◆ま 行
マージナルマン（境界人）　111, 112
マインドコントロール（洗脳）　151
マクドナルド化（社会のマクドナルド化）　16, 19
マスカルチャー　123, 125-127
マスメディア　138, 155, 156, 168, 183, 184
マルチカルチャリズム（多文化主義）　47
ミルグラム服従実験（ミルグラム実験、アイヒマン実験）　148
メディア（媒体）　6, 14, 121, 125, 127, 137, 155, 157, 158, 161, 163, 165, 166, 168, 169, 175, 177, 178, 180, 184, 206
メディア情報リテラシー（MIL）　168, 169
メビウスの輪　115, 116

メラビアンの法則（メラビアン）　71
モノクロニック（単一的時間、Mタイム）　100, 101

◆や 行
許し（赦し）　189, 199-202
よそ者（余所者）　109-112
夜と霧（ナチスの法律）　144
世論　18, 47, 137-139, 161, 177

◆ら 行
ラウ対ニコルズ（ラウ、ニコルズ、SFUSD）　44, 48
ラジオ（デジタルラジオ、ラジオ放送、ラジオ番組）　6, 61, 125, 137, 139, 155-159
ラポート　76
ランド研究所　203
リーダーシップ　41, 135, 181
利益団体　137, 142
リキッドサーベイランス　103
リキッドモダニティ　103
臨界期（臨界期仮説）　30-32
リンガフランカ　58, 63, 65
リンダ問題　135
ルシファー効果　150
レクリエーション（気晴らし）　181
ローカルチャー（ローブラウ）　123-126
論理的誤謬　133

著者略歴

筑波大学大学院人文社会科学研究科博士後期課程修了。博士（文学）。専門は米文学・文化、女性学・ジェンダー研究、異文化コミュニケーション。津田塾大学助手（助教）、順天堂大学准教授、関西外国語大学教授を経て、現在、跡見学園女子大学教授。主著は *Bodies That Work: African American Women's Corporeal Activism in Progressive America* (New York: Peter Lang, 2020)。単著に『人種・ジェンダーからみるアメリカ史：丘の上の超大国の500年』（明石書店）、共著に『アメリカ文学にみる女性改革者たち』、『アメリカ文学にみる女性と仕事：ハウスキーパーからワーキングガールまで』（ともに彩流社）、映画スクリプト翻訳（監修）に『ノッティングヒルの恋人』、『ヒューゴの不思議な発明』（ともにフォーイン・スクリーンプレイ事業部）がある。その他、論文多数。

---

異文化コミュニケーション入門
ことばと文化の共感力

2024年10月25日　第1版第1刷発行

著者　宮津　多美子

発行者　井村寿人

発行所　株式会社　勁草書房

112-0005 東京都文京区水道2-1-1　振替　00150-2-175253
（編集）電話 03-3815-5277／FAX 03-3814-6968
（営業）電話 03-3814-6861／FAX 03-3814-6854
本文組版 プログレス・堀内印刷・中永製本

©MIYATSU Tamiko　2024　Introduction to Intercultural Communication: Empathy of Language and Culture

ISBN978-4-326-60376-3　　Printed in Japan　

 ＜出版者著作権管理機構 委託出版物＞
本書の無断複製は著作権法上での例外を除き禁じられています。複製される場合は、そのつど事前に、出版者著作権管理機構（電話 03-5244-5088, FAX 03-5244-5089, e-mail: info@jcopy.or.jp）の許諾を得てください。

＊落丁本・乱丁本はお取替いたします。
　ご感想・お問い合わせは小社ホームページから
　お願いいたします。

https://www.keisoshobo.co.jp

| 著者・訳者 | 書名 | 価格 |
|---|---|---|
| ジョアン・C・トロント 著<br>杉本竜也 訳 | モラル・バウンダリー<br>ケアの倫理と政治学 | 3960 円 |
| ジョアン・C・トロント 著<br>岡野八代 監訳 | ケアリング・デモクラシー<br>市場、平等、正義 | 3740 円 |
| 江原由美子 | ジェンダー秩序 新装版 | 3850 円 |
| 落合恵美子 | 近代家族とフェミニズム 増補新版 | 3300 円 |
| 山根純佳 | なぜ女性はケア労働をするのか<br>性別分業の再生産を超えて | 3630 円 |
| 平山亮 | 介護する息子たち<br>男性性の死角とケアのジェンダー分析 | 2750 円 |
| 小杉礼子<br>宮本みち子 編著 | 下層化する女性たち<br>労働と家庭からの排除と貧困 | 2750 円 |
| 相馬直子<br>松木洋人 編著 | 子育て支援を労働として考える | 2750 円 |
| 額賀美沙子<br>藤田結子 | 働く母親と階層化<br>仕事・家庭教育・食事をめぐるジレンマ | 2750 円 |

＊表示価格は 2024 年 10 月現在。消費税 10％が含まれております。